Munícipes
e Escabinos

Fernanda Trindade Luciani

Munícipes e Escabinos

Poder local e guerra de restauração
no Brasil Holandês (1630-1654)

Copyright © 2012 Fernanda Trindade Luciani

Grafia atualizada segundo o Acordo Ortográfico da Língua Portuguesa de 1990, que entrou em vigor no Brasil em 2009.

Publishers: Joana Monteleone/ Haroldo Ceravolo Sereza/ Roberto Cosso
Edição: Joana Monteleone
Editor assistente: Vitor Rodrigo Donofrio Arruda
Assistente editorial: Patrícia Jatobá U. de Oliveira
Revisão: João Paulo Putini
Projeto gráfico, diagramação e capa: Patrícia Jatobá U. de Oliveira

Imagens da capa: Gravura extraída do livro de Johan Nieuhof, *Voyages and travesls into Brazil, and East Indies containing an exact description of Dutch Brazil, and divers ports of the East Indies*/Frans Post, *O carro de Bois*/Frans Post, *Cidade Maurícia e Recife*

Este livro foi publicado com o apoio da Fapesp

CIP-BRASIL. CATALOGAÇÃO-NA-FONTE
SINDICATO NACIONAL DOS EDITORES DE LIVROS, RJ

L971m
Luciani, Fernanda Trindade
MUNÍCIPES E ESCABINOS:
PODER LOCAL E GUERRA DE RESTAURAÇÃO NO BRASIL HOLANDÊS (1630-1654)
Fernanda Trindade Luciani.
São Paulo: Alameda, 2012.
282p.

Inclui bibliografia
ISBN 978-85-7939-097-5

1. Brasil – História – Período colonial, 1500-1822. 2. Brasil – História –
Domínio holandês, 1624-1654. I. Título.

11-3658.   CDD: 981
                        CDU: 94(81)

                                        027340

ALAMEDA CASA EDITORIAL
Rua Conselheiro Ramalho, 694 – Bela Vista
CEP 01325-000 – São Paulo – SP
Tel. (11) 3012-2400
www.alamedaeditorial.com.br

Aos meus filhos,
André e Paulo

Abreviaturas

AHU: Arquivo Histórico Ultramarino – Lisboa

ABN: *Anais da Biblioteca Nacional do Rio de Janeiro*

BA: Biblioteca da Ajuda – Lisboa

CENDA: Centro de Documentação sobre o Atlântico – Cátedra Jaime Cortesão/ Universidade de São Paulo.

IEB:Instituto de Estudos Brasileiros – Universidade de São Paulo

FHBH: *Fontes para a História do Brasil Holandês*. [textos editados por José Antonio Gonsalves de Mello]. Organização Leonardo Dantas Silva. 2ª ed. Recife: Centro de Estudos Pernambucanos, 2004, 2 vols.

RIAP: *Revista do Instituto Arqueológico, Histórico e Geográfico Pernambucano.*

RIHGB: *Revista do Instituto Histórico e Geográfico Brasileiro.*

Sumário

Introdução 9

Capítulo 1 21
Impérios Ultramarinos e poder local no século XVII
Municipalização do espaço-político na América Portuguesa 31
A República das Províncias Unidas e suas conquistas ultramarinas 64

Capítulo 2 99
Estrutura Administrativa no Brasil Holandês
Organização das Capitanias Conquistadas 102
Dois modelos de administração local 121

Capítulo 3 169
**Brasil Holandês: confronto de diferentes lógicas
de dominação colonial**
Poderes locais e "açucarocracia" 173
Guerra de Restauração e os limites do domínio neerlandês 191

Considerações finais 219

Fontes e Bibliografia 225

Anexo 261

Agradecimentos 279

Introdução

Traçar todo o percurso da pesquisa que resultou neste livro e apresentá-la nestas primeiras páginas não é tarefa fácil, mas procurarei fazer com que não seja longa. Resultado de minha pesquisa de mestrado defendido em 2008, esse livro reúne dois temas que me despertaram interesse logo nos primeiros anos de graduação, a administração municipal no Brasil colonial e a gestão política do Brasil Holandês pela Companhia das Índias Ocidentais.

O objetivo inicial era trabalhar tanto com as estruturas políticas municipais no decorrer do período de domínio neerlandês no Brasil (1630-1654), ou seja, com as normas e ordens que orientavam a ação das instituições de poder local, quanto com a dinâmica desses órgãos administrativos ao longo desses anos de relevantes transformações políticas e sociais na colônia. Num segundo momento, questionar o impacto da instalação da Câmara de Escabinos nas capitanias conquistadas, investigando se isto incorreu no abalo do poder político das elites ligadas à produção do açúcar ou, ainda, se esteve relacionado ao movimento de reação luso-brasileira contra os invasores, destacando a participação das câmaras municipais portuguesas e de seus oficiais na guerra de Restauração (1645-1654).

Um estudo mais aprofundado das questões colocadas acima exigiu melhor compreensão das matrizes institucionais das câmaras portuguesas e neerlandesas instaladas na colônia, isto é, o arcabouço administrativo local de Portugal e da República dos Países Baixos nos séculos XVI e XVII. Para isso, fez-se necessário um recuo temporal em relação ao período de dominação neerlandesa no Brasil, com o objetivo de apreender a estrutura político-administrativa das Câmaras Municipais portuguesas e dos conselhos

10   Fernanda Trindade Luciani

citadinos das Províncias Unidas. Estrutura esta apreendida pela composição dos respectivos conselhos locais, articulação destes com outras autoridades e população locais, relação com o poder central, seu raio de ação e suas atribuições. Somente a partir da compreensão desses dois contextos político-administrativos, seria possível investigar a instalação das Câmaras de Escabinos em um território colonial cuja sociedade ali constituída vivenciava uma experiência política, de matriz ibérica, instituída há tempos. Nesse sentido, entender de que forma se deu a substituição da Câmara de Vereadores pela Câmara de Escabinos em 1637, nos domínios neerlandeses nas capitanias do norte do Estado do Brasil, e qual o impacto dessa transformação sobre o poder da elite açucareira luso-brasileira, o poder local efetivo e a vida dos moradores da colônia, tornou-se primordial na pesquisa. Procurei identificar uma possível relação entre o órgão de poder local instituído pelos neerlandeses e a reação luso-brasileira a partir de 1645, além do papel que as Câmaras Municipais portuguesas, reativadas com o levante de 1645 nas terras que eram reconquistadas, exerceram na guerra de restauração e na articulação da defesa e das rendas coloniais.

O período do Brasil Holandês se destaca na historiografia, justamente, pela forma de governo instalado pela Companhia nas terras coloniais, cuja organização se diferenciava da administração do tempo da soberania portuguesa. A leitura atenta dessa bibliografia nos mostrou, no entanto, que não havia um estudo profundo acerca do poder local no Brasil Holandês, tendo em vista os três momentos distintos em que esse período se apresenta, nem de sua relação com a luta de restauração ou com a fragilidade do domínio neerlandês na colônia. Alguns autores que dedicaram parte de seus trabalhos à organização da administração flamenga nas capitanias conquistadas apenas destacaram a instalação da Câmara de Escabinos no lugar das câmaras portuguesas, descrevendo seu funcionamento e suas atribuições, sem, contudo, desenvolver uma análise das questões envolvidas nessa mudança institucional.[1]

---

1   Refiro-me, aqui, aos clássicos e primorosos trabalhos de Francisco Adolfo de Varnhagen, *História das Lutas com os Holandeses no Brasil*. São Paulo: Edições Cultura,

Juntamente às possíveis contribuições da presente proposta de investigação ao estudo de outras formas de administração local e sua dinâmica durante o período do Brasil Colônia, das motivações políticas e sociais que levaram ao levante luso-brasileiro em 1645 e da dinâmica da guerra de Restauração, este livro visa, antes de tudo, numa perspectiva mais ampla, contribuir com novos elementos para uma discussão mais complexa e crítica do período de domínio neerlandês em terras brasileiras.

Partindo, então, desse interesse inicial por um tema bastante específico dentro de um recorte temporal bem definido, qual seja, a estrutura e a dinâmica das instituições de poder local no período do Brasil Holandês (1630-1654), o primeiro passo no percurso da pesquisa, como já dito, foi buscar uma melhor compreensão das estruturas políticas nas quais as instituições coloniais estavam baseadas, isto é, as do Reino de Portugal e da República das Províncias Unidas dos Países Baixos. Entretanto, a partir da leitura das fontes e da análise das Câmaras de Vereadores e de Escabinos durante desses 24 anos de dominação neerlandesa no Brasil, questões e reflexões mais amplas foram surgindo ao longo da pesquisa. Questões estas que envolvem os modelos político-administrativos e as formas de dominação colonial daqueles dois Estados que disputavam as capitanias produtoras de açúcar no Norte do Estado do Brasil. Nisso surgiu a necessidade de voltar o olhar para um enquadramento mais amplo e geral no sentido de encaminhar tais questões levantadas no enfoque restrito dessas instituições de poder local.

1943, p. 211-212 e *História Geral do Brasil: antes da sua separação e Independência de Portugal*. 8ª ed. integral. São Paulo: Melhoramentos-MEC, 1975, vol. II, p. 289; Hermann Wätjen, *O Domínio Colonial Holandês no Brasil* (tradução). 3ª ed. Recife: CEPE, 2004, p. 201-202; Mário Neme, *Fórmulas Políticas do Brasil Holandês*. São Paulo: Edusp, 1971, p. 219-233; Charles Ralph Boxer, *Os Holandeses no Brasil, 1624-1654*. Recife: Companhia Editora de Pernambuco, 2004, p. 183-184; José Antônio Gonsalves de Mello, *Tempo dos Flamengos. Influência da Ocupação holandesa na vida e na cultura do norte do Brasil*. 4ª ed. Rio de Janeiro: Topbooks, 2001, p. 64-71 e 121-122; Evaldo Cabral de Mello, *Um Imenso Portugal. História e Historiografia*. São Paulo: Editora 34, 2002, p. 147-156, e *Olinda Restaurada: guerra e açúcar no nordeste, 1630-1654*. 2ª ed. Rio de Janeiro: Topbooks, 1998.

12 Fernanda Trindade Luciani

Por conta dos objetivos iniciais e desses caminhos trilhados no decorrer da pesquisa, a bibliografia foi abordada, de forma mais geral, em três contextos, não necessariamente em ordem cronológica. Primeiramente, o estudo das instituições de administração local na América Portuguesa, sobretudo das Câmaras, considerando que para uma melhor compreensão fizeram-se necessárias leituras a respeito do poder municipal no Reino. Para tanto, trabalhamos não somente com a historiografia já consagrada sobre a administração colonial – como as obras de Caio Prado, Raymundo Faoro, Edmundo Zenha, Charles Boxer e Stuart Schwartz[2] – mas também com a recente produção historiográfica nacional e portuguesa que tem se dedicado a estudos mais específicos de história jurídico-institucional.

O segundo contexto bibliográfico inclui as obras dedicadas à estrutura político-administrativa da República dos Países Baixos e ao contexto de expansão das companhias de comércio neerlandesas no século XVII. Foram de fundamental importância para a compreensão dessa temática os estudos de Jonathan Irvine Israel, *The Dutch Republic, Its rise, greatness, and fall, 1477-1806, Conflicts of Empires: Spain, the Low Countries and the Struggle for World Supremacy, 1585-1713*, e *The Dutch Republic and the Hispanic World, 1606-1661*; de Leslie Price, *Holland and the Dutch Republic in the Seventeenth Century: The politics of Particularism* e *The Dutch Republic in the Seventeenth Century*; de Violet Barbour, *Capitalism in Amsterdam in the 17th Century*; e de Charles Boxer, *The Dutch Seaborne Empire.*[3]

---

2 Caio Prado Júnior, *Formação do Brasil Contemporâneo.* São Paulo: Ed. Globo-Publifolha, 2000 (1942); Raymundo Faoro, *Os Donos do Poder: formação do patronato político brasileiro.* São Paulo: Ed. Globo-Publifolha, 2000 (1958); Edmundo Zenha, *O Município no Brasil, 1532-1700.* São Paulo: Ed. Ipê, 1948; Ralph Charles Boxer, *O Império Marítimo Português: 1415-1825* (tradução). São Paulo: Companhia das Letras, 2002; Stuart Schwartz, *Burocracia e Sociedade no Brasil Colonial: a suprema corte da Bahia e seus juízes, 1609-1751.* São Paulo: Perspectiva, 1979.

3 Jonathan Irving Israel, *The Dutch Republic: Its rise, greatness, and fall, 1477-1806.* Oxford: Clarendon Press, 1995, *Conflicts of Empires: Spain, the Low Countries and the Struggle for World Supremacy, 1585-1713.* Ohio: The Hambledon Press, 1997, e *The Dutch Republic and the Hispanic World, 1606-1661.* Oxford: Clarendon Press,

Munícipes e Escabinos 13

O último conjunto bibliográfico versa sobre o tema mais específico do Brasil Holandês (1630-1654), no qual demos maior atenção às formas de organização do poder das capitanias conquistadas, em especial à ordem local, voltando a análise para as especificidades da colônia e, assim, para as particularidades dos órgãos municipais aqui instalados. Alguns trabalhos nos ajudaram a compreender melhor esse período de dominação neerlandesa no Norte do Estado do Brasil – refiro-me aqui aos numerosos e excelentes trabalhos de Evaldo Cabral de Mello[4] e José Antônio Gonsalves de Mello,[5] e às obras de Varnhagen, Hermann Watjen, Mário Neme e Charles Boxer.[6]

Com relação às fontes consultadas, a invasão e conquista neerlandesa é um episódio da história colonial que dispõe de documentação considerável, sobretudo para o século XVII. Além disso, grande parte dela está traduzida para o português e publicada. Os documentos disponibilizados na

---

1986; Leslie Price, *Holland and the Dutch republic in the Seventeenth Century: The politics of Particularism*. Oxford: Clarendon Press, 1994 e *The Dutch Republic in the Seventeenth Century*. Nova York: St. Martins Press, 1998; Violet Barbour, *Capitalism in Amsterdam in the 17th Century*. Ann Arbor: University of Michigan Press, 1963; Charles Boxer, *The Dutch Seaborne Empire*. Londres: Penguin Books, 1990.

4   Evaldo Cabral de Mello, *O Negócio do Brasil: Portugal, os Países-Baixos e o Nordeste, 1641-1669*. 3ª ed. Rio de Janeiro: Topbooks, 2003; *Olinda Restaurada: guerra e açúcar no nordeste, 1630-1654*. 2ª ed. Rio de Janeiro: Topbooks, 1998; *Rubro Veio: o imaginário da restauração pernambucana*. 2ª ed. Rio de Janeiro: Topbooks, 1997.

5   José Antônio Gonsalves de Mello, *A rendição dos Holandeses no Recife (1654)*. Recife, 1979; *Gente da Nação. Cristãos-novos e judeus em Pernambuco, 1542-1654*. Recife: Fundação Joaquim Nabuco/ Massangana, 1996; *João Fernandes Vieira*. 2 vols., Recife, 1956; *Tempo dos Flamengos. Influência da Ocupação holandesa na vida e na cultura do norte do Brasil*. 4ª ed. Rio de Janeiro: Topbooks, 2001 (1947).

6   Francisco Adolfo de Varnhagen, *História das Lutas com os Holandeses no Brasil*. Salvador: Progresso Editora, 1955, e *História Geral do Brasil: antes da sua separação e Independência de Portugal*. 8ª ed. integral (org. Rodolfo Garcia). São Paulo: Melhoramentos-MEC, 1975 (1857-60), vols. 1 e 2; Hermann Watjen, *O Domínio Colonial Holandês no Brasil* (tradução). 3ª ed. São Paulo: Companhia Editora de Pernambuco, 2004 (1921); Mário Neme, *Fórmulas Políticas do Brasil Holandês*. São Paulo: Edusp, 1971; Charles Ralph Boxer, *Os Holandeses no Brasil, 1624-1654* (tradução). Recife: Companhia Editora de Pernambuco, 2004.

Revista do Instituto Arqueológico e Geográfico Pernambucano e na *Revista do Instituto Histórico e Geográfico Brasileiro* foram de grande relevância para a pesquisa, principalmente, o "Regimento das Praças Conquistadas ou que forem conquistadas nas Índias Ocidentais de 1629"; as "Atas da Assembleia Geral de 1640", que nos dão um panorama do Brasil Holandês desse ano e onde se acham indicadas as reivindicações dos moradores luso-brasileiros e das Câmaras de Escabinos; a "Relação dos engenhos confiscados ou que foram vendidos em 1637"; "Livro das saídas dos navios e urcas. 1595-1605"; "A relação das praças fortes do Brasil (1609)"; a "Descrição Geral da Capitania da Paraíba, escrita por Elias Herckmans em 1634"; e o "traslado do abaixo-assinado em nome da liberdade de 23 de maio de 1645".[7]

Entre os documentos publicados por José Antônio Gonsalves de Mello nos dois volumes de Fontes para a História do Brasil Holandês, que foram de grande valor para o trabalho, por conterem relações de engenhos, seus proprietários e lavradores, estão: "Açúcares que fizeram os engenhos de Pernambuco, Ilha de Itamaracá e Paraíba (1623)"; "Inventário, na medida do possível, de todos os engenhos situados ao sul do rio da Jangada até o rio Una, feito pelo Conselheiro Schott (1636)"; "Relatório sobre o estado das quatro capitanias conquistadas no Brasil, apresentado pelo Senhor Adriaen van der Dussen ao Conselho dos XIX na Câmara de Amsterdã, em 4 de abril de 1640"; "Breve discurso sobre o Estado das quatro capitanias conquistadas (1638)" e "Sobre a situação das Alagoas em outubro de 1643, apresentado pelo assessor Johannes van Walbbeck e por Hendrick de Moucheron". Além

---

7   "Regimento das Praças Conquistadas ou que forem conquistadas nas Índias Ocidentais de 1629" (tradução). *RIAP*, 31, p. 289-310; "Atas da Assembleia Geral de 1640". *RIAP*, 31, 1886, p. 173-238; "Livro das saídas dos navios e urcas. 1595-1605". *RIAP*, vol. 58, 1993, p. 87-143; "Relação dos engenhos confiscados que foram vendidos em 1637". *RIAP*, 34, 1887, p. 179 (anexos); "A relação das praças fortes do Brasil (1609)". *RIAP*, vol. 57, p. 177-246; "Descrição Geral da Capitania da Paraíba, escrita por Elias Herckmans em 1634" (tradução). *RIAP*, 31, 1886, p. 239-288; "Carta que escreveram os moradores de Pernambuco aos holandeses do Conselho, datada de 22 de junho de 1645" [em anexo o traslado do "abaixo-assinado em nome da liberdade de 23 de maio de 1645"]. *RIAP*, vol. 6 (1888), n. 35, p. 122-128.

desses, vale destacar também os textos de caráter político-administrativo que, ao fazerem referência aos locais da sede e funcionamento das Câmaras, ajudaram-nos a entender a estrutura e, sobretudo, a dinâmica da instituição: "Memória oferecida ao Senhor Presidente e mais Senhores do Conselho desta cidade de Pernambuco, escrita por Adriaen Verdonck (1630)"; "Notas do que se passou na minha viagem, desde 15 de dezembro de 1641 até 24 de janeiro do ano seguinte de 1642, por Adriaen van Bullestrate"; "Relatório apresentado por escrito aos Nobres e Poderosos Senhores Deputados do Conselho dos XIX e entregue pelos Senhores H. Hamel, Adriaen van Bullestrate e P. Jansen Bas, sobre a conquista do Brasil (1646)".[8]

Quanto às narrativas do século XVII, trabalhamos com as crônicas e relatos tanto portugueses quanto neerlandeses, como *Memórias Diárias* (1654), de Duarte de Albuquerque Coelho; *Nova Lusitânia* (1675), de Francisco de Brito Freyre; *História ou Anaes dos feitos da Companhia privilegiada das Índias Ocidentais* (1644), de Johannes de Laet; *Memorável Viagem Marítima e Terrestre ao Brasil* (1682), de Johan Nieuhof; e *Castrioto Lusitano* (1679), de Frei Raphael de Jesus. Além de versarem sobre temas amplos e variados como conquista, guerras e administração, esses textos apresentam aspectos da divisão político-administrativa do território e das câmaras com suas respectivas jurisdições.[9] Destacamos, em especial, duas relevantes obras para nossa análise. Pelo lado neerlandês, *História dos feitos recentemente praticados durante oito anos no Brasil* (1647), escrita por Gaspar Barleus, que, ao

---

8   *Fontes para a História do Brasil Holandês.* [textos editados por José Antonio Gonsalves de Mello]. Organização de Leonardo Dantas Silva, 2ª ed. Recife: Centro de Estudos Pernambucanos, 2004, 2 vols.

9   Duarte de Albuquerque Coelho, *Memórias Diárias da guerra do Brasil, 1630-1638.* (1654) Recife: Fundarpe, 1944; Francisco de Brito Freyre, *Nova Lusitânia: História da Guerra Brasílica* (1675). 2ª ed. Recife: Governo de Pernambuco, Secretaria de Educação e Cultura, 1977; Johannes de Laet, *História ou Anaes dos feitos da Companhia privilegiada das Índias Ocidentais* (1644). Rio de Janeiro: Biblioteca Nacional, 1925; Johan Nieuhof, *Memorável Viagem Marítima e Terrestre ao Brasil* (1682) (tradução). São Paulo: Itatiaia-Edusp, 1981; Frei Raphael de Jesus, *Castrioto Lusitano, história da guerra entre o Brasil e a Holanda durante os anos de 1624 e 1654* (1679). Recife: Assembleia Legislativa, 1979 (Fac-símile da edição de 1844, imprensa na França).

16 Fernanda Trindade Luciani

descrever a estrutura da administração no período de governo de Nassau, faz muitas referências às câmaras e aos escabinos;[10] e, pelo lado português, *O Valeroso Lucideno* (1648), do Padre Manuel Calado, cuja narrativa, em que pesem as posições parciais pelo desejo de ver as terras dominadas livres dos neerlandeses, é uma importante fonte para o período, tecendo críticas ao funcionamento das Câmaras e às atitudes de seus oficiais e relatando as trajetórias dos personagens envolvidos na restauração.[11]

Com relação às fontes anteriores à invasão de Pernambuco e do período inicial da conquista, contamos com pareceres neerlandeses sobre as terras brasileiras em *Documentos Holandeses*. Essa documentação foi traduzida e publicada no primeiro e único volume da obra a partir das cópias coligidas por Joaquim Caetano da Silva nos Arquivos da Companhia das Índias Ocidentais, pertencentes ao Instituto Histórico e Geográfico Brasileiro desde 1961. Entre estes, estão: "Relatório dos Delegados dos diretores da Companhia das Índias Ocidentais, entregue à Assembleia dos altos e poderosos senhores Estados Gerais a 31 de Agosto de 1624"; Missivas do Coronel e governador do Brasil Holandês Diederick van Weerdenburch aos Estados Gerais, que datam dos anos entre 1630 e 1633; "Resolução de 26 de janeiro de 1632", sobre os Delegados enviados ao Brasil por ordem do Conselho dos Dezenove; "Relatório do Conselho Político no Brasil por Jean de Walbeeck, apresentado aos Diretores da Companhia das Índias Ocidentais a 2 de julho de 1633"; e "Relatório dos senhores delegados no

---

10 Gaspar Barleus, *História dos feitos recentemente praticados durante oito anos no Brasil*. São Paulo: Edusp, 1974 (1647). Apesar de nunca ter estado no Brasil, Barleus comenta, no seu relato, sobre a criação das Câmaras dos Escabinos e a estrutura da administração neerlandesa na colônia.

11 Manuel Calado, *O Valeroso Lucideno*. 2ª ed. São Paulo: Edições Cultura, 2 vols, 1945 (1648). O autor faz referência ao funcionamento dos conselhos municipais e aos abusos dos funcionários holandeses e sua tirania, e até dedica um poema ao assunto (p. 146-148 e 288-312).

Brasil, Van Ceulen e Johan Gyselingh, dirigido aos Diretores da Companhia das Índias Ocidentais a 5 de janeiro de 1634".[12]

Ainda no que diz respeito aos documentos neerlandeses, foram de fundamental importância para a presente pesquisa as Nótulas Diárias do Alto Conselho no Brasil *(Dagelijksche Notulen der Hooge Raden in Brasilië)*, pois nelas aparecem com frequência os requerimentos e queixas das Câmaras de Escabinos a Nassau e ao Alto Conselho e as listas dos oficiais camarários eleitos e empossados a cada ano. Utilizamos a tradução em língua portuguesa de parte das Nótulas (dos anos 1635-1641 e 1644), a partir das cópias coligidas por José Higino no final do século XIX, disponibilizada pelo projeto *Monumenta Hyginia* – Projeto de Preservação e Acesso da Coleção José Hygino –, de iniciativa do Instituto Arqueológico e Geográfico de Pernambuco e do Projeto Ultramar do Laboratório Líber da Universidade Federal de Pernambuco, mas ainda não publicadas. Trabalhamos, ainda, com os originais dessa coleção (Nótulas Diárias dos anos de 1635-1645) e os confrontamos com a tradução disponível referida acima, fazendo as alterações que encontramos necessárias. Essa documentação corresponde aos registros quase que diários das deliberações, requerimentos, negócios, entrada e saída de navios e demais questões administrativas do governo central do Brasil Holandês.

No que concerne à documentação portuguesa, destacamos as cartas e representações das Câmaras e povos das Capitanias do Norte do Estado do Brasil escritas no período da guerra de restauração (1645-54), que se encontram na coleção Papéis Avulsos do Conselho Ultramarino e nos Códices do Arquivo da Biblioteca da Ajuda, e os pedidos de mercês em retribuição aos serviços prestados na "guerra holandesa", presentes nos Códices do Conselho Ultramarino, em Registro de Consultas de Mercês Gerais. Ambas são coleções do Arquivo Histórico Ultramarino em Lisboa. A maior parte dessa documentação foi digitalizada e disponibilizada pelo Projeto Resgate Barão do Rio Branco. Esses corpos documentais foram

---

12 *Documentos Holandeses.* Rio de Janeiro: Ministério da Educação e da Saúde Pública, 1945.

18 Fernanda Trindade Luciani

de suma importância para a pesquisa, pois proporcionaram observar não apenas o papel desempenhado pelas câmaras naquele momento histórico, como também encontrar as assinaturas e os nomes dos oficiais camarários das instituições portuguesas e das pessoas envolvidas no movimento restaurador. O presente livro está dividido em três capítulos. A proposta do primeiro é discutir, sobretudo a partir de bibliografia especializada, as estruturas político-administrativas do Reino de Portugal e da República dos Países Baixos, inseridas na lógica de poder do Antigo Regime, e as práticas e instituições municipais nas suas respectivas conquistas e colônias ultramarinas. No que diz respeito a Portugal, entendemos ser relevante compreender as Câmaras municipais na América, observando suas diferenças em relação às instituições do Reino, em razão das particularidades que a realidade socioeconômica colonial impunha. Destacamos, nesse sentido, seu papel como órgãos fundamentais para a vida econômica e política na colônia e como organismo de colonização. A segunda parte do primeiro capítulo foi dedicada à estrutura administrativa na República das Províncias Unidas e à forma de exploração colonial adotada em suas conquistas orientais e, em especial, ocidentais, por meio de suas companhias privilegiadas de comércio. Procurei, dessa forma, compreender a administração do Brasil Holandês no âmbito mais amplo da expansão e administração ultramarina dos impérios neerlandês e português, para que fosse possível pensar aproximações ou distanciamentos das instituições locais criadas na colônia em comparação à organização metropolitana.

A forma como foi organizada a administração do território ocupado ao longo do período do Brasil Holandês (1630-1654) é objeto de estudo do segundo capítulo. Este concentra-se, sobretudo, no âmbito local, considerando os diferentes momentos da dominação neerlandesa nas capitanias do norte. Procuramos, ainda, considerar a divisão político-administrativa do território no tempo da soberania portuguesa e a forma como essas terras foram organizadas após as incursões e conquistas flamengas para, em seguida, serem administradas. A partir disso, mapeei as câmaras de escabinos, com suas respectivas jurisdições, nas capitanias conquistadas no Norte

Munícipes e Escabinos 19

do Estado do Brasil, confrontando a distribuição territorial das câmaras no tempo da administração portuguesa. Por fim, e de fundamental importância para o trabalho, foi a investigação sobre a instalação e o funcionamento das Câmaras de Escabinos em conformidade ou não com o que havia sido estabelecido pelas instruções neerlandesas iniciais, considerando que a nova instituição estava sendo criada no seio de uma sociedade com leis e costumes estabelecidos anteriormente.

No terceiro e último capítulo, tratei da elite camarária, constituinte tanto da Câmara de Escabinos como da Câmara portuguesa, e da elite administrativa local, as quais participaram ativamente não apenas da gestão dos negócios e justiça municipais, mas também da guerra luso-neerlandesa. Na segunda parte do capítulo há uma tentativa de relacionar a forma com que foi organizada a administração local pelos neerlandeses e a fragilidade de seu poder nas terras conquistadas. Assim, entendemos que a análise do particular, ou seja, da estrutura e da dinâmica das câmaras nos vinte e quatro anos de domínio flamengo, pode lançar alguma luz sobre a questão mais geral do confronto entre duas diferentes lógicas de dominação colonial, a portuguesa e a neerlandesa.

Vale esclarecer a terminologia adotada no texto, considerando que muitos termos utilizados derivam de uma língua tão distinta do português. Sempre que possível, buscou-se as palavras no original em língua neerlandesa, colocando entre parênteses, ao longo do texto, os termos em português. Outra questão que se coloca é a comum confusão que se faz entre Holanda (hoje, Reino dos Países Baixos ou *Verenig Koninkrijk der Nerderlanden*) como um estado que se formara havia sido a República das Províncias Unidas dos Países Baixos (*Republiek der Zeven Verenigde Nederlanden*), cujo órgão máximo de governo eram os Estados Gerais. Utilizaremos Holanda especificamente quando nos referirmos à Província e, dessa forma, o adjetivo pátrio "holandês" será empregado exclusivamente na acepção mais restrita. Seguindo essa conceituação, o mesmo acontece com o adjetivo e substantivo "neerlandês" – em substituição a "holandês" – que será utilizado neste trabalho para se referir à República como uma todo, evitando confusões. Na própria língua neerlandesa se utiliza o adjetivo *nederlands* e o substantivo nederlander, no que se refere à nação. Outras designações também foram e têm sido usadas pelos estudiosos. Destas, tomarei a liberdade de utilizar como sinônimo de neerlandês os termos "batavo", concepção mais ampla que se refere aos nascidos na Batavia, e "flamengo", nome dado aos habitantes de Flandres (*Vlaanderem*), ainda que ambos se refiram aos habitantes das províncias mais meridionais da República e mais setentrionais dos antigos Países Baixos espanhóis. Não tenho, entretanto, a intenção de mudar o nome já consagrado pela historiografia "Brasil Holandês", ainda que a invasão das capitanias do Norte do Estado do Brasil não tenha sido uma investida apenas da Província da Holanda e que o nome oficial dessa terras, apesar de pouco utilizado, fosse "Nova Holanda" (*Nieuw Holland*).

CAPÍTULO I

Impérios Ultramarinos e poder local no século XVII

O OBJETO DE ESTUDO DESTE TRABALHO ESTÁ RESTRITO a um período relativamente curto e a um território delimitado, isto é, um recorte político--administrativo do episódio do Brasil Holandês, o que envolve as guerras luso-neerlandesas e a organização da administração nas capitanias conquistadas. Não há dúvidas, entretanto, de que este estudo faz parte do contexto maior de expansão ultramarina e comercial e de dominação colonial no século XVII. Estudar as colônias é também compreender esses processos políticos, econômicos e sociais europeus e mundiais, dentro dos quais estão a formação e a consolidação dos Estados que disputavam as terras americanas como fornecedoras de produtos essenciais aos mercados europeus e a maneira como esses organizaram suas conquistas ultramarinas.

Nesse sentido, para compreender o enquadramento econômico e político no qual o Brasil Holandês estava inserido, é necessário fazer uma breve apresentação das leituras que versam sobre as estruturas políticas e a situação econômica metropolitanas. O estudo do poder local nas capitanias conquistadas pelos neerlandeses suscitou questões mais amplas, o que demandou uma sistematização das lógicas de exploração colonial de cada um dos impérios. Neste primeiro capítulo, serão abordados a organização política do Reino de Portugal e da República das Províncias Unidas, cujas instituições foram modelos para a organização colonial, e o modelo segundo o qual organizaram seus impérios ultramarinos.

O século XVII é de fundamental importância para a economia-mundo europeia, é o período da sua consolidação e reorganização, no qual os países ibéricos passam à "semiperiferia" e a República das Províncias consolida sua ascensão comercial; é o período em que as negociações diplomáticas ganham espaço em detrimento da guerra; e é também um século de crise. Para Portugal, é o século da Restauração e de sua reinserção como nação soberana no sistema político internacional; da percepção da maior importância

24 Fernanda Trindade Luciani

das suas colônias do Atlântico em detrimento das asiáticas; e da perda do seu império comercial na Ásia para os neerlandeses. Para a República dos Países Baixos, é seu conhecido "século de ouro"; de sua consolidação como um Estado independente; da criação de suas companhias de comércio; da sua grande expansão ultramarina e comercial nos mares do Oriente e, depois, no Atlântico.

É também o século dos conflitos entre esses países pelo controle do açúcar brasileiro, do tráfico negreiro e do comércio de especiarias provenientes da Ásia e, por consequência, de seus acordos diplomáticos na tentativa de alianças, por meio das quais Portugal procurava se defender das ambições de Castela e preservar seu Império colonial e os Países Baixos tentavam recuperar suas perdas atlânticas, incluindo Pernambuco.[1]

Não entraremos nos pormenores dessas negociações e da situação de Portugal no cenário político internacional. Mas vale lembrar que esses acordos diplomáticos ao longo do século XVII demonstram, em primeiro lugar, como Portugal estava "negociando" sua inserção nos acordos internacionais e, portanto, sua soberania e a paz com outros países europeus através, sobretudo, de suas colônias ou, mais precisamente, do comércio entre essas colônias e os países europeus mais poderosos; e, em segundo lugar, como o rei e seus conselheiros passam a privilegiar suas colônias atlânticas em relação a suas conquistas orientais.[2]

Buscaremos introduzir algumas questões que entendemos estarem relacionadas à problemática da pesquisa e, em especial, a este capítulo. Interessa-nos mais de perto abordar, ainda que não profundamente, a posição de Portugal e dos Países Baixos no cenário econômico nesses séculos

---

1   Sobre as negociações entre Portugal e a República dos Países Baixos nesse contexto pós-restauração portuguesa ver o trabalho de Evaldo Cabral de Mello, *O Negócio do Brasil: Portugal, os Países-Baixos e o Nordeste, 1641-1669*. 3ed, Rio de Janeiro, Topbooks, 2003.

2   Para as negociações diplomáticas entre Portugal e os Estados Gerais a respeito das capitanias do norte do Estado do Brasil que haviam sido conquistadas pela Companhia ocidental, ver: Evaldo Cabral de Mello, *O Negócio do Brasil: Portugal, os Países-Baixos e o Nordeste, 1641-1669*. Lisboa, Comissão Nacional para as Comemorações dos Descobrimentos Portugueses, 2001.

iniciais da economia-mundo europeia. Considerando tal contexto, será possível uma compreensão mais ampla das formas de dominação comercial e colonial que se confrontaram na luta por Pernambuco e demais Capitanias do Norte do Estado do Brasil.

Partimos, então, da clássica e já bastante discutida pergunta sobre os motivos que levaram os países ibéricos a perderam seu lugar central na economia--mundo europeia que vinha se consolidando. Em outras palavras, entender o processo que permitiu que Portugal e Espanha, países que deram o impulso inicial à expansão ultramarina e à colonização, perderem espaço para países como, por exemplo, os Países Baixos. Seria incompatível a lógica de expansão e organização do Império com essa economia-mundo capitalista que estava nascendo e ganhando forma nos séculos XVI e XVII? [3]

Diferentemente de uma economia mundial, que se estende à terra inteira, a economia-mundo, como entendida por Braudel, envolve apenas um fragmento do universo economicamente autônomo, capaz de se bastar a si mesmo e ao qual as ligações e trocas internas lhe conferem certa unidade orgânica. Mas é a economia-mundo porque é a mais vasta zona de coerência em uma determinada época. O espaço que esta economia-mundo ocupa é um espaço hierarquizado, o que explica a divisão internacional do trabalho; dito de outra forma, existe um centro de onde tudo emana e de onde tudo volta a sair – as mercadorias, as informações, as encomendas, as cartas comerciais – em uma relação desigual com as demais regiões que estão dentro da economia-mundo, a semiperiferia e a periferia, formando uma cadeia de subordinação entre as partes. Para Braudel, a partir do século XI começa a ser elaborada o que virá a ser a primeira economia-mundo

---

3   Para o conceito de economia-mundo: Fernand Braudel, *Civilização Material, Economia e Capitalismo. Séculos XV-XVIII*. São Paulo, Martins Fontes, 1996, 3 vols., e *O Mediterrâneo e o mundo Mediterrâneo na Época de Filipe II*. (tradução) 2ªed., Lisboa, Publicações Dom Quixote, 1995, 2 vols; Immanuel Wallerstein, *O Sistema Mundial Moderno* (tradução). Porto, Afrontamento, 3 vols. s/d.

europeia, europeia porque entende que sempre existiram outras diversas economias-mundo e que esta será também sucedida por outras.[4] Se Wallerstein concorda com Braudel que a economia-mundo é definida pelas ligações desiguais entre as partes, sendo constituída por um centro que reúne tudo de mais avançado, uma semiperiferia que representa um ponto intermediário de um contínuo que vai desde o centro até a periferia e tem parte das vantagens, e uma periferia que sofre exploração fácil por parte dos outras partes; entende a economia-mundo europeia como algo novo, que o mundo ainda não conhecia. Para Wallerstein, é só no final do século XV e início do século XVI, e não séculos antes como defende Braudel, o princípio da formação dessa economia-mundo europeia que se basearia nas técnicas capitalistas e cujas ligações básicas entre as partes seriam ligações econômicas.[5]

Portugal foi o país mais capacitado, na época, para dar o impulso inicial a essa economia-mundo europeia pela sua posição geográfica, sua experiência no comércio longínquo, disponibilidade de capital, sua economia mais monetarizada, sua população relativamente mais urbanizada, e pela força do seu aparelho de Estado. As vantagens que a expansão trazia beneficiavam diferentes grupos sociais – nobreza, burguesia comercial nacional e estrangeira, e o próprio Estado.[6] Entretanto, a partir da segunda metade do século XVI Portugal já aparece perdendo espaço, seja econômico ou político, assim como acorria à Espanha, no contexto internacional.

Padre Antonio Vieira inicia o seu famoso "Sermão do Bom Sucesso das armas contra as de Holanda", apontando justamente para este período de "decadência" portuguesa no século XVII em contraste com o seu passado glorioso, com o Salmo 4, "Desperta! Porque dormes, Senhor? Por que escondes a face e te esqueces da nossa miséria e da nossa opressão?". O Reino,

---

4   Fernand Braudel, *Civilização Material, Economia e Capitalismo. Séculos XV-XVIII.* São Paulo, Martins Fontes, 1996, vol 3, p. 12-14.

5   Immanuel Wallerstein, *O Sistema Mundial Moderno* (tradução). Porto, Afrontamento, s/d, vol.I, p. 25-27.

6   *Idem*, p. 69-73.

Munícipes e Escabinos 27

segundo o jesuíta, estava agora assolado e destruído por inimigos da fé, e a Província do Brasil se encontrava num estado miserável:

> Ouvimos a nossos pais, lemos nas nossas histórias, e ainda os mais velhos viram, em parte, com seus olhos, as obras maravilhas, as proezas, as vitórias, as conquistas, que por meio dos portugueses obrou em tempos passados vossa onipotência, Senhor.[7]

No século XVI, momento em que a economia-mundo europeia estava sendo gestada, houve uma busca por seu controle, e o caminho mais fácil e familiar para atingi-lo era por meio da dominação imperial. Assim fizeram os países ibéricos, exercendo papel central nesse período inicial. Contudo, esta forma de unidade política adotada por esses países, o império, tornar-se-ia incompatível com a economia-mundo nascente que se alicerçava nos métodos capitalistas. Estes métodos fizeram ser possível o aumento dos fluxos de excedentes dos extratos mais baixos para os extratos superiores por meio da eliminação dos desperdícios de uma superestrutura política tão pesada. Como defende Wallerstein, Portugal e Espanha se constituíram como impérios "quando o que fazia falta no século XVI era um Estado de tamanho médio".[8] Se, por um lado, a centralização do Império garantia fluxos econômicos da periferia para o centro – como tributos e taxas –, conseguidos também pelas vantagens monopolistas do comércio; por outro, e aí residia sua fraqueza, a burocracia necessária à estrutura política tendia a absorver uma parte excessiva dos lucros.

Portugal, assim, acabou por se constituir como império ao mesmo tempo em que estava se formando como Estado, e o processo de centralização da Coroa resultou, em parte, das práticas jurídico-administrativas de

---

7 "Sermão pelo Bom Sucesso das Armas contras as de Holanda", *in:* Antônio Vieira, *Sermões.* (org.) Alcir Pécora. São Paulo, Hedra, 2000, p. 443-444.

8 Immanuel Wallerstein, *O Sistema Mundial Moderno* (tradução). Porto, Afrontamento, s/d, vol.I, p. 180.

manutenção dos direitos dos corpos sociais e particulares já adquiridos, que passavam pela confirmação régia, e da concessão de novos privilégios em troca dos serviços prestados à Coroa. Contudo, ainda que possuindo o monopólio desta distribuição, a Coroa, quando demitia de si parte dos poderes, sejam eles militares, políticos ou fiscais, acabava por limitar sua própria ação política e financeira. Talvez fosse a única maneira disponível à Coroa de captar e garantir a produção de seus súditos e de integrá-los à monarquia, nesse momento em que tentava se sobressair aos outros poderes e se legitimar como tal. Esta prática de concessão de mercês, já discutida anteriormente, que foi estendida às conquistas desde as primeiras décadas do século XV, serviu não apenas como meio de ligação e fidelidade dos vassalos ao rei, mas como mecanismo de governabilidade do extenso território Imperial.

A trajetória dos Países Baixos nos séculos XVI e XVII foi um tanto diferente da de Portugal. A segunda metade do século XVI foi marcada pela ascensão econômica dos Países Baixos Setentrionais, assim como por sua Revolução pela independência do Império Espanhol. Além de sua posição dominante nas rotas do Mar Báltico, superando seus inimigos hanseáticos já no início do século XVI, os neerlandeses revelaram-se também como comerciantes de cereais e de produtos navais e como intermediários do comércio ibérico entre suas colônias e o mercado europeu. Nesse contexto, a primazia de Amsterdam como centro do comércio europeu, segundo Violet Barbour, era tripla, "como centro naval, como mercado de produtos e como mercado de capitais" e chegou a superar todas as outras cidades europeias.[9] A questão a se destacar, segundo Wallerstein, não é apenas a da centralidade econômica do comércio em torno dos Países Baixos, é também a questão da especialização nas novas capacidades exigidas para gerir um centro financeiro e comercial dessa economia-mundo europeia. Foi, então, o "domínio de tais capacidades que permitiu que os neerlandeses arrebatassem o

---

9   Violet Barbour, *Capitalism in Amsterdam in the 17th Century*. Ann Arbor, University of Michigan Press, 1963, p. 18.

controle do comércio mundial de especiarias aos portugueses do 'primeiro' para o 'segundo' século XVI."[10] A chamada Revolução dos Países Baixos teve grande influência nessa ascensão comercial neerlandesa. Não que a União de Utrecht de 1579 tivesse sido o único projeto possível daquele movimento, ou movimentos, rebelde ou que simbolizasse o sentimento nacional neerlandês já existente. As sete províncias que aderiram ao acordo não eram as mais ricas nem as mais populosas dos Países Baixos, e o fizeram como uma aliança militar em reação ao império Habsburgo de Felipe II para defender seus interesses e liberdades.[11] Após a divisão, a partir de 1579, portanto, as províncias setentrionais foram ganhando identidade protestante, a burguesia tomou as rédeas da revolução e a região passou a atrair pessoas da Flandres e do Brabante, além dos judeus sefarditas.[12] Ainda que rebelados, os neerlandeses permaneceram ligados ao império espanhol e, dessa maneira, mantinham acesso às riquezas coloniais e às redes comerciais dos países ibéricos. Como sintetiza Wallerstein, os Países Baixos beneficiaram-se de ser um país pequeno e um Estado financeiramente sólido em razão se seus ainda persistentes vínculos com a Espanha.[13]

---

10 Immanuel Wallerstein, *O Sistema Mundial Moderno* (tradução). Porto, Afrontamento, s/d, vol.I, p. 200.

11 Segundo Kenneth Haley, a população das sete províncias setentrionais, Holanda, Zelândia, Utrecht, Gelderland, Frísia, Overijssel e Groningen, somava nesse momento, aproximadamente, um milhão e meio, o que correspondia a um terço da população da Inglaterra e uma proporção muito menor se comparada à população da França e Espanha. *The Dutch in the Seventeenth Century*. Londres, Themes and Hudson, 1972, p. 12.

12 Sobre a relação entre a prosperidade das Províncias Unidas e o aumento de sua população, um milhão de habitantes em 1500 para dois milhões em 1650, e o papel dos estrangeiros nesse processo, ver: Fernand Braudel, *Civilização Material, Economia e Capitalismo. Séculos XV-XVIII*. São Paulo, Martins Fontes, 1996, vol 3, p. 167-171.

13 Immanuel Wallerstein, *O Sistema Mundial Moderno* (tradução). Porto, Afrontamento, s/d, vol.I, p. 212-213.

Nesse processo de sua formação, os Estados europeus modernos, como o Reino de Portugal, incentivavam o comércio e o enriquecimento da burguesia mercantil, por meio, sobretudo, da expansão ultramarina e da colonização, arcando com o ônus desse empreendimento. A República dos Países Baixos encontrava-se em uma situação um tanto diferente. Ainda que apresentasse forte centralização quando observada do mundo exterior, especialmente porque, a unidade fundada na União de Utrecht, os Estados Gerais seriam responsáveis pelas relações externas das Províncias Unidas, por seus assuntos militares e navais e pela administração das Terras da Generalidade; internamente, a República não se mostrava fortemente centralizada, delegando importantes funções de governo às Assembleias provinciais ou ainda aos conselhos citadinos que, por exemplo, podiam cobrar impostos e ministrar a justiça. Além disso, nas primeiras décadas do século XVII, a estrutura do comércio colonial se transformaria com a criação das Companhias das Índias Orientais (1602) e Ocidentais (1621) que passaram a ter o controle do comércio colonial e das funções militares.

O historiador holandês Pieter Emmer avança nessa discussão a respeito da expansão colonial e das diferentes formas de domínio dos Estados europeus, ao concentrar sua análise no mundo atlântico, o que vem ao encontro dos nossos objetivos. O autor entende haver dois sistemas de dominação nessa área: um primeiro Sistema Atlântico, criado pelos ibéricos que inauguram a expansão e colonização nessa parte do globo; e um segundo Sistema Atlântico, que surge a partir do século XVII, impulsionado pelos neerlandeses, ingleses e franceses. Nessas duas fases expansionistas seus protagonistas seguiram lógicas distintas de exploração colonial. Os primeiros (Portugal e Espanha), inseridos na lógica imperial, subordinavam os interesses comerciais aos da Coroa, que atuava como principal intermediário entre as economias americanas e europeias. Os segundo eram regidos pela lógica do comércio.[14]

---

14 Pieter Emmer, "The Dutch and the making of the second Atlantic System", *in*: Barbara Solow (org.), *Slavery and the rise of the Atlantic System*. Cambridge, Cambridge University Press, 1991, p. 71 e seguintes.

Ainda que não consideremos que haja surgido um "novo colonialismo" ou um "novo sistema colonial" no século XVII, pensar lógicas distintas de dominação nos ajuda a compreender as formas de organização administrativa e da produção nas terras brasileiras sob o domínio flamengo. As conquistas neerlandesas na América, incluindo o Brasil Holandês, inserem-se nesse segundo momento, ou seja, da expansão e colonização a partir de outra forma de dominação colonial, na qual os novos protagonistas do comércio mundial buscavam não mais apenas entrepostos comerciais de suas companhias de comércio ou as vantagens da pirataria, e sim colônias. As Províncias Unidas, contudo, diferente da França e Inglaterra, em nenhuma conquista na América dedicou-se efetivamente à colonização no período anterior à década de 1670. A invasão de Pernambuco, nesse sentido, tinha justamente o objetivo de buscar os produtos coloniais, em especial o açúcar, e transportá-los de imediato aos mercados europeus. sem que houvesse necessidade de custear a colonização, o povoamento e a organização da produção.

Municipalização do espaço político na América Portuguesa

A proposta aqui é discutir, na lógica de poder do Antigo Regime, as práticas e instituições municipais na América Portuguesa; em particular, as câmaras municipais. Logo de início é importante destacar que o trabalho toma como prerrogativa uma análise do "Estado moderno" que, por um lado, não se fixa somente numa "visão de cima" do poder, utilizando-se apenas do discurso político.[15] Isso poderia levar, no nosso caso, a perder de vista as forças locais e regionais como agências atuantes no processo histórico. Por outro lado, tencionamos uma análise que não se restrinja a uma perspectiva que prioriza a autonomia jurisdicional e financeira dos poderes e elites locais, incorrendo no erro de não enxergar o centro político-admi-

---

15 G. Oestreich, "Problemas estruturais do Absolutismo europeu". In: António Manuel Hespanha (org.), *Poder e instituições na Europa do Antigo Regime*. Lisboa: Fund. Calouste Gulbenkian, 1984, p. 185.

nistrativo, isto é, a Coroa. A ação política, é evidente, necessita de meios (conselhos, oficiais – aparelho político-administrativo –, finanças e meios intelectuais e simbólicos) para se concretizar, o que só se viabiliza por uma estrutura humana; em contrapartida, essa estrutura político-administrativa está baseada em um aparelho jurídico, e constitui-se como resultado de um imaginário social. Nesse sentido, através da análise da cultura política e do arcabouço jurídico, pode-se explicar, em parte, a administração central e periférica no reino e nas colônias. Suas especificidades, no entanto, cobra--nos um estudo mais específico dos poderes e elites locais para a compreensão da estrutura e da dinâmica das instituições transplantadas da metrópole para todo o Império, isto é, da prática política no ultramar, onde as instituições de um determinado arcabouço jurídico tiveram de se adaptar às novas condições materiais de produção e, portanto, de organização social.

Para tanto, num primeiro momento, será retomada brevemente a natureza do "Estado" na época moderna, ou seja, as relações entre interesse público e privado e o equilíbrio dos poderes políticos centrais e periféricos, assim como o papel da cultura jurídica para essa sociedade seiscentista e setecentista. Posto isso, aparece a questão da centralização/descentralização do poder em Portugal nesse período, considerando as possibilidades e limitações para que o "projeto" de centralização da Coroa se consolidasse por meio, também, de uma correspondente estrutura administrativa. Num segundo momento, ganham destaque as relações sociais entre os indivíduos ou grupos, e entre estes e a coroa, procurando analisar a maneira como essas relações, ao longo da época moderna, – o que tem sido denominado de "economia da graça",[16]

---

16 António Manuel Hespanha, "La Economia de la gracia". In: António Manuel Hespanha, *La Gracia del derecho: economia de la cultura em la Edad Moderna*. Madri: Centro de Estudios Constitucionales, 1993.

Munícipes e Escabinos 33

"economia da mercê",[17] ou ainda, "política econômica dos privilégios",[18] com algumas diferenças – acabaram por definir uma ordem que, se por um lado, se ajustava ao aumento do poder da Coroa, que se tornava centro distribuidor da honras, ofícios, dádivas, por outro, podia representar uma forma de limitação do seu poder, uma vez que o direito à remuneração dos serviços prestados ao rei era considerado sua obrigação.

Para encerrar o capítulo, o enfoque será a administração local portuguesa na época moderna, tanto a constituição e a dinâmica dos poderes e instituições municipais em Portugal continental, retomando sempre a sua relação, como partícipes da lógica de poder do "antigo regime", com os poderes centrais – Coroa e seus oficiais, e conselhos palatinos, como as câmaras municipais na América Portuguesa, principal órgão de poder local nas colônias. Ainda que apresentassem muitas semelhanças com as instituições do Reino, seguindo as mesmas Ordenações, esses conselhos locais na colônia adquiriram outras funções e matizes, correspondendo às diferentes realidades locais.

O "Estado" na época moderna.
Balanço Historiográfico

Para discutir as formas de organização e exercício dos poderes em Portugal na época moderna, já não nos serve, como bem tem problematizado a recente historiografia europeia, a perspectiva do "paradigma estadualista". Nela, o Estado é visto em separado da sociedade civil – esta, privada de poder político –, e como um árbitro imparcial dos conflitos particulares logo no início da época moderna. Disso decorre uma centralização precoce

---

17 Fernanda Olival, "Um rei e um reino que viviam da mercê". In: Fernanda Olival, *As Ordens Militares e o Estado Moderno. Honra, mercê e venalidade em Portugal (1641-1789)*. Lisboa: Estar, 2000.

18 João Fragoso, Maria de Fátima Gouvêa e Maria Fernanda Bicalho, "Uma Leitura do Brasil Colonial. Bases da materialidade e da governabilidade no Império". In: *Penélope. Revista de Ciências e História Social*, n. 23, 2000.

do poder político e do fortalecimento do poder real, considerando os demais poderes (senhoriais, concelhios, eclesiásticos) abusivos. Dois grandes responsáveis pela viragem da historiografia a partir da década de 80 do século passado, no que toca à história de Portugal, são Joaquim Romero Magalhães[19] e António Manuel Hespanha.[20] Na nova perspectiva, questiona-se a imagem da precoce e inexorável centralização da monarquia portuguesa, desconstruindo a visão que temos de "Estado" para analisar o universo político-institucional do Antigo Regime. Nisso, ganham destaque na dinâmica das relações de poderes em Portugal moderno e no seu império, as instituições locais. Romero Magalhães chama a atenção para a vitalidade e a autonomia das instituições políticas locais, sobretudo das câmaras municipais, únicos interlocutores do poder central. E não apenas isso; segundo ele, a própria unidade administrativa de Portugal e do Império estava assentada "na instituição municipal e na inexistência de hierarquias entre os municípios [...] O rei está investido na representação do todo do reino e os povos acatam que assim seja, sem o pôr em causa. Cada município tem a representação de uma pequena parcela."[21]

A partir da revisão foucaudiana da definição de sistema político weberiano, António Manuel Hespanha, com base nos textos de Bartolomé Clavero

---

19 Joaquim Romero Magalhães, "Reflexões sobre a estrutura municipal portuguesa e a sociedade colonial brasileira". In: *Revista da História Econômica e Social*, n. 16, 1986; Joaquim Romero Magalhães e Maria Helena Coelho, *O Poder Concelho: das Origens às Cortes Constituintes*. Coimbra: Edição do Centro de Estudos e Formação Autárquica, 1986; Joaquim Romero Magalhães, "Os Concelhos". In: José Mattoso (org), *História de Portugal*. Lisboa: Estampa, 1993, vol. 3.

20 António Manuel Hespanha, *As vésperas do Leviathan. Instituições e poder político. Portugal – séc. XVII*. Coimbra: Almedina, 1994; *História das Instituições. Épocas Medieval e Moderna*. Coimbra: Almedina, 1982; "Para uma teoria da história institucional do Antigo Regime. In: António Manuel Hespanha (org.), *Poder e instituições na Europa do Antigo Regime*. Lisboa: Fund. Calouste Gulbenkian, 1984.

21 Joaquim Romero Magalhães, "Os Concelhos". In: José Mattoso (org), *História de Portugal*. Lisboa: Estampa, 1993, vol. 3, p. 175.

e Pierangelo Schiera,[22] sistematiza a ideia de que o poder se organiza de forma específica no seiscentos e setecentos, isto é, não segundo o "paradigma estadualista" da época contemporânea, mas conforme o que ele próprio denominou de "paradigma jurisdicionalista". Nessa perspectiva, na época "moderna", o poder político não é exclusivo da coroa. Há, em contrapartida, uma multiplicidade de células sociais relativamente autônomas em relação ao centro, com jurisdição ou direitos próprios. Se "se pode falar dum objetivo que caracteriza o poder é o de visar exclusivamente a salvaguarda destes direitos", daí que se fale, a este propósito, de um estado-que-mantém-os-direitos (*Rechtsbewahrungsstaat*). Dessa maneira, interesse público e privado ou "Estado" e "sociedade civil" são separações que não podemos estabelecer nesse momento histórico europeu, pelo menos não para Portugal.[23]

Entender essa organização portuguesa do poder na época moderna passa pela análise da cultura jurídica, a qual teve lugar central na sociedade até o século XVIII. A doutrina, os conceitos e o vocabulário que os juristas produziram foram incorporados ao corpo institucional do poder, produzindo um modelo de organização da sociedade e um modelo de governar. A concepção jurisdicionalista da atividade política é acompanhada e legitimada pela superioridade da jurisprudência sobre a política, dos juristas

---

22 Bartolomé Clavero, "Institución política e derecho: acerca del concepto historiográfico de 'Estado Moderno'". In: *Revista de estudos políticos 19*, 1981, p. 43-57; "Hispanus fiscus, persona ficta. Concepción del sujeto político en el iuscommune moderno", *Quaderni Fiorentini per la St. del pens.giur.*, 11/12, 1982-3, 142 ss.; "História y antropología. Por una epistemologia del derecho moderno". In: Joaquim Cerda e Pablo Salvador Coderch, *I Seminario de História Del derecho y derecho privado. Nuevas tecnicas de investigación*. Bellaterra, Barcelona, 1986, p. 9-36. Piangelo Schiera, "Società per ceti". In: N. Bobbio e M. Matteucci, *Dizionário di politica*. Torino, 1967; "Verso lo stato post-moderno...". In: R. Ruffilli, *Crisi dello stato e ideologia contemporanea*. Bologna, 1979; "Introduzione" a Otto Brunner, *Terra e potere*. Milano, 1983. (Bibliografia contida em António Manuel Hespanha, *As vésperas do Leviathan. Instituições e poder político. Portugal – séc. XVII*. Coimbra: Almedina, 1994.)

23 António Manuel Hespanha, "Para uma teoria da história institucional do Antigo Regime". In: António Manuel Hespanha (org.), P*oder e instituições na Europa do Antigo Regime*. Lisboa: Fund. Calouste Gulbenkian, 1984, p. 29.

sobre os políticos. Se, por um lado, o universo jurídico foi fundamental para estruturar o sistema político – o modo de pensar e exercer o poder –, por outro, a manutenção da justiça – intervir nos conflitos sociais, manter o *status quo* e dar a cada grupo ou indivíduo o que lhe é devido – era o fim último do poder.

No entanto, para um estudo das instituições, é preciso ir além da história das fontes de direito ou das leis, atentando para o resultado da prática jurídica concreta, ou seja, o corpo do direito vivido, pois é "a este nível que se manifesta uma série de traços institucionais que, ao nível legislativo, passam desapercebidos."[24] A perspectiva da história das ideias políticas não consegue abarcar, em seus estudos, os equilíbrios e a distribuição de poderes, ou mesmo quais grupos estão se beneficiando desta distribuição; para isso devemos recorrer, também, a análises estruturais do sistema de poder. A meu ver, é preciso ir mais além. Em perspectiva histórica, deve-se atentar para a dinâmica das instituições, e não apenas para sua estrutura.

Não é possível dizer, portanto, que havia em Portugal um único centro político-administrativo detentor em exclusivo do poder político. A coroa era mais um entre os vários polos de poder – autônomos e autorregulados –, ainda que fosse superior na hierarquia de poderes. Isso é que nos permite afirmar que o organismo social de Portugal do Antigo Regime assentava numa pluralidade jurisdicional, ou seja, cada um destes polos de poder periféricos (concelhos, senhorios, corporações, e mesmo os oficiais – burocratas) possuía uma jurisdição própria – poder político e benefícios decorrentes daí – como pertencente ao seu patrimônio, devido à concepção patrimonial de poder, na qual a administração se confunde, nos seus objetivos e processos, com a atividade de gestão do patrimônio do chefe político. Contudo, cabe aqui uma observação bastante importante: se tomarmos a Coroa apenas como mais um entre esses corpos sociais detentores de poder – com jurisdição própria –, durante a Idade Média e Moderna, até meados do século XVIII, perderemos uma visão mais ampla do movimento

---

24 António Manuel Hespanha, *História das instituições. Épocas Medieval e Moderna.* Coimbra: Almedina, 1982, p. 18-20.

Munícipes e Escabinos   37

histórico de formação dos Estados Modernos ao longo desses séculos anteriores ao advento do que conhecemos como os Estados Liberais.

Max Weber chama a atenção para a íntima relação entre os sistemas de dominação e os meios administrativos, dividindo-os em dois modelos. O sistema tradicional de poder, ao qual corresponde o sistema administrativo "patrimonial" ou "honorário"; e o sistema "estatal" de dominação, que tem como elemento estrutural a burocracia. O período sobre o qual nos debruçamos se aproximaria do sistema tradicional.[25] A própria organização do espaço, neste sistema tradicional, busca a legitimação do poder. O território político corresponde, então, ao assentamento espacial da unidade política tradicional – o espaço é habitado por uma comunidade que reconhece uma mesma autoridade e vive sob um mesmo estatuto. Este espaço político das pequenas comunidades, entendido por Hespanha como "miniaturização do espaço", corresponde, segundo o autor, à patrimonialização dos cargos e funções político-administrativas, que atribui poderes políticos a um senhor ou a uma comunidade, poderes que vão ser incorporados ao patrimônio do seu titular.[26] Nesses termos, a jurisdição, seguindo essa forma de organização do espaço, adere ao território.

A autonomia e autogoverno dos corpos ou "estados" na sociedade do Antigo Regime, decorrentes da sua autonomia jurisdicional, que se comunicavam entre si e com o centro político-administrativo, ou seja, a Coroa, através de canais jurisdicionais, apenas eram possíveis por uma ordem jurídica de estrutura particularista, na qual o direito particular – o privilégio – se impunha ao direito geral – a lei. Mais uma vez percebe-se como a justiça continua a ser o elemento estruturante na organização dos poderes,

---

25 Max Weber, *Economia e sociedade: fundamentos da sociologia compreensiva* (tradução). São Paulo/ Brasília: Imprensa Oficial/ Editora UNB, 2004, 2 vols. Sobre o conceito do patrimonialismo ver o capítulo III, "Os tipos de dominação", especialmente, p. 148-157, vol. I; e o capítulo IX, "Sociologia da dominação", especialmente as seções 3 e 4, p. 233-323, vol. II.

26 António Manuel Hespanha, *As vésperas do Leviathan. Instituições e poder político. Portugal – séc. XVII*. Coimbra: Almedina, 1994, p. 89-90.

o próprio "fazer justiça" pelo monarca se limitava a resolver os conflitos que surgiam, objetivando reconstituir a ordem vigente, tradicional, e não interferir ou diminuir os direitos adquiridos pelos corpos periféricos. Assim, o "paradigma jurisdicionalista", como uma das características fundamentais do aparelho político-administrativo naquela época, punha um grande limite à ação do poder central.

Além do "paradigma jurisdicionalista", de ação político-administrativa, Hespanha elenca mais duas características que ajudam a definir e explicar esse complexo orgânico da administração central portuguesa na época moderna. A primeira delas é o modelo de organização política identificado por Vicens Vives como "governo poli-sinodal".[27] Esse regime assim se define por se realizar mediante conselhos, tribunais ou juntas, cada um deles especializado em tratar da sua respectiva área jurisdicional. Isso garantia a expressão de todos os pontos de vista e respeitava a natureza tópica e argumentativa do processo jurídico de decisão. Além disso, esses conselhos e tribunais tinham grande autonomia frente às decisões da Coroa, dispondo de competência exclusiva para julgar da regularidade do seu próprio funcionamento e apreciar as questões em que qualquer dos seus membros fosse parte. Como buscavam defender a sua esfera de competência, surgiam constantes conflitos cotidianos que impediam a supremacia de um sobre os demais.[28] Ainda que fosse assim, é a Coroa que vai, cada vez com maior presença, conseguir desempenhar a função de coordenação desses conflitos e ultrapassar os limites impostos à sua ação por estes conselhos palatinos ao longo da Idade Moderna.

Para que toda essa organização político-administrativa se efetivasse, era preciso um modelo de processamento do expediente – a terceira característica da administração portuguesa –, o processo burocrático baseado na

---

27 J. Vicens Vives, "A estrutura administrativa estadual nos séculos XVI e XVII". In: António Manuel Hespanha (org.), *Poder e instituições na Europa do Antigo Regime*. Lisboa: Fund. Calouste Gulbenkian, 1984.

28 António Manuel Hespanha, *As vésperas do Leviathan. Instituições e poder político. Portugal – séc. XVII*. Coimbra: Almedina, 1994, p. 288.

Munícipes e Escabinos 39

forma escrita. A escrita permitiu, por um lado, a manutenção dos espaços políticos distantes, no reino e no ultramar, como suporte das mensagens políticas – fazer falar os ausentes –, contribuindo para a centralização do poder. No entanto, por outro lado, a escrita consolidou os pontos de vista da burocracia. A consulta, votos, memoriais, segundo Hespanha, materializa o ponto de vista do tribunal ou conselho e autonomiza-o em relação à vontade do soberano. Esses documentos constituíam uma "memória burocrática" que se imporia ao tribunal e ao próprio monarca, e os "detentores desta memória, os seus gestores e administradores nos complicados jogos de poder eram, naturalmente, os mesmos burocratas."[29]

A monarquia portuguesa no Antigo Regime se define, portanto, como um conjunto de "estados" ou corpos sociais com jurisdição própria e, assim, com poder político, no qual a Coroa está num estágio superior na hierarquia dos poderes, com a função de orquestrar esse organismo social, administrando os conflitos entre aqueles corpos sociais, mantendo a ordem político-social e estabelecendo o equilíbrio entre as camadas sociais. Nesse âmbito de dispersão de poderes entre os diversos corpos sociais (cidades, conselhos, burocratas, senhorios), detentores de ampla autonomia frente ao poder central, destacam-se as câmaras municipais como instituições locais relevantes no quadro político-administrativo português. Como um contraponto ao poder central, as câmaras serviam também para levar as Ordenações reais às regiões mais distantes, especialmente ao ultramar, contribuindo para a unidade do império e para reforçar a presença da coroa naquelas terras.

Cultura Política no Antigo Regime.
Imaginário e relações sociais

A imagem que a sociedade seiscentista e setecentista fazia de si como um "corpo" – o rei representa a cabeça; a nobreza, os braços; e o povo, o corpo – resulta, primeiramente, na concepção de que as funções das partes

---

29 *Idem*, p. 293.

que a constituem não são iguais; em segundo lugar, na ideia de que todos os diferentes órgãos ou "estados" dessa sociedade são indispensáveis para manter a ordem e a unidade do "corpo"; e, por fim, decorrente das duas primeiras, na impossibilidade de um governo que centralizasse todos os poderes políticos, uma vez que todas as partes mantêm uma função. Com isso, a monarquia portuguesa na época moderna pode ser caracterizada como "monarquia corporativa", em que a Coroa compartilhava o poder político com outros corpos e o direito comum era limitado pela doutrina jurídica e pelos direitos ou jurisdições locais.

Perante a imagem da sociedade como um organismo e as concepções daí decorrentes, como entender o papel da Coroa? Os "Espelhos de Príncipe" (*specula principis*) radica essa concepção organicista da sociedade, na qual o rei é o "cabeça" e o protagonista daquele corpo animado, e seu perfil virtuoso torna-se indissociável do governo.[30] Ao "cabeça" da sociedade cabia, no âmbito interno, orquestrar todos esses corpos sociais dotados de autonomia político-jurídica, distribuindo a cada um o que lhe é de direito, sem destruir ou interferir na sua autonomia; e, externamente, representar e manter a unidade do corpo. Em outras palavras, à Coroa recaía a função de realizar "justiça" e manter a "paz". Mas, como vimos, "fazer justiça" e manter o *status quo* jurisdicional não cabiam só ao rei, eram também direitos de todas as entidades que constituíam o reino e definiam grande parte das expectativas que os vassalos tinham a respeito do rei e do seu desempenho governativo.[31]

A esse pensamento de uma sociedade organicista, na qual os corpos sociais têm um lugar determinado na sociedade e direitos adquiridos e o papel do rei é garantir a justiça e a paz, ou seja, garantir a cada um o que lhe cabe (aos corpos ou aos particulares) – o estatuto social –, corresponde uma doutrina jurídica, entendida como conjunto de instrumentos conceituais que

---

30 Sobre este tema ver, Ana Isabel Buescu, *Imagens do Príncipe. Discurso normativo e representação (1525-1549)*. Lisboa: Cosmos, 1996.

31 Pedro Cardim, *Cortes e Cultura Política no Portugal do Antigo Regime*. Lisboa: Edições Cosmos, 1998, p. 21.

Munícipes e Escabinos   41

permitam justificar, do ponto de vista doutrinal, e regular, do ponto de vista institucional, novas realidades sociais e novos arranjos de poder.

Um elemento fundamental dessa sociedade corporativa e organicista portuguesa é a relevância dos deveres morais (graça, piedade, gratidão, liberalidade, misericórdia, magnificência) para a estruturação de um tipo determinado de relações políticas baseado nos laços de amizade, parentesco, fidelidade, honra e serviço. Além disso, o "fazer justiça", como função do rei, inclui dar aos corpos sociais ou particulares o que lhes compete, sendo que uma das virtudes do bom príncipe é, justamente, agraciar e retribuir os serviços prestados pelos súditos. Essas duas concepções acerca das relações e práticas sociais vão estruturar redes de amigos e clientes – as "redes clientelares"[32] – e uma ordem política de relações dos corpos sociais ou particulares entre si e entre estes e a Coroa, tanto no reino como no ultramar.

A atividade de dar integrava, em contrapartida, outros dois atos: receber e retribuir, criando, então, relações sociais, e também políticas, permanentes entre o benfeitor e o beneficiado. Dessas relações derivavam redes sociais calcadas nos serviços e na gratidão, dentro das quais seus integrantes estabeleciam intercâmbios de serviços e de ganhos simbólicos ou materiais. Como são assimétricas, essas relações constituem, no fundo, relações de poder, pois a parte que realiza o ato de dar manterá uma vantagem de poder sobre a parte beneficiada que, em retribuição, estará sempre à disposição para fazer diversos tipos de serviços, conforme a necessidade do momento. Isso acaba instituindo uma espiral de poder que acabava por unir seus participantes numa dívida permanente, fazendo com que as redes clientelares passassem de geração para geração. Se, por um lado, o estabelecimento destas redes de interdependência que possibilitavam o acesso a determinados recursos era, como apontou Hespanha e Ângela Xavier, "uma forma de resistência ao movimento de centralização que o aparelho administrativo central procurava realizar",[33] por outro, como essas redes eram constituí-

---

32 Ângela Barreto Xavier e António Manuel Hespanha, "As redes clientelares". In: José Mattoso (org), *História de Portugal*. Lisboa: Estampa, 1993, vol. 4.

33 *Idem*, p. 383.

das por relações assimétricas de poder, a Coroa, como a parte que "dá" os benefícios e que confirma os já concedidos, estava em vantagem em relação à parte que os recebe, conseguindo também, por meio dos privilégios distribuídos, a pessoas ou instituições, uma ligação mais forte com seus vassalos. Essa prática, portanto, ainda que pudesse se contrapor ao processo de centralização da Coroa, também reforçava a unidade do império e a presença da Coroa às regiões mais distantes.

Os "espelhos de príncipe" que reproduziam a imagem ideal do governante, as crônicas reais para exaltar o monarca e outros muitos textos de teólogos e tratadistas deixam claro que a cultura política do Antigo Regime considerava a liberalidade, ou seja, o ato de dar, uma virtude do rei ideal. A liberalidade, a gratidão e a magnificência podiam ser utilizadas pela Coroa como forma de atrair a fidelidade dos súditos e, portanto, de aumentar o seu poder. Fernanda Olival demonstra que um dos pontos de maior insistência na literatura formativa repousava nos efeitos da liberalidade ou da sua falta, pois os autores entendiam que o trono se afirmava pela liberalidade e que o apoio à Coroa se adquiria pelo dar. O não dar seria um risco para a Coroa. Suscitava ódio e falta de apoio nos súditos.[34]

Sendo assim, os vassalos detinham o direito de cobrar remuneração pelos serviços prestados ao rei, fazendo com que parte da autonomia dos corpos sociais – através de privilégios, honras e mercês reais – derivasse da "economia da mercê",[35] que podia limitar o poder do rei, impondo forte limite à

---

34 Fernanda Olival, "Um rei e um reino que viviam da mercê". In: Fernanda Olival, *As Ordens Militares e o Estado Moderno. Honra, Mercê e Venalidade em Portugal (1641-1789)*. Lisboa: Estar, 2000, p. 17-18.

35 Fernanda Olival designa por "economia das mercês" a disponibilidade para o serviço, pedir, dar, receber, num verdadeiro círculo vicioso, realidades a que grande parte da sociedade desse período se sentia profundamente vinculada, cada um segundo a sua condição e interesses. Faz ainda uma crítica à denominação "economia da graça" de António Manuel Hespanha, considerando mais propícia a utilização da graça, conceito mais amplo, pois esta era frequentemente classificada em dois grupos: as que se obtinham por "via da graça" e as alcançadas por "via da Justiça". Uma terceira designação aparece na bibliografia brasileira: "economia política de

Munícipes e Escabinos

ação da Coroa. Como observou Hespanha, "a gratidão, como a liberalidade, como a caridade (e todas as atitudes através das quais estas duas últimas se expressam), não é livre nem gratuita. Se trata de uma obrigação moral e quase jurídica."[36] No entanto, esses deveres morais do rei acabavam por contribuir, por outro lado, para solidificar o processo de centralização do poder político, pois a Coroa vai consolidando o seu monopólio de distribuição destas mercês. As mercês remuneratórias tinham, ainda, fortes implicações jurídico-sociais, tornando os bens patrimonializáveis, que podiam ser alienados, divididos e reclamados nos tribunais. Os serviços constituíam, assim, uma forma de investimento, um capital que poderia ser convertido em doações da Coroa, e com uma vantagem, a de que a recompensa régia tinha conotações honoríficas, além do valor econômico, questão importante numa sociedade organizada em função do privilégio e da honra.[37]

---

privilégios", que relacionaria, em termos políticos, o discurso da conquista e a lógica clientelar inscrita na economia de favores instaurada a partir da comunicação pelo dom; deve ser pensada, segundo seus autores, enquanto cadeias de negociação e de redes pessoais e institucionais de poder que, interligadas, viabilizam o acesso a cargos e a um estatuto político. António Manuel Hespanha, "La Economia de la gracia". In: António Manuel Hespanha, *La gracia del derecho: economia de la cultura em la Edad Moderna*. Madri: Centro de Estudios Constitucionales, 1993; Fernanda Olival, "Um rei e um reino que viviam da mercê". In: Fernanda Olival, *As ordens militares e o Estado Moderno. Honra, Mercê e Venalidade em Portugal (1641-1789)*. Lisboa: Estar, 2000; João Fragoso, Maria de Fátima Gouvêa e Maria Fernanda Bicalho, "Uma Leitura do Brasil Colonial. Bases da materialidade e da governabilidade no Império". In: *Penélope*. Revista de Ciências e História Social, n. 23, 2000; João Fragoso, Maria de Fátima Gouvêa e Maria Fernanda Bicalho (org.), *Antigo Regime nos Trópicos: a dinâmica imperial portuguesa (séculos XVI-XVIII)*. Rio de Janeiro: Civilização Brasileira, 2001.

36 António Manuel Hespanha, "La Economia de la gracia". In: António Manuel Hespanha, *La gracia del derecho: economia de la cultura em la Edad Moderna*. Madri: Centro de Estudios Constitucionales, 1993, p. 169.

37 Fernanda Olival, "Um rei e um reino que viviam da mercê". In: Fernanda Olival, *As Ordens Militares e o Estado Moderno. Honra, Mercê e Venalidade em Portugal (1641-1789)*. Lisboa: Estar, 2000, p. 23-24.

44 Fernanda Trindade Luciani

A prática de remuneração por serviços prestados não se restringia à Corte ou aos ambientes políticos, e nem mesmo ao reino de Portugal, sendo transmitida ao ultramar desde a conquista de Ceuta no ano de 1415. As redes de interdependência se estendiam, portanto, às conquistas a partir do Reino, reforçando os laços entre as distantes partes do Império e o sentimento de sujeição dos vassalos reinóis e ultramarinos ao monarca, e estabelecendo certa hierarquia social, e também geográfica, por meio da distribuição de cargos, honras e mercês pela Coroa. Assim, essas redes acabavam por contribuir para a coesão e governabilidade do Império. Se até o fim do primeiro quartel do século XV a Coroa se esforçou, no Reino, para impor seu poder aos polos de poder político concorrentes, nomeadamente, os senhores, a partir daí, ela desloca sua estratégia política. A Coroa portuguesa passou a adotar uma estratégia menos voltada para o afrontamento com as jurisdições locais e mais centrada na criação de novos espaços de poder, onde pudesse se impor aos outros modelos de conduta, oferecendo benesses em troca de sujeição e estabelecendo critérios de distinção e hierarquização social. Um desses espaços, fundamental como nova área de intervenção da Coroa, será o ultramar.

Estruturas político-administrativas em Portugal. Os Concelhos

A Coroa portuguesa precisava ao longo da época moderna, período de tentativas de consolidação do poder central, mais do que meios simbólicos – como cerimônias, entradas régias, sagração e morte, e atribuições emblemáticas da realeza – ou teóricos – como os discursos construídos nos espelhos de príncipe – para centralizar o poder político-administrativo e se legitimar. A efetivação da ação política demandava, também, uma estrutura funcional administrativa. Como o poder não se exerce no vazio, mas está nas relações pessoais que vão sendo estabelecidas e garimpadas, a Coroa precisava de meios humanos, institucionais e financeiros para que seu projeto de centralização fosse colocado em prática. Nesse sentido, a história das instituições do Portugal seiscentista e setecentista permitirá

Munícipes e Escabinos

discutir a questão da centralização/descentralização e das relações entre o poder central e os poderes periféricos. Em contrapartida, as concepções políticas acima discutidas são imprescindíveis para compreendermos a autorregulamentação dos poderes periféricos. Antes de centrar a análise nas instituições e oficiais locais e na administração real periférica da justiça e da fazenda, segue uma breve apresentação da formação dos concelhos em Portugal.[38]

Com a conquista da Península Ibérica pelo Império Romano, seu território foi considerado *Ager publicus populi romani* e, portanto, estava a serviço dos interesses de Roma. No Império, a cidade era a unidade política administrativa principal e, conforme sua legislação, havia dois tipos fundamentais de cidades: as colônias e os municípios, estes últimos originados pela concessão da cidadania ou da latinidade aos habitantes de uma cidade que já existia. Eram os membros da oligarquia local – *decuriones* – que formavam o concelho municipal. O Município, assim, consistia uma pequena república gerida pela oligarquia local que dirigia os órgãos municipais. Após o século III, notam-se a ruralização e a deterioração do comércio, o que acaba originando uma atomização do espaço econômico e político, contribuindo para a formação de comunidades autônomas. Com a chegada dos visigodos à Península, estes levam consigo novas concepções políticas e uma nova realidade que, segundo Hespanha, perdurará nas instituições políticas das épocas futuras. Pela primeira vez na história das instituições políticas, aparece o reino (*regnum*), entidade que unifica os dois elementos essenciais dos Estados Modernos, o povo e o território, submetendo-os a uma mesma autoridade política – o Rei. No entanto,

---

38 António Manuel Hespanha divide a estrutura institucional portuguesa em quatro grandes categorias, a partir do oficialato político-administrativo em Portugal: os oficiais locais; os oficiais senhoriais ou de entidades dotadas de alguma autonomia jurisdicional; os oficiais da administração real periférica da justiça ou da fazenda; e os oficiais das cortes e dos tribunais palatinos. Ver: *Idem*, p. 160 e ss.

46 Fernanda Trindade Luciani

diferente das formas políticas anteriores, o reino sublinha o caráter territorial dos laços políticos.[39]

A invasão muçulmana marca o fim do reino visigótico e uma ruptura político-administrativa na maior parte do território peninsular. Na última fase do período medieval, com a reconquista das terras, as classes feudais consumam o monopólio da terra, submetendo-a a várias formas de renda feudal. Assim, quase a totalidade das terras passa a ser foreira – a pagar uma renda ou foro ao senhorio, seja ele o rei, um nobre ou um mosteiro. Entre as diferentes situações jurídicas das terras encontradas no período, estão a propriedade nobre, a propriedade vilã – de um não nobre – e a propriedade dos concelhos e bens comuns. Dessa forma, o município, que posteriormente estará presente em todo território português, procede da legislação romana, mas também carrega o peso das heranças medievais. Desde o século X, aparecem vestígios da organização concelhia no espaço português, isto é, concessões régias ou senhoriais que permitiam e reconheciam certa auto-organização dos habitantes locais, juntamente com a atribuição de certos privilégios de ordem fiscal e judiciária. Segundo António Manuel Hespanha, isso representava mais o desejo dos senhores de fixar as populações às terras, desestimulando a sua fuga para as regiões medievais recentemente reconquistadas, do que a luta das populações locais pela sua autonomia. Essa prática de concessões às populações locais do direito de se autogovernarem, juntamente com a aquisição de alguns privilégios de ordem fiscal e judiciária, vai ganhando força e, com a consolidação dessa tendência, surgem os concelhos municipais, formados por um quadro completo de magistrados já no século XII. Até os finais do século XIV, o número de concessões de cartas de foral – carta de instituição do governo – sempre foi aumentando.[40]

Nos séculos XIII e XIV, há indícios de um considerável desenvolvimento urbano no espaço português, o que se relaciona com a crise

---

39 António Manuel Hespanha. *História das Instituições*. Coimbra: Almedina, 1982, p. 75 e 117.

40 *Idem*, p. 125-130 e 151-152.

econômica do mundo rural e com a expansão da economia mercantil. Com essa crescente urbanização e o consequente crescimento do poder das comunidades citadinas, os povos das cidades – assim como outros corpos sociais – vão ter força para aspirar à liberdade da tutela jurídica do direito senhorial e buscar se integrar ao sistema de relações políticas já existentes. Cada grupo social vai procurar obter o reconhecimento de um estatuto jurídico e político diferenciado e uma ampla capacidade de autorregulamentação. Sendo assim, a municipalização do espaço político local é uma das heranças medievais mais importantes no que versa sobre a administração política do território português. Desde os fins da Idade Média, as terras portuguesas estavam cobertas por concelhos, constituídos por câmaras municipais. É no final do século XV que se verifica a universalização do modelo concelhio como unidade administrativa e judicial de primeira instância no reino português, no momento em que se verifica a estabilização do quadro institucional da vida municipal portuguesa – o que será mantido, no essencial, até a época liberal.[41]

A assembleia concelhia, o primeiro órgão administrativo dos concelhos, era composta por todos os vizinhos ou homens-bons que aí habitassem; estava encarregada da resolução dos problemas de administração local; participava da administração da justiça; e podia formular as posturas – regras que valeriam como direito concelhio complementar ao foral. A carta de foral, que instituía o concelho, estabelecia questões referentes a impostos e a multas devidas por delitos, disposições importantes sobre obrigações militares e sobre liberdades, e garantias das pessoas e dos bens. Somente entre os anos de 1332 e 1340, com a legislação que versava ainda sobre os juízes de fora e os corregedores, é que se institui um colégio de homens-bons nos conselhos municipais, devido à progressiva complexidade da administração local. Esses homens, que mais tarde serão chamados de vereadores, passaram a ser responsáveis por tudo que dizia respeito à administração

---

41 Nuno Gonçalo Monteiro e César Oliveira, *História dos municípios e do poder local (dos finais da Idade Média à União Europeia)*. Lisboa: Círculo dos Leitores, 1996, p. 19 e 30.

48 Fernanda Trindade Luciani

concelhia, como as finanças, o abastecimento e, até mesmo, problemas referentes à área jurídica, quando os juízes assim lhes solicitassem.

Além da "Legislação de Trezentos" (1332-1340), citada acima, e da "Ordenação dos Pelouros" (1391),[42] que regulava as eleições para a Câmara, foram de fundamental importância para o processo de municipalização do território e de uniformização do modelo de administração local, por meio de marcos jurídicos estabelecidos pela Coroa, as *Ordenações* do Reino. As *Ordenações Afonsinas* (1446-1447), que incorporam a eleição dos pelouros e retomaram a legislação anterior de D. Afonso IV e de D. Fernando, tendentes a salvaguardar a autonomia dos concelhos mesmo nas terras senhoriais, constituem a primeira tentativa de estabelecer, com uma clareza sem precedentes, um único sistema de organização municipal para todo o território do reino. Foi, portanto, com estas *Ordenações* que se firmaram as atribuições políticas e econômicas das câmaras municipais, as formas de provimento dos ofícios camarários e as suas competências. As *Ordenações Manuelinas* (1512-1514), apesar de não acrescentar em quase nada acerca da municipalidade o que já haviam estabelecido as *Ordenações Afonsinas*, são de fundamental importância para o processo de uniformização da organização municipal. Consagram o modelo único que vinha sendo delimitado até então, além de serem impressas. Ainda durante o reinado de D. Manuel, a reforma dos forais (1497-1520) veio completar de maneira inquestionável essa processo de uniformização realizado por intervenções

---

42 Em 1391, D. João I institui o sistema "dos pelouros" para a escolha dos oficiais das assembleias concelhias, a fim de evitar os desmandos que ocorriam anteriormente nas eleições. O novo sistema de eleição, descrito nas Ordenações Filipinas (I, 67), que permaneceu quase até o final do Antigo Regime, determinava que os homens-bons do concelho elegessem seis eleitores – cidadãos com qualidades para assumirem funções de governo do concelho – em voto secreto. Numa segunda fase, cada par de eleitores escolheria as pessoas mais aptas para ocuparem cada cargo nos três anos seguintes e, posteriormente, o juiz mais velho escrevia o nome das pessoas mais votadas em uma folha denominada pauta. Então, com cada um dos nomes da pauta era feita uma bola de cera – pelouro –, sendo todas elas colocadas num saco para que em cada ano fossem sorteados os magistrados que exerceriam os respectivos cargos.

Múnicipes e Escabinos

reais. As novas cartas de foral não mais continham as normas relativas à administração e ao direito particular instituído para cada terra. Agora, todos deveriam obedecer o modelo geral definido nas Ordenações.[43]

Em 1603, foram publicadas as *Ordenações Filipinas,* que não alteram em nada as Ordenações anteriores no que se refere à administração concelhia, fixando as atribuições gerais dos municípios e estabelecendo o sistema de pelouro para as eleições dos oficiais das câmaras. Deixa, entretanto, alguns assuntos a cargo dos costumes e forais, tanto das municipalidades como dos senhores das terras. Uma única alteração relevante para a administração municipal posterior às *Ordenações Filipinas* está contida no Alvará de 14 de novembro de 1611, modificando os preceitos de confirmação da eleição das Câmaras, que passou a ter uma maior intervenção do corregedor, responsável por escolher como informantes duas ou três pessoas "das mais antigas e honradas" para elaborarem os róis dos elegíveis, circunscrevendo-os aos naturais, pertencentes à gente da governança e limpos de sangue. Então, essas listas dos eleitos seriam enviadas, no caso das terras da Coroa, para o Desembargo do Paço, para confirmação final, e nas terras de donatários, para o respectivo senhorio.[44] Esta intervenção do poder central nas Câmaras atinge apenas alguns concelhos, nomeadamente os maiores e mais importantes. Assim, com as *Ordenações,* a monarquia portuguesa conseguiu obter um regime administrativo geral e as instituições locais passaram a caracterizar-se não apenas pela sua uniformidade, mas também por seguirem, teoricamente, um único marco legislativo em todo o Reino. Não se podem, contudo, esquecer que, apesar da uniformidade na configuração do espaço concelhio, este era marcado pela diversidade dos elementos que o compunham, como, na dimensão espacial e demográfica, a presença ou

---

43 Nuno Gonçalo Monteiro e César Oliveira, *História dos municípios e do poder local (dos finais da Idade Média à União Europeia).* Lisboa: Círculo dos Leitores, 1996, p. 32.

44 Nuno Gonçalo Monteiro. "Os concelhos e as comunidades". In: José Mattoso (org), *História de Portugal.* Lisboa: Estampa, 1993, vol. 4, p. 324; António Manuel Hespanha, *As vésperas do Leviathan. Instituições e poder político. Portugal – séc. XVII.* Coimbra: Almedina, 1994, p. 367-368.

50 Fernanda Trindade Luciani

não do juiz de fora, a participação ou não de representantes dos mesteres, a importância econômica e a existência ou não de procuradores com assento no Braço do Povo nas Cortes.

Com relação à composição das câmaras municipais, as principais magistraturas eram os juízes, os vereadores, o procurador do concelho e os almotacés. Comecemos pelo seu presidente nato, ou juiz-presidente. Pelas *Ordenações Filipinas*, suas atribuições iam além do campo jurisdicional. Eles possuíam funções que iam desde a manutenção da ordem pública e contenção dos abusos dos poderosos até auxiliar vereadores e almotacés no exercício de sua jurisdição especial em casos de injúrias a almotacés. Os juízes podiam ser *ordinários*, ou seja, oficiais honorários – não letrados, eleitos pelo concelho, não remunerados – ou *de fora*, quer dizer, oficiais de carreira – letrados e nomeados pela coroa.[45] Qualquer das Ordenações estabelecem que onde não houver juiz de fora nomeado pelo rei, a justiça será administrada pelos juízes ordinários eleitos pelos homens-bons. Outros importantes oficiais locais, os vereadores, aparecem já nas *Ordenações Afonsinas* (1446) como delegados do povo nas reuniões do concelho, substituindo os homens-bons, como era de costume. De acordo com as *Ordenações Filipinas*, competia aos vereadores "ter cargo de todo regimento da terra, e por que a terra, e os moradores della possão bem viver".[46] Eram eleitos pelos homens-bons do concelho, segundo o sistema dos pelouros. Tinham a função de verear, observando a conduta do concelho, suas necessidades e abusos, e de cuidar do abastecimento dos mercados. Além disso, administravam os bens do concelho e eram responsáveis pelo mobiliário da câmara municipal bem como pelos cofres onde se guardavam os pelouros e as arcas e armários onde ficavam os arquivos. Nas câmaras de poucos vizinhos, seu número era no máximo de dois e nos mais povoados eram de três ou quatro.

O terceiro grupo de oficiais camarários correspondia aos almotacés que, conforme as *Ordenações Filipinas*, deveriam também ser eleitos pelas próprias

---

45 *Ordenações Filipinas*, I, 65.
46 *Ordenações Filipinas*, I, 66.

câmaras e desempenhar funções relacionadas ao abastecimento e limpeza da cidade, à fiscalização do comércio dos gêneros de primeira necessidade e às questões urbanísticas. Eleito era, ainda, o procurador, a quem competia agir em nome do concelho nos feitos relativos a rendas e bens concelhios, e arrendar e guardar as terças do concelho. Também deveria desempenhar as atribuições do tesoureiro nas câmaras em que este não existia.[47] Além desses oficiais, a câmara contava não só com o escrivão, cuja função era passar por escrito todos os acontecimentos importantes nas sessões da câmara municipal e escriturar a receita e a despesa pequena da cidade ou vila que deviam ser apresentadas aos vereadores. Contava também com uma série de funcionários subalternos, como o tesoureiro ou contador, encarregados da administração e fiscalização financeiras; o promotor, encarregado de representar a coletividade municipal em tribunal; o chanceler, com a função de mandar passar ou autenticar os documentos municipais; o porteiro do concelho, encarregado das relações entre a câmara e o público ou outros órgãos; e o meirinho do concelho, encarregado de fazer executar as decisões dos órgãos dos concelho e de fazer observar as posturas e regimentos locais.[48]

Os ofícios camarários eram honorários – cargos eventuais e não remunerados –, à exceção do juiz de fora. O interesse pelos cargos estaria não apenas no prestígio que lhes era inerente, mas nas possibilidades de, usando da situação de preeminência social e política que eles garantiam, obter vantagens econômicas diversas. A escolha dos oficiais locais representava mais que o poder econômico, representava e confirmava o poder social e simbólico, pois os magistrados eram eleitos pelas (e entre as) elites.[49] O modelo definido pela legislação da monarquia portuguesa restringia a participação nos ofícios concelhios superiores aos homens-bons – pessoas que possu-

---

47 *Ordenações Filipinas*, I, 68.

48 *Ordenações Filipinas*, I, 69, 70 e 71.

49 Ver: António Manuel Hespanha, *As vésperas do Leviathan. Instituições e poder político. Portugal – séc. XVII*. Coimbra: Almedina, 1994, p. 164-165; e Nuno Gonçalo Monteiro e César Oliveira, *História dos municípios e do poder local (dos finais da Idade Média à União Europeia)*. Lisboa: Círculo dos Leitores, 1996, p. 148 e 149.

íssem no concelho bens de raiz e aí habitassem –, pois concedia os cargos honorários (vereadores e juízes ordinários) aos "melhores dos lugares", conforme as *Ordenações Filipinas*, de 1603. Além disso, o sistema de eleição dos pelouros, previsto por este marco institucional, favorecia a concentração do governo municipal na mão de poucos, o que ocasionava, consequentemente, uma crescente elitização na administração municipal, através dos oficiais que compunham as Câmaras.

Outra característica dos concelhos municipais, além da uniformidade institucional e do caráter elitista, é sua autonomia tanto administrativa quanto financeira e jurisdicional, concretizadas no reconhecimento da Coroa nas *Ordenações*. Tal prática estava inserida na lógica de poder do Antigo Regime, do "paradigma jurisdicionalista" ou do "Estado de direitos". Os corpos sociais, sejam eles concelhos, senhorios, misericórdias, ordenanças, limitavam a ação do poder central por meio dos direitos políticos adquiridos – sua respectiva jurisdição. A função do rei, conforme a concepção corporativa e organicista da sociedade, não era a de interferir nos privilégios e direitos. Com relação à autonomia administrativa concelhia, esta se explica pelo fato de que as câmaras tinham autonomia na escolha dos seus magistrados – vereadores, juízes, procurador e almotacés – através das eleições locais, como visto acima. A autonomia jurisdicional se justifica, por um lado, por uma ordem jurídica local contida no foral e nas posturas, que, devidamente aprovadas pelo rei, tinham o valor de lei, impondo-se aos funcionários régios, sobretudo, aos corregedores. E, por outro, pelo uso dos costumes; regras de vida comum que existiam sob forma consuetudinária tinham grande relevância nesse regime de autonomia municipal.

Não é possível falar de autonomia sem destacar a autonomia financeira das câmaras municipais. Tinham o direito de sustentar autonomamente as suas despesas. Como possuíam finanças próprias (rendas da almotaçaria, rendas de bens próprios, coimas, tributos concelhios), podiam custear suas despesas. Quando seus rendimentos eram insuficientes, o rei podia autorizar as câmaras a lançarem contribuições forçadas. Em parte, essa autonomia financeira derivava da distância e isolamento dos concelhos em relação ao centro de poder e da falta de recursos por parte da Coroa. Essa prática será muito bem utilizada pela monarquia na administração do ultramar, na qual as câmaras arcarão com grande parte da despesa da colonização, especialmente em situação de guerra.

Ainda com essa considerável autonomia, a Coroa sempre buscou intervir no poder local – o que corresponde à sua administração periférica – por meio de seus funcionários: provedores, juízes de fora e corregedores. É durante os séculos XVI e XVII que as limitações à autonomia municipal vão se tornando mais patentes. Até a primeira metade do século XIV, a administração era exercida, apenas, pelos oficiais eleitos localmente, sendo o controle real, portanto, exterior à organização concelhia. A partir da segunda metade do século XIV, no Reino, verifica-se a presença, cada vez mais constante, de um novo tipo de funcionário régio que ganhou grande importância nas épocas subsequentes: os corregedores e juízes de fora nomeados pela Coroa. Por serem o elo através do qual esta entrava em contato com as estruturas políticas da administração local, interferiam diretamente nas atividades camarárias – não se pode afirmar, contudo, que em favor do fortalecimento da Coroa. Talvez fosse mais correto admitir que os juízes de fora, provedores e corregedores eram elementos que iriam fortalecer a rede burocrática que, com certa autonomia frente ao poder central, acabava por filtrar toda a comunicação entre a periferia e o centro.

O poder real estabeleceu os juízes de fora com o pretexto de melhorar a justiça municipal, cabendo-lhes aplicar o direito régio em vez do direito local. Esses oficiais, todavia, tiveram muita dificuldade para se instalar nas Câmaras e, em meados do século XVII, apenas 10% dos concelhos tinham juiz de fora, situação que permanecerá até meados do século XVIII.[50] Note-se que, apesar de uma pequena porcentagem de concelhos possuírem juízes de fora, estes fizeram parte das Câmaras das principais cidades e vilas portuguesas – assim como mais tarde na América. Fato que pode demonstrar não um limite da intervenção da Coroa no poder local, mas sim a distribuição desses oficiais de acordo com seus interesses políticos e econômicos nos

---

50 António Manuel Hespanha. *História das Instituições. Épocas Medieval e Moderna.* Coimbra: Almedina, 1982, p. 268.

principais centros de poder. Entre as atribuições jurídicas dos corregedores, estava defender a jurisdição real e a ordem pública e inquirir das justiças locais e dos seus oficiais; e quanto às funções políticas, cabia a eles tutelar o governo das cidades e vilas, verificando se as eleições dos juízes e oficiais camarários eram realizadas na forma das *Ordenações*. Essas intervenções centrais na administração municipal tinham caráter tutelar, isto é, apenas de "inspeção", e como sua esfera de atuação não englobava a área de finanças e a milícia, o impacto da ação dos corregedores na organização local não foi muito significativo.

Podemos dizer, ainda, que as Câmaras portuguesas, durante o Antigo Regime, tinham funções bastante diversas e mais amplas do que terão esses órgãos municipais posteriormente. Além das atribuições administrativas, como as que se relacionam com o abastecimento e limpeza da cidade, gerenciamento das questões urbanísticas e utilização dos bens do concelho, fixação das taxas de gêneros alimentícios e dos preços, tinham também atribuições de ordem jurídica, que compreendiam a jurisdição em primeira instância sobre quase todas as matérias.[51] A reforma das ordenanças realizada por D. Sebastião vai, ainda, entregar às Câmaras o alistamento dos moradores e a formação dos grupos de homens que pudessem ser chamados a combater, assim como a escolha do capitão-mor, do sargento-mor, dos capitães e dos alferes; em outras palavras, entre as delegações das câmaras estavam o recrutamento de tropas e a defesa local, atribuições fundamentais naquela época.[52] As câmaras constituíam, assim, o contraponto direto do poder central. O que era reforçado pelo fato de que o Portugal moderno continental tinha como característica a inexistência de instituições forma-

---

51 A partir de 1527, as Câmaras se veem com um papel fundamental, proceder ao encabeçamento das sisas, papel que é reforçado em 1564, quando são definitivamente encabeçadas, isto é, passam a uma quantia fixa por concelho, o qual é responsável pela avaliação e pelas cobranças desse tributo por meio de oficiais por eles escolhidos – juízes das sisas, escrivão das sisas, recebedores e almoxarifes das sisas.

52 Joaquim Romero de Magalhães, "Os Concelhos". In: José Mattoso (org), *História de Portugal*. Lisboa: Estampa, 1993, vol. 3, p. 179.

lizadas em âmbito regional. Para o historiador Nuno Monteiro, essa é a especificidade da história portuguesa, a "escassa importância dos corpos políticos intermediários e da sua quase nula expressão territorial". Isso porque não havia instituições provinciais, e os únicos intermediários entre o poder central e o local (as câmaras) eram os magistrados nomeados pela Coroa.[53]

Entre os séculos XVI e XIX, além da uniformidade institucional, um ponto que se destaca na organização do espaço concelhio português é a continuidade. O mesmo se passou com as personagens da administração municipal. As câmaras e seus oficiais sofreram poucas mudanças ao longo desses séculos. Todas as câmaras seguiam as mesmas normas gerais da monarquia portuguesa quanto à sua competência e eleição de seus oficiais. Tal estabilidade foi reforçada pela manutenção, sem alterações relevantes, da legislação que regulava a administração local. Esssa tendência à uniformização das legislações e privilégios ligados aos espaços, à criação de cidades e vilas e à concessão de forais, se deu mesmo fora do Portugal continental. Primeiro na Madeira, por volta de 1451, depois em Açores, talvez a partir de 1460, devendo reger-se como as demais terras do reino, conforme as Ordenações. Assim ocorrerá também nas conquistas do ultramar.

Administração na Periferia do Império Português. As Câmaras Municipais

Para o estudo do poder municipal na América Portuguesa, não se pode prescindir, por um lado, da compreensão do poder municipal no Reino, e, por outro, da análise da administração portuguesa colonial, ou seja, das diversas instâncias de poder nas terras ultramarinas que mantinham contato direto com a Coroa. Uma delas era a câmara municipal, principal órgão de administração local na colônia. Para esse segundo objeto de estudo, a administração no ultramar, o trabalho se serviu tanto da historiografia clássica sobre a administração colonial – como as obras de Caio Prado, Raymundo

---

53 Nuno Gonçalo Monteiro, *Elites e Poder. Entre o Antigo Regime e o Liberalismo.* Lisboa: Imprensa de Ciências Sociais, 2003, p. 28-34.

Faoro, Charles Boxer, Stuart Schwartz e Fernando Novais[54] – quanto da historiografia mais recente que tem questionado a partir da década de 80 do século XX o chamado "paradigma estadualista" e os poderes absolutos do Estado moderno, como tratado na primeira parte do livro. Além disso, atentamos para a recente produção historiográfica nacional e estrangeira, sobretudo portuguesa, que tem se dedicado a estudos de história jurídico-institucional. Partindo, então, da historiografia clássica, que priorizava as análises macroscópicas, e dos estudos recentes com análises mais recortadas, esforçamo-nos no sentido de pensar criticamente seus legados e fazer as possíveis ligações entre eles. Nessa perspectiva, concebendo a história colonial do Brasil como parte integrante e estrutural do Império Português, a pesquisa buscou trabalhar com as Câmaras Municipais coloniais como instituição fundamental para a Coroa na administração ultramarina.

Em seu estudo sobre os conselhos municipais portugueses em Goa, Macau, Bahia e Luanda, Charles Boxer já havia indicado estas instituições municipais como elementos de continuidade e unidade entre o Reino de Portugal e seus domínios ultramarinos. Isso porque, por intermédio dessas instituições, a metrópole conseguiu promover e consolidar os elos com a colônia, mantendo-se regularmente informada do que estava acontecendo e administrando os conflitos que chegavam até Lisboa pelas informações e reclamações das câmaras, o que possibilitava um controle mais efetivo da vida colonial e, portanto, uma melhor administração do Ultramar. O autor aponta, ainda, as câmaras municipais como um dos pilares gêmeos da sociedade

---

54 Cf. Caio Prado Júnior, *Formação do Brasil Contemporâneo.* São Paulo: Ed. Globo-Publifolha, 2000 (1942); Raymundo Faoro, *Os donos do poder: formação do patronato político brasileiro.* São Paulo: Ed. Globo-Publifolha, 2000 (1958); Charles Boxer, *Four centuries of portuguese expansion.* Berkeley: University of Califórnia Press, 1969, *O Império Marítimo Português: 1415-1825* (tradução). São Paulo: Companhia das Letras, 2002, *Portuguese society in the tropics: the municipal councils of Goa, Macao, Bahia, and Luanda, 1510-1800.* Madison: The University of Wisconsin Press, 1965; Stuart Schwartz, *Burocracia e sociedade no Brasil Colonial: a suprema corte da Bahia e seus juízes, 1609-1751.* São Paulo: Perspectiva, 1979; Fernando A. Novais, *Portugal e Brasil na crise do Antigo Sistema Colonial (1777-1808).* 2ª ed. São Paulo: Hucitec, 1981 (1979).

colonial portuguesa do Maranhão até Macau, já que garantiam uma continuidade que os governadores, os bispos e os magistrados transitórios não podiam garantir.[55] Maria Fernanda Bicalho, no artigo "Centro e Periferia: pacto e negociação política na administração do Brasil Colonial", defende a ideia de um "pacto político" entre rei e súditos e certa autonomia dos poderes locais na colônia, ambos por meio das câmaras municipais. Segundo a autora, ao retribuir os feitos de seus súditos coloniais, o monarca transformava o simples colono em vassalo, vinculando-o à metrópole – ou mais propriamente ao monarca –, estreitando os laços e reafirmando o pacto político sobre o qual se forjou a soberania portuguesa nos quatro cantos do mundo.[56] Nesse sentido, as câmaras municipais acabavam por desempenhar o papel de manutenção dos vínculos entre a colônia e o reino, apesar da distância.

É indispensável, do ponto de vista da Coroa e do poder do Estado português, ponderar essa autonomia dos corpos sociais coloniais, considerando a existência de um centro de decisão política em Lisboa; do ponto de vista dos órgãos administrativos coloniais, é indispensável questionar a centralização e cumprimento das imposições régias, tendo sempre em conta as particularidades da administração e sociedade ultramarinas. Não se pode correr o risco de homogeneizar colônia e metrópole, uma vez que a sociedade colonial se formou na presença da escravidão como instituição norteadora da hierarquização da vida social, marcando as atitudes senhoriais dos proprietários, a ocupação, povoamento e valorização do território; e teve como base um sistema de produção orientado para a economia-mundo europeia. Se no Reino os municípios são uma herança medieval e manifestação dos poderes locais, possuindo seus direitos tradicionais adquiridos, e o rei, por falta de recursos

---

55 Charles Ralph Boxer, *Portuguese society in the tropics: the municipal councils of Goa, Macao, Bahia, and Luanda, 1510-1800*. Madison: The University of Wisconsin Press, 1965, p. 17-18; e *O Império Colonial Português (1415-1825)*. São Paulo: Companhia das Letras, 2002, p. 286. Ver também, do mesmo autor, *O Império Marítimo Português*. São Paulo: Companhia das Letras, 2002, especialmente Capítulo 12, p. 286-308.

56 Maria Fernanda Baptista Bicalho, "Centro e periferia: pacto e negociação política na administração do Brasil Colonial". *Leituras*, Biblioteca nacional de Lisboa, 6; 17-39, primavera 2000, p. 34.

58   Fernanda Trindade Luciani

humanos e financeiros, deixa a cargo das câmaras duas funções fundamentais para a manutenção do reino, a militar e a arrecadação de tributos, no Brasil, serviram como mecanismos da colonização, por serem responsáveis também por disciplinar os indivíduos, instituir a comunidade e fazer cumprir as ordenações do rei. Assim, é necessário ressaltar que a transferência das instituições reinóis para uma sociedade montada e "inventada" no ultramar não ocorreu sem transformações e acomodações.

Reproduzindo a ordem política da sociedade portuguesa, mas não sem adaptações na colônia, e tendo por base as *Ordenações*, as vilas e cidades foram criadas na América como entidade político-administrativa, antecedendo, até mesmo, a criação do Estado do Brasil. Como o povoamento da colônia se deu, sobretudo, por incentivo da Coroa e não por emigração espontânea das populações metropolitanas, as vilas e cidades surgiram no Brasil, muitas vezes, por disposição da Coroa Portuguesa, como uma entidade que já pertencia à sua organização no que diz respeito à administração local. Essa instituição político-administrativa, assim como as capitanias hereditárias e o governo geral, estava diretamente ligada ao centro do Império, através de mecanismos de comunicação com Lisboa. Durante o período colonial, é possível falar em municipalização do espaço político local. As vilas e cidades eram criadas por ato da autoridade régia ou originário ou confirmativo dos atos dos governadores ou capitães-donatários, como uma forma de incentivar o povoamento e de garantir a presença da Coroa nessas terras distantes. Os primeiros municípios fundados no Brasil, com o nome de vilas – São Vicente e Piratininga–, por exemplo, precederam ao povoamento. Algumas poucas cidades foram criadas por seus moradores, que levantaram pelourinho e esperaram a confirmação régia, como Parati e Campos na capitania do Rio de Janeiro.[57]

Outras particularidades da América – sociais, econômicas e burocráticas – influenciaram na criação e funcionamento das instituições reinóis,

---

57 O povo de Campos levantou pelourinho em 1673 e obteve sua confirmação em 1675, já o povo de Parati declarou que não pertencia mais ao município de Angra dos Reis, levantando pelourinho em 1660; sua confirmação veio por carta régia em 1667.

impedindo que estas fossem simplesmente transplantadas do Reino para a colônia. Stuart Schwartz demonstra muito bem, em *Burocracia e Sociedade no Brasil Colonial*, como as exigências locais determinaram o "abrasileiramento" da burocracia na América. A sociedade que se constitui na colônia não era aquela do Reino e os burocratas que aqui chegaram logo participariam da vida social e econômica locais, sobretudo por meio dos casamentos com membros das famílias mais importantes da terra. A "sociedade colonial demonstrava uma incrível habilidade para abrasileirar os burocratas – ou até a burocracia – isto é, integrá-las dentro de sistemas existentes de poder e apadrinhamento."[58] Ainda para Schwartz, outro fator de extrema relevância para apreciar essa sociedade em formação é a escravidão, que acabava por criar uma hierarquização social e econômica com regras de distinções válidas apenas na colônia. Uma sociedade multirracial e estratificada, profundamente influenciada pela grande lavoura e pelo sistema de trabalho nela utilizado.[59]

Se na metrópole não havia poderes intermediários nas relações entre o poder central e os poderes locais ou divisão regional do espaço, na América Portuguesa essas relações eram mediatizadas tanto pelos governadores das capitanias e, mais tarde, também pelo governador geral, quanto pelos funcionários régios responsáveis pela gerência dos principais monopólios.[60] Até mesmo as doações de mercês eram, muitas vezes, mediadas pelos funcionários régios na colônia. Contudo, ainda com a presença desses poderes intermédios, as câmaras municipais não deixaram de desempenhar papel relevante na administração colonial, tanto para a vida local como para a manutenção do ultramar por parte da monarquia portuguesa. Assim como faziam parte do seu campo de ação atribuições relacionadas à higiene, obras

---

58 Stuart Schwartz, *Burocracia e Sociedade no Brasil Colonial. A Suprema Corte da Bahia e seus juízes (1609-1751)*. São Paulo: Perspectiva, 1979, p. 252.

59 Stuart Schwartz, *Segredos internos: engenhos e escravos na sociedade colonial 1550-1835*. São Paulo: Companhia das Letras, 1999.

60 Ver Pedro Puntoni, "O Estado do Brasil: poderes médios e administração na periferia do Império Português". In: Jobson Arruda e Luís Adão da Fonseca, *Brasil-Portugal: história, agenda para o milênio*. Bauru/ São Paulo: Edusc/ Fapesp, 2001.

públicas, abastecimento, segurança e tributação, como suas congêneres metropolitanas, cabia às Câmaras na América cumprir as Ordenações do rei e informá-lo da situação colonial, servindo como seus interlocutores.

No Brasil, a Câmara era composta, geralmente, por um juiz-presidente – ordinário se eleito localmente ou pelo juiz de fora, caso eleito pelo rei –, pelos vereadores, cuja quantidade dependia do número de moradores, e por um procurador. Seus oficiais eram eleitos seguindo a legislação do Reino, através das eleições "dos pelouros", como descritas nas *Ordenações* – os homens-bons, representantes das melhores famílias da terra, escolhiam seus eleitores, os quais elegeriam os oficiais. As Câmaras eram compostas ainda pelo escrivão, cargo remunerado, e por um tesoureiro, onde houvesse. Também ficava a cargo das câmaras a nomeação dos almotacés, juízes de vintena e de órfãos.[61]

Os oficiais das câmaras coloniais incumbiam-se, no limite de suas atribuições, assim como acontecia no Reino, de todos os assuntos de ordem local, não importando que fossem de natureza administrativa, policial ou judiciária. Às câmaras municipais no Brasil atribuíam-se, muitas vezes, funções de outros órgãos, até mesmo de ordem geral, e não mais local. Isso trazia por consequência, algumas vezes, os conflitos entre estas e os capitães-mores, os governadores e outras autoridades. Em alguns momentos, a Coroa, por dificuldades financeiras, transferiu aos moradores da colônia os gastos com sua própria defesa. Além da responsabilidade pelas rendas municipais permanentes que recaía sobre as Câmaras, a metrópole também lançava impostos e tributos em situações especiais, que deveriam ser administrados por elas. Cabia aos moradores, nestas ocasiões, arcar com

---

61 No caso da América Portuguesa, a intervenção externa às Câmaras veio posteriormente ao processo que se deu no Reino, quando em 1696 a Coroa introduziu no Brasil a figura do juiz de fora, que deveria ser letrado, juiz de carreira e nomeado pela Coroa a cada três anos, ficando incumbido de presidir os trabalhos desse órgão municipal. Essa tentativa de limitar a autonomia local não produz resultados imediatos, e o concreto declínio da autonomia das Câmaras só é percebido ao longo do século XVIII, com a crescente intervenção, após 1711, dos Provedores da Fazenda Real na gestão dos assuntos fiscais das cidades.

Munícipes e Escabinos 61

praticamente todo o custo da defesa, recaindo sobre suas rendas – ou rendas arrecadadas pelas câmaras – a obrigatoriedade do fardamento, sustento e pagamento dos soldos das tropas e guarnições, a construção e reparo das fortalezas, o apresto de naus guarda-costas contra piratas e corsários, a manutenção da armada em situações especiais e em momentos de ameaças concretas.[62] Tal prática vinha ganhando força no século XVII, sobretudo pela falta de recursos da Fazenda Real e pelas despesas com a guerra de Restauração na Europa, período simultâneo à guerra contra os neerlandeses, da qual a colônia arcou com a maior parte do ônus.

Os funcionários camarários, apesar de não remunerados – à exceção do escrivão e do juiz de fora –, gozavam de muitos privilégios, e os proveitos de se ter um cargo municipal eram grandes, principalmente na colônia. Trazia o prestígio próprio e o de família, além de que não podiam ser presos, processados ou suspensos, a não ser por ordem régia. Percebe-se, em muitos casos, a elite colonial buscar o acesso ao governo local, não somente visando a participação na gestão dos assuntos locais e regionais, mas também pelo prestígio social que estes possibilitavam. Essas elites coloniais tentaram, por meio de diferentes estratégias, alcançar o topo da hierarquia social e econômica na colônia para ter acesso mais fácil à comunicação com o centro. Pesquisas recentes reforçam ainda, por meio do estudo das elites ibero-americanas, a importância das câmaras e dos seus ofícios também como elemento de integração política e como meio de comunicação e negociação da colônia e das suas elites no ultramar com o centro de decisão política.

Mafalda Soares da Cunha e Nuno Gonçalo Monteiro demonstram que os principais cargos na hierarquia do Império Português eram concedidos, na maior parte das vezes, à "primeira nobreza" do reino, sendo raros os naturais da colônia que se aproximavam do centro de decisão política da

---

62 Ver Maria Fernanda Bicalho, "As câmaras ultramarinas e o governo do Império". In: João Fragoso, Maria de Fátima Gouvêa, e Maria Fernanda Bicalho (org.), *Antigo Regime nos trópicos: a dinâmica imperial portuguesa (séculos XVI-XVIII)*. Rio de Janeiro: Civilização Brasileira, 2001, p. 199.

monarquia.[63] Dessa forma, se as elites coloniais não tinham acesso ao topo da hierarquia nobiliárquica no Reino, restavam-lhes, entre outros cargos na colônia, as instituições locais para sua integração à monarquia. Em outras palavras, também através dos ofícios camarários, esse grupo na colônia conseguia nobilitação, obtenção de privilégios e comunicação direta com o Rei. Mas vale ressaltar, fugindo à generalização, que nem todas as Câmaras na América Portuguesa traziam os mesmos benefícios para seus oficiais – situação também presenciada no Reino.[64] Nas vilas e cidades mais importantes, numa perspectiva econômica, política ou simbólica, seus cargos camarários despertavam maior interesse nas elites locais, já que possibilitavam maior prestígio e, através da preeminência social e política que esses ofícios permitiam, vantagens econômicas diversas.

Além dos benefícios locais – materiais e imateriais – em exercer um ofício camarário, o colono podia, como vassalo, servindo ao rei, reivindicar privilégios; e o monarca, como quem concede as benesses, ganhar a fidelidade de seus vassalos em terras tão distantes. À Coroa competia, na sociedade corporativa e organicista onde o rei é a "cabeça" do corpo social, "fazer justiça" – dar a cada um o que lhe pertence, preservando o equilíbrio das instituições e dos poderes pré-existentes – e manter a "paz", incorporando e representando esta unidade que é o reino. Assim, o monarca tinha o monopólio da concessão de privilégio, honras, coutos e dádivas, em troca de serviços prestados à Coroa. Se, por um lado, essa prática acabava por constituir um limite à ação real, pois além de ser concebida por aquela sociedade como uma obrigação régia, o rei demite de si certo número de poderes e direitos – jurisdicionais, fiscais e militares –, entregando-os aos particulares ou a grupos sociais, por outro, estando no topo da hierarquia de poder

---

63 Nuno Gonçalo Monteiro e Mafalda Gomes da Cunha, "Governadores e Capitães-mores do Império Atlântico Português nos séculos XVII e XVIII". In: Nuno Gonçalo Monteiro, Pedro Cardim e Mafalda Soares da Cunha (orgs.), *Optima Pars. Elites Ibero-Americanas no Antigo Regime*. Lisboa: Imprensa de Ciências Sociais, 2005.

64 Sobre as assimetrias regionais dos ofícios concelhio em Portugal ver: António Manuel Hespanha, *As vésperas do Leviathan. Instituições e poder político. Portugal – séc. XVII*. Coimbra: Almedina, 1994, p. 161-170.

dentre todos os corpos sociais, a Coroa detém o monopólio de distribuição e confirmação das mercês, reforçando o processo de centralização e garantindo a fidelidade dos vassalos à metrópole, uma vez que a liberalidade era uma das principais virtudes do rei, o que lhe permitia colocar em prática seus projetos com a ajuda de seus vassalos.

Diante disso, a Coroa portuguesa vai, a partir de meados do século XV, criar espaços de produção do poder nos quais sua posição fosse mais favorável, ao invés de tentar impor seu poder sobre as jurisdições dos outros corpos sociais há muito estabelecidos. Um desses espaços será a expansão norte-africana e ultramarina, que possibilitará ao rei produzir novas formas de remunerar e organizar, uma vez que novos ofícios civis e militares vão surgir com a conquista e administração colonial. Por meio do monopólio dessa distribuição, retribuindo os serviços dos vassalos no ultramar, a Coroa conseguia interferir na hierarquia social e geográfica das conquistas e impor práticas e modelos políticos do centro sobre as periferias, além de reforçar os laços de sujeição e pertença destes vassalos ao Império Português. As câmaras municipais devem ser vistas, dentro dessa dinâmica, como instituições fundamentais na construção e na manutenção desse Império. Instituições que não foram simplesmente transplantadas, mas adaptadas, transformadas e, até, recriadas na colônia.

Se as câmaras portuguesas, durante o Antigo Regime, eram órgãos essenciais para a vida do reino, eram também, e com maior relevância, para a vida da colônia e, assim, para a governabilidade do ultramar. Nos primeiros tempos, sobretudo, esta instituição municipal tinha amplas funções e maior autonomia, exercendo grande poder. Além das atribuições administrativas, sendo responsável pelo gerenciamento não só de considerável parcela do comércio, fixando taxas, administrando o abastecimento dos mercados, fiscalizando o comércio de alguns gêneros, e atribuições de ordem jurídica, que compreendiam a jurisdição em primeira instância sobre quase todas as matérias, também estava encarregada da defesa local e algumas das rendas. No ultramar, as câmaras ganham, ainda, outras atribuições, como organismo de colonização; uma instituição que integra as distantes partes do Império e por meio da qual o poder real se faz ser sentido. É essencial, portanto, analisá-las considerando suas diferenças em relação às instituições locais do Reino por conta das particularidades que a realidade socioeconômica colonial impunha.

A República das Províncias Unidas e suas conquistas ultramarinas

Não é possível discutir a organização administrativa nas conquistas neerlandesas no nordeste brasileiro sem antes uma breve apresentação da estrutura administrativa na República das Províncias Unidas dos Países Baixos. Os documentos apontam para a instalação da Câmara de Escabino, no nordeste brasileiro, em 1637, conforme o modelo político-administrativo das cidades neerlandesas. Assim, aparecerão aqui as discussões em torno do sistema de governo adotado pelos Países Baixos e o debate sobre a relação entre a autonomia das províncias e o poder central dos Estados Gerais e sobre a relação entre os conselhos municipais e as Assembleias das Províncias. Num segundo momento, o foco recairá sobre a administração local na República durante o século XVII, considerando, além da estrutura da administração municipal nas Províncias, sua relação com os demais poderes provinciais.[65]

Dedicar-me-ei, ainda, nesta segunda parte, à administração neerlandesa em outras conquistas da Companhia das Índias Orientais – *Vereenigde Oostindische Compagnie* (VOC) – e, sobretudo, da Companhia das Índias Ocidentais – *Geoctroyeerde Westindische Compagnie* (WIC). Tema de fundamental importância para a compreensão do "projeto" implantado ou experimentado por essas companhias comerciais em suas conquistas, como forma

---

65 Esta parte do livro sobre administração na República das Províncias Unidas está baseada, sobretudo, nos trabalhos de Jonathan Irving Israel, *The Dutch Republic: its rise, greatness, and fall, 1477-1806.* Oxford, Clarendon Press, 1995; Leslie Price, *Holland and the Dutch republic in the seventeenth century: The politics of Particularism.* Oxford: Clarendon Press, 1994, Leslie Price, *The Dutch Republic in the seventeenth century.* Nova York: St. Martins Press, 1998; e Charles Ralph Boxer, *The Dutch Seaborn Empire, 1600-1800.* Penguin Books, 1990.

de dominação colonial ou comercial. Buscarei, dessa forma, apreciar a administração do Brasil Holandês no âmbito mais amplo da expansão ultramarina neerlandesa, atentando para possíveis aproximações ou distanciamentos da organização do governo local entre as conquistas neerlandesas.

A administração na República

Muitas questões são suscitadas no estudo do sistema de governo dos Países Baixos sob o regime que seus próprios habitantes denominavam de República. Primeiramente, surge o debate sobre a relação entre a autonomia das províncias e o poder central dos Estados Gerais e, também, sobre a relação entre os conselhos municipais e as Assembleias das Províncias. Outra particularidade está no grau de influência dos príncipes de Orange na administração das Províncias Unidas e, mesmo, o que representava, à exceção dos outros estados europeus monárquicos, uma república.

Antes de entrar na análise da estrutura do poder político local na República das Províncias Unidas, é preciso ter em mente que a República surgiu como uma oposição às ações monárquicas dos Habsburgo, acarretando diferentes valores e diferentes políticas. Seria equivocado, entretanto, definir uma república no século XVII como democrática ou como um Estado que tinha como fim a igualdade. O sistema político republicano era visto como protetor das liberdades e propriedades individuais, ou seja, em teoria fundamentalmente diferente das monarquias absolutistas da época moderna. Ao mesmo tempo em que se afirmava o republicanismo, todavia, o príncipe de Orange exercia o papel de chefe de governo da República, com um considerável peso durante o século XVII.

A estrutura institucional da República das Províncias Unidas dos Países Baixos começou a tomar forma na segunda metade do século XVI. Não existia, nem mesmo vai existir mais tarde, uma corte central que elaborasse leis para toda a República. O único texto de natureza constitucional que tentava definir as relações entre as províncias era o da União de Utrecht, o qual manteve o caráter de fundação das Províncias Unidas no ano de 1579. Nos seus termos estava prevista a união de várias províncias,

66 Fernanda Trindade Luciani

não necessariamente sete como depois vai se consolidar, que concorda-vam em renunciar ao poder de decisão sobre alguns assuntos que incluí-am os negócios de paz e de guerra, impostos para defesa e política externa, os quais, anteriormente, eram deliberados exclusivamente pela província. Dessa forma, pode-se dizer que o que se pretendia com a União era a formação de uma Confederação, conservando a autonomia das províncias, e não o estabelecimento de um Estado Federal.

O sistema de governo – e suas instituições – que se desenvolveu após 1579, distinto do que existia no tempo dos Habsburgo, muito se distanciou do que estava previsto nos termos da União de Utrecht. Após 1590, outras questões passaram a fazer parte das decisões do governo central, tais como: regulamentação do transporte, administração das conquistas e da expansão colonial e assuntos da Igreja – o que não estava antevisto pela União. O melhor caminho para abordar a entidade política criada pela Revolta, como definiu Jonathan Israel, é entendê-la "como um cruzamento entre estado federal e confederação, sendo a confederação mais na forma e teoria, e a federação mais na essência e prática." [66]

É muito difícil definir com precisão o poder de influência do governo central nas decisões das províncias, ou mesmo o papel dos príncipes de Orange na administração da República. Todavia, não há dúvida de que, na prática, o alcance do poder central na República tinha muitos limites inter-nos e que as províncias gozavam de uma autonomia considerável. Por outro lado, não se pode perder de vista que o poder central das províncias era também limitado pela relativa autonomia dos conselhos das cidades.

A organização do poder nas Províncias Unidas estava baseada no siste-ma de colegiados, no qual os conselhos eram geridos a partir de decisões coletivas, a fim de evitar a hierarquização das tomadas de decisão. No cen-tro do governo da República, estavam os Estados Gerais (*Staten-Generaal*), conselho que já existia desde o século XV com o direito de se reunir quando, onde e na frequência que as Províncias julgassem necessário. Isto, contudo,

---

66 Jonathan I. Israel, *The Dutch Republic. Its rise, greatness and fall (1477-1806)*. Oxford: Clarendon Press, 1995, p. 277 (minha tradução).

não foi posto em prática e, até a Revolta, os Estados Gerais se reuniram poucas vezes, normalmente em intervalos de vários anos. O número de reuniões foi aumentando nas últimas décadas do século XVI, até tornaram-se permanentes a partir de 1593. Além disso, os encontros passaram a ocorrer mais constantemente e, se no começo do século XVII, os Estados Gerais raramente se reuniram mais que dezesseis ou dezessete dias por mês, nas décadas seguintes eram frequentes que se reunissem em torno de vinte e oito dias em um único mês.[67]

Os Estados Gerais, como órgão principal do governo central, eram constituídos pelas delegações dos Estados (*State*) ou Conselhos das Províncias de cada uma das sete províncias da República – Holanda, Frísia, Zelândia, Utrecht, Groningen, Overijssel e Gelderland. No início, cada uma delas podia mandar quantos delegados quisesse, tendo, todavia, sempre direito a um voto. Mais tarde, entretanto, foi deliberado um número máximo de seis assentos por cada província e um mínimo de dois ou três, resultando, no começo do século XVII, em sessões que reuniam, em média, entre dez e vinte delegados. A permanência no cargo de delegado nos Estados Gerais dependia da província a que este pertencesse, sendo que em algumas delas o cargo era vitalício e em outras seus representantes eram nomeados a cada três ou seis anos. Independente do tamanho da delegação, cada província tinha direito sempre a um único voto, e ficou estabelecido na União de Utrecht que, no julgamento das questões de maior importância, dever-se-ia aplicar a lei da unanimidade. Contudo, na maior parte das vezes, durante todo o século XVII, não foi possível seguir esta regra na prática, e as decisões eram tomadas, normalmente, pela oposição da maioria a uma província.

Conforme previa os termos da União de Utrecht, os Estados Gerais ficariam responsáveis pelas relações externas das Províncias Unidas, por seus assuntos militares e navais e pela administração das Terras da Generalidade, conquistadas aos Países Baixos espanhóis. As demais funções de governo ficariam, em teoria, a cargo das Assembleias das províncias ou mesmo do

---

67 *Idem*, p. 291-292.

68 Fernanda Trindade Luciani

poder local com os conselhos das principais cidades. Como não havia uma corte central de justiça, nas ocasiões em que surgia um processo sob os auspícios dos Estados Gerais, era necessária a convocação de uma corte especial. Mas apesar dessas áreas de decisões previamente instituídas, os Estados Gerais abarcavam, na realidade, uma esfera de governo muito mais ampla. Nesse sentido, encontramos certa dificuldade em se trabalhar com as relações entre o governo central da República e as províncias, ou seja, em se entender o limite entre as esferas de ação dos Estados Gerais e dos Estados de cada província. Para Leslie Price, "fica evidente que teria sido impossível governar a República, se o princípio original estivesse estritamente ligado à completa autonomia provincial."[68]

Para auxiliar os Estados Gerais nas suas funções, foram estabelecidas instituições suplementares, dentre as quais destacamos o *Generaliteits Muntkamer*, uma espécie de Casa das Moedas, responsável pela cunhagem, o *Hoge Krijsraad* que administrava as questões referentes ao exército, e o *Generaliteits Rekenkamer*, encarregado das finanças das Províncias Unidas. A mais importante dessas instituições era o *Raad van State*, que funcionava como um comitê executivo dos Estados Gerais. Já em 1585, este último era o principal órgão do governo das Províncias Unidas, e com as novas instruções que datam de 1588, o *Raad* se tornou uma arma dos Estados Gerais, pois ficava responsável pela administração do exército e das Terras da Generalidade.

O *Raad van State* era composto por doze delegados provinciais ordinários, sendo três da Holanda, incluindo um representante do *ridderschap* (nobreza), dois da Frísia, da Zelândia e da Gederland, e mais um de cada uma das outras três províncias. Ao longo do século XVII, suas funções administrativas se expandiram e permaneceu como a instituição central do governo da República.

---

68 Leslie Price, *The Dutch Republic in the seventeenth century*. Nova York: St. Martins Press, 1998, p. 66. (minha tradução)

Munícipes e Escabinos

Figura 1. As Províncias Unidas dos Países Baixos durante a Época Moderna. Fonte: Jonathan Israel, *Dutch Primacy in World Trade*, 1585-1740. Nova York, Oxford University Press, 2002, p. 2.

Diante da dificuldade de determinar quais eram as reais funções dos governos central ou provinciais, coloca-se o particular papel exercido pelo príncipe de Orange na República. Segundo Evaldo Cabral de Mello, teoricamente, ele [príncipe] era apenas o delegado dos Estados Gerais, embora, na prática, sua influência fosse incomparavelmente maior, graças ao controle das forças armadas e à sua posição de defensor da supremacia da Igreja calvinista frente às dissidências confessionais de arminianos, católicos e menonistas. Em princípio, o *stathouder* representava a unidade nacional e a ortodoxia religiosa, frente à soberania provincial, baseada no regime municipal de governo.[69]

A autoridade do príncipe não havia sido determinada quando a República das Províncias Unidas foi criada, e seus poderes, que pareciam muito restritos no início, foram se consolidando, no decorrer do século XVII, em uma proporção substancial. A casa de Orange ganhou importância nos Países Baixos em razão do papel exercido por Guilherme de Orange, o *Taciturno*, na Revolta contra a Espanha como líder das províncias no norte por um longo tempo. Nesse sentido, é possível afirmar que o poder dos príncipes que o sucederam estava baseado não somente no carisma advindo do seu status de príncipe, mas também na história ilustre da sua dinastia que havia sido responsável pela independência e pela unidade nacional frente às autonomias locais e à hegemonia holandesa.

Assim, não seria absurdo afirmar que os príncipes de Orange representaram uma autoridade política, com um papel "federador" para a República, durante uma boa parte do século XVII. E como nos aponta Price, eles nunca foram, de qualquer forma, formalmente cabeças do estado e certamente nunca governaram o país; sua influência deriva de suas posições como *Stadholders* na maioria das províncias e como líderes do exército, geralmente com o título de capitão-geral.[70]

Com a Revolta criou-se uma nova forma de organização política nos Países Baixos, tornando-os mais fortes e unidos, sobretudo para o mundo exterior. No entanto, não foi apenas isso, pois também as províncias caminharam, após 1572, para entidades administrativamente mais institucionalizadas. Antes dessa data, as assembleias provinciais eram ocasionais e só se reuniam quando convocadas para discutir alguma regra ou lei, principalmente referente às necessidades de taxas ou impostos. Além disso, eram

---

69 Evaldo Cabral de Mello, *O negócio do Brasil: Portugal, os Países Baixos e o Nordeste, 1641-1669*. Lisboa: Comissão Nacional para as Comemorações dos Descobrimentos Portugueses, 2001, p. 64.

70 Leslie Price, *The Dutch Republic in the seventeenth century*. Nova York: St. Martins Press, 1998, p. 75 (minha tradução).

menores e existiam somente nas maiores cidades. No caso da Holanda, a maior e mais importante província por seu tamanho, população e riqueza, participavam da Assembleia, no tempo do domínio dos Habsburgo, apenas as cidades de Dordrecht, Haarlen, Delft, Leiden, Gouda e Amsterdam. Já em 1581, o número de cidades aumentou para quatorze, com a introdução de Roterdã, Alkmaar, Enkhuizes, Hoorn, Schoonhover, Goroum, Brill e Schiedam. Por volta de 1590, foram adicionadas Edam, Purmerend, Medenblik e Monnikendam, passando para dezoito o número de cidades participantes da Assembleia Provincial da Holanda.

Além de maior quantidade de membros na Assembleia, os Estados ou *State*, como eram conhecidos os corpos representativos nas províncias, reuniam-se mais regularmente e por mais tempo que no período anterior, sob os Habsburgo. Com isso, podemos dizer que a participação das cidades na assembleia provincial tornou-se mais direta e contínua, uma vez que as decisões das províncias passaram a ser tomadas pelos representantes dos conselhos das cidades, os *vroedschapen*.

Os conselhos provinciais eram, assim, compostos pelos representantes das cidades e da nobreza, apesar de que nem todas as cidades tinham direito à representação. O sistema político de cada província possuía características próprias, mas, de modo geral, alguns elementos eram comuns a todas elas, apenas variando o seu peso na administração e a relação entre eles. Primeiramente havia o *State* ou Conselho, como já foi descrito, depois o *stathouder* e, por último, o *ridderschap*, um corpo restrito de membros que representava a nobreza, presente na maioria das províncias.

Em todas as províncias, os *Stathouders* eram encarregados da supervisão da administração da justiça e, dependendo da província, eles poderiam exercer outras funções, como, por exemplo, a nomeação de oficiais judiciais inferiores. Na Holanda, era o *Stathouder* que selecionava os magistrados (*schepenen* ou escabinos) nas cidades, que exercia o direito de supervisionar as eleições do conselho (*vroedschap)* e de intervir nos casos de irregularidade, além de ser responsável, também, pela manutenção da Igreja reformada na sua província. Em algumas cidades, ele ainda nomeava diretamente os novos membros do conselho municipal. Jonathan Israel faz

72 Fernanda Trindade Luciani

uma interessante síntese a respeito do papel dessa autoridade provincial sob os Habsburgos, os *Stadholders* foram grandes nobres que ambientavam o esplendoroso e hierárquico mundo da cultura de corte. Apesar do fato de as Províncias Unidas se tornarem, depois de 1572, uma república e deixarem de ter um rei, a cultura de corte e o estilo aristocrático em torno dos *Stadholders* continuaram como eram antes e, inclusive, firmaram-se com muito mais força, sendo empregados pelos novos *Stadholders* para valorizar seu prestígio, autoridade e suas pretensões dinásticas.[71]

Particularmente no sistema de governo da Holanda, havia um comitê permanente dos Estados, o conselho da província, denominado *Gecommitteerde Raden*, representando os interesses das cidades sem, portanto, ter função de impor limites à sua autonomia. Um importante cargo político na Província da Holanda era o *Advocaat van der Lande*, ou o Advogado da Holanda, que mais tarde passou a ser chamado de *raadpensionaris*, ou Grande Pensionário, que "equivalente na origem ao de assessor jurídico da assembleia holandesa, ele ganha peso e densidade."[72] Na província, estava encarregado de apresentar as questões ao debate dos Estados da Holanda, atuar como porta voz do *ridderschap* e realizar as deliberações a partir da conclusão do debate. Com relação ao governo central, estava encarregado de liderar a delegação da província nos Estados Gerais.

A Holanda era a força dirigente por trás da União e durante toda a República foi a província dominante por meio de sua densidade demográfica e poder econômico. Possuía 40% da população total das Províncias Unidas e mais da metade do produto nacional, contribuindo com quase 60% para o orçamento dos Estados Gerais. Sua influência instituída se dava por meio de sua delegação nos Estados Gerais, e o princípio da unanimidade fazia com que seu único voto fosse crucial. No período de

---

71 Jonathan I. Israel, *The Dutch Republic. Its rise, greatness and fall (1477-1806)*. Oxford: Clarendon Press, 1995, p. 306 (minha tradução).

72 Evaldo Cabral de Mello, *O Negócio do Brasil: Portugal, os Países-Baixos e o Nordeste, 1641-1669*. Lisboa: Comissão Nacional para as Comemorações dos Descobrimentos Portugueses, 2001, p. 64.

conquista das Capitanias do Norte do Estado do Brasil pela Companhia da Índias Ocidentais e pelos Estados Gerais, era também a Holanda a principal província nas questões de guerra e na organização administrativa. Leslie Price defende a ideia de que o fator principal para a estabilidade das Províncias Unidas era justamente esse domínio da Holanda, pois enquanto o sistema descentralizado a capacitava para impor sua vontade numa política comum à República, também protegia a autonomia interna das outras províncias, sobretudo nos períodos em que os príncipes de Orange foram capazes de exercer uma autoridade semimonárquica na República.[73]

Poder local nas Províncias

Mais uma discussão se coloca na análise da estrutura política das Províncias Unidas no decorrer do século XVII. Conforme foi posto anteriormente, quando atentamos para as relações entre o governo provincial e o governo das cidades, não devemos deixar de ponderar que o governo provincial era também limitado pelo alto grau de autonomia dos conselhos municipais. Embora existissem diferenças entre as cidades no que diz respeito ao tamanho e à riqueza, pode-se considerar que suas instituições políticas possuíam, de forma geral, características comuns, e que as cidades podiam decidir seus assuntos com um mínimo de interferência do poder central, sob todo o período da República (1581-1794).

Em teoria, as cidades tinham o mesmo peso no Conselho da Província, mas, na prática, nem todas eram representadas, ou seja, possuíam o direito de mandar seus representantes para o *State*. Vale destacar que uma ampla extensão de poderes administrativos estava sob os cuidados do órgão de governo das cidades neerlandesas. Ao invés de serem submissas à mais alta autoridade política na Província, as cidades faziam parte desse poder. Ao mesmo tempo,

---

73 Leslie Price, *The Dutch Republic in the seventeenth century*. Nova York: St. Martins Press, 1998, p. 84.

gozavam de grande autonomia frente ao conselho provincial, que tinha dificuldade, na prática, de agir contra o governo local das cidades.

O conselho municipal, que existia desde antes da Revolta e recebia diferentes nomes conforme a província, como *vroedschap* na Holanda, *raad* nas províncias do nordeste, e *magistraat* ou *wet* em Brabant, era a instituição responsável pelo governo de cada uma das cidades. Esse conselho compunha-se de um número que variava entre quatorze e quarenta membros, conhecidos como *regenten*. Eram eles que elegiam os burgomestres (*burgemeester*), encarregados da gestão citadina, e os escabinos (*schepenen*), responsáveis pela administração da justiça da cidade. A princípio, o cargo dos membros do *vroedschap* era vitalício, ao contrário dos escabinos, que deviam ser eleitos todos os anos.

Os regentes nunca foram uma oligarquia definida por nascimento ou por *status* social, embora formassem, muitas vezes, uma oligarquia fechada, sobretudo após os anos 1650. O que os definia enquanto grupo, e sempre fundamentou as bases de sua influência na sociedade cívica, era manter cargos políticos no governo municipal. Desta forma, pessoas jovens e mulheres poderiam pertencer às famílias regentes, mas nenhum destes poderia ser regente sem possuir um cargo cívico.[74]

Para entrar no conselho da cidade, somente a riqueza não era suficiente, o membro precisava ser nativo da província, e preferencialmente da cidade, na qual eles eram regentes. Na Holanda, cada cidade tinha um funcionário executivo, ou pensionário, que a representava na Assembleia da Província. Como visto anteriormente, algumas cidades sofriam a influência do poder do *Stathouder*, que por meio de uma pequena lista, nomeava os escabinos e os burgomestres que fariam parte da administração da cidade.

É possível fazer uma divisão entre as províncias do noroeste e do nordeste, tendo como base a organização das instituições do poder municipal. No sistema de governo do noroeste dos Países Baixos, os oficiais do *vroedschap*, os burgomestres e os escabinos exerciam exclusivamente o poder nas cidades.

---

74 Jonathan I. Israel, *The Dutch Republic. Its rise, greatness and fall (1477-1806)*. Oxford: Clarendon Press, 1995, p. 125 (minha tradução).

Já em Utrecht e nas cidades do nordeste, existiam, também, os grêmios que tradicionalmente exerciam grande influência na administração da cidade e, na maior parte das vezes, formavam um segundo conselho, o *Gezworen Gemeente* ou *Gemeenslieden*, como uma autoridade municipal suplementar ao *raad*. Este segundo conselho, maior que o *raad*, pretendia representar os grêmios e a comunidade e, diferentemente do que apontamos no caso da Holanda, cabia a ele eleger os burgomestres e os escabinos a cada ano. Tal fato pode explicar porque o conselho municipal no oeste, o *vroedschap*, era geralmente maior se comparado com o *raad* no leste.

Na prática, também variava de cidade para cidade o tipo de relação entre o conselho municipal e os burgomestres. Em Roterdã, por exemplo, o *vroedschap* controlava-os estreitamente, muito diferente do que acontecia em Leiden, onde os burgomestres monopolizavam o processo decisório, reduzindo ao mínimo o papel do *raad*. Evaldo Cabral de Mello levanta uma outra possível separação que pode ser feita entre as cidades comerciais, como Amsterdam, Roterdã e Dordrecht, de inclinações republicanas, e as manufatureiras, como Leiden, Haarlem e Gouda, de sentimento orangista e temerosas da concorrência, em tempos de paz, da indústria têxtil dos Países Baixos espanhóis.[75] Esse debate entre os orangistas e os republicanistas podia ser constatado também entre os regentes no Conselho Municipal de cada cidade.

---

75 Evaldo Cabral de Mello, *O negócio do Brasil: Portugal, os Países-Baixos e o Nordeste, 1641-1669*. Lisboa: Comissão Nacional para as Comemorações dos Descobrimentos Portugueses, 2001, p. 66-67.

76 Fernanda Trindade Luciani

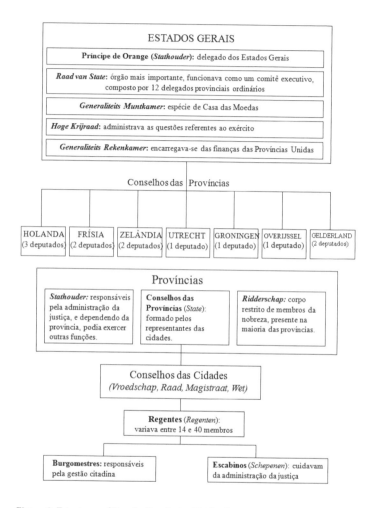

Figura 2. Estrutura política das Províncias Unidas dos Países Baixos.

Apesar dessa ampla autonomia do governo local e da sua notável possibilidade de tomar decisões sem interferências externas, o *vroedschap* sofria restrições práticas, no plano interno, no poder de suas ações. Um exemplo dessa situação pode ser dado ao considerarmos que, como os conselhos municipais, para manter a ordem na cidade, dependiam da milícia local, ou *schtterii*, cujos integrantes provinham das camadas médias da população citadina, os regentes acabavam sofrendo certa limitação no exercício do poder.

A partir dessa pequena análise do sistema político da República das Províncias Unidas dos Países Baixos, podemos dizer que este tinha um caráter oligárquico muito forte, pois observamos que os regentes monopolizavam os cargos públicos nas cidades, como membros do Conselho municipal e, portanto, eram eles que elegiam os escabinos e burgomestres, consolidando-se como responsáveis diretos pela administração das cidades. A assembleia provincial, que formalmente representava os interesses das cidades, servia, de fato, aos interesses dos regentes e da nobreza (*ridderschap*), uma vez que era constituída por seus representantes. Os delegados, que governavam a província por intermédio dos Estados, estavam limitados pelas instruções dos governos de sua cidade, governo que não deixava de ser monopólio de um grupo restrito, ou de uma oligarquia urbana.

Por conseguinte, o principal órgão político de cada província era, na realidade, o Estado ou *State*, que servia aos interesses coletivos de um limitado grupo que conseguia enviar seus representantes. Em outras palavras, a autoridade estava nas mãos dos regentes das cidades mais populosas e mais ricas, já que nem todas elas tinham representação nos Conselhos das suas respectivas Províncias. É nesse sentido que Leslie Price afirma que a Província da Holanda não era governada pelos Estados, mas pelos regentes das principais cidades, como um grupo.[76]

As Companhias de Comércio neerlandesas e suas conquistas ultramarinas

O tema da administração neerlandesa em outras conquistas da Companhia das Índias Orientais – *Vereenigde Oostindische Compagnie* (VOC) – e, principalmente, da Companhia das Índias Ocidentais – *Geoctroyeerde Westindische Compagnie* (WIC) – é bastante relevante para

---

76 Leslie Price, *The Dutch Republic in the seventeenth century*. Nova York: St. Martins Press, 1998, p. 71.

78 Fernanda Trindade Luciani

pensarmos a administração no Brasil Holandês. Essa abordagem tem grande importância para o presente estudo, uma vez que estamos buscando entender não apenas a estrutura da administração neerlandesa no Brasil, mas também o enquadramento no qual essa dominação se acomodou. Uma visão mais ampla da expansão ultramarina neerlandesa, da mesma maneira que tentamos olhar para o Império português, contribui para uma melhor compreensão do "projeto" dos Estados Gerais e de suas companhias comerciais, dentro do qual se insere a organização administrativa do Brasil Holandês no século XVII.

Antecipo que essa questão não está esclarecida por completo, mas entendo que os estudos acerca das diferentes conquistas neerlandesas no Oriente e no Atlântico e a documentação acerca da presença neerlandesa na *Nieuw Nederland* na América do Norte, hoje Estados Unidos, possibilitaram trazer uma luz à minha reflexão.[77] Faço, então, uma resumida apresentação da expansão e administração das conquistas neerlandesas ao longo do século XVII tanto no Ocidente quanto no Oriente. Essa questão voltará a aparecer no último capítulo do trabalho, no qual tentarei articular a administração

---

77 As Atas do Colégio de Burgomestres e Escabinos – "Minutes of the Court of Burgomaster and Schepens" – e "The Ordinances of the Director General and Council of New Netherland, and of the Burgomestres and Schepens of New Amsterdam" estão publicadas na coleção *The Records of New Amsterdam from 1653-1674*, editada por Berthold Fernow, assim distribuídas: vol. I, 1653-1655; vol. II, 27 de agosto de 1656 a 1658; vol. III, 3 de setembro de 1658 a 30 de dezembro de 1661; vol. IV, 3 de janeiro de 1662 a 18 de dezembro de 1663; vol. V, 8 de janeiro de 1664 a 1 de maio de 1666; vol. VI, 8 de maio de 1666 a 5 de setembro de 1673; vol VII, 11 de setembro de 1673 a 10 de novembro de 1674; e Atas Administrativas, 8 de março de 1657 a 28 de janeiro de 1661 (Nova York: Knickerbocker Press, 1897, 7 vols.). Existem ainda documentos neerlandeses do período colonial de Nova York, ou seja, relativos a "New Netherland", transcritos e traduzidos a partir dos documentos do Arquivo de Haia e dos Arquivos da cidade de Amsterdam, publicados em *Documents Relative to the Colonial History of the State of New York: Procured in Holland, England, and France*, editados por Berthold Fernow e E. B. O'Callaghan (Albany: Weed, Parsons, 1853-1887, 15 vols.), principalmente nos volumes l, ll, XIII e XIV; há ainda uma segunda edição, que não tive oportunidade de consultar (Nova York: AMS, 1969. 15 vols.).

do Brasil Holandês, considerando aproximação ou distanciamento, com a forma de governo estabelecido nessas outras conquistas neerlandesas.

Os navios neerlandeses começaram a navegar em águas orientais na década de 1590, tendo como marco principal o retorno de uma frota vinda de Java, sob o comando de Conerlis de Houtman, contornando o Cabo da Boa Esperança em 1597, em uma viagem que havia durado mais de dois anos. Em pouco tempo, quinze viagens ao Oriente, com cerca de sessenta e cinco navios, são realizadas, e, logo em seguida, em 1602, a VOC é fundada para coordenar a expansão e conquista nessa região, com o monopólio do comércio neerlandês e navegação ao leste do Cabo da Boa Esperança e a oeste do estreito de Magalhães, por um período inicial de vinte e um anos.

O conselho diretor da VOC, Assembleia ou Conselho dos Dezessete (*Heeren Zeventien*), era assim conhecido porque deveria ser composto por dezessete diretores eleitos entre os setenta e seis (mais tarde setenta) dirigentes das seis Câmaras (*Kamers*) que compunham a Companhia. Essas Câmaras estavam situadas nas cidades de Amsterdam, Middelburg (Zelândia), Delft, Rotterdã, Enkhuizen e Hoorn, e, como o capital investido por cada uma delas era proporcional a seus votos para Conselho, as províncias da Holanda e Zelândia tinham direito de indicar maior número de delegados.

O capital da empresa reunido pelos seus acionistas, que não ultrapassavam duzentos, atingiu cerca de 6,4 milhões de Florins. O primeiro investimento da Companhia Oriental tinha o objetivo de obter o controle do comércio de especiarias, possuindo como alvo principal as redes comerciais portuguesas. Três anos após sua criação, a Companhia obteve sucesso ao conquistar Tenalte, Tinode e Amboina, nas Ilhas Molucas, também conhecidas como as "Ilhas das Especiarias".[78]

---

78 Sobre a formação das Companhias de Comércio Neerlandesas e suas conquistas ver trabalhos mais gerais como o de Leslie Price, *The Dutch Republic in the Seventeenth Century*. Nova York: St. Martins Press, 1998, p. 39-60; Charles Ralph Boxer, *The Dutch Seaborn Empire, 1600-1800*. Penguin Books, 1990, especialmente p. 25-59, 94-125 e 209-241; Jonathan Irving Israel, *The Dutch Republic: Its rise, greatness, and fall, 1477-1806*. Oxford: Clarendon Press, 1995, p. 318-327 e 934-956; e Ernst van den Boogaart, Pieter C. Emmer, Peter Klein e Kees Zandvliet, *La Expansión Holandesa*

A administração das conquistas ultramarinas pelos funcionários das Companhias seguia as instruções de seus respectivos Conselhos Diretores, em acordo com os Estados Gerais, e estava, portanto, baseada em leis neerlandesas, sobretudo das Províncias da Holanda e da Zelândia, as províncias de maior influência em ambas companhias. Contudo, as particularidades de cada uma das conquistas e, principalmente, o regime de trabalho adotado, isto é, escravo, fizeram com que fosse impossível reproduzir o universo metropolitano nas terras distantes. Nesses termos, além da presença da instituição da escravidão, como destaca Win Klooter, "a reprodução dos costumes e práticas neerlandesas era moderada por diferenças das condições naturais e pelo confronto com o mundo indígena, o que demandava improvisação".[79]

O Conselho dos Dezessete (*Heeren Zeventien*) decidiu em 1609 nomear um governador-geral e um Conselho (*Raad*) para administrar suas possessões na Ásia, com ampla autoridade e controle dos bens e atividades da

---

en el Atlántico (trad. castelhana). Madri: Editorial Mapfre, 1992. E trabalhos mais específicos ver M. F. Katzen, "VOC Government at the Cape", Langdon G Wright, "Local Government and Central Authority in New Netherland", Morton Wagman, "Civil Law and Colonial Liberty in New Netherland", Sinnappah Arasaratnam, "The Dutch Administrative Structure in Siri Lanka". In: *An Expending World: The European Impact on World History, 1450-1800*. Hampshire: Ashgate, 1999, vol. 23 [A. J. Russell-Wood (org), *Local Government in European Overseas Empires, 1450-1800*, parte II], p. 455-470, 471-493, 495-500 e 529-540, respectivamente; Klaas Ratelband, *Os Holandeses no Brasil e na Costa Africana. Angola, Kongo e S. Tomé (1600-1650)* (tradução). Lisboa: Vega, 2003; e Win Klooster, "Other Netherlands beyond the sea Dutch America between Metropolitan control and divergence, 1600-1795". In: Christine Daniels e Michael V. Kennedy, *Negotiated Empires. Centers and Peripheries in the Americas, 1500-1820*. Nova York: Routledge, 2002, p. 171-191. Ver ainda, sobre a Companhia Ocidental, Johannes de Laet, *História ou Anais dos feitos da Companhia privilegiada das Índias Ocidentais (1636)* (tradução). Rio de Janeiro: Biblioteca Nacional, 1925. H. J den Heijer, *De Geschiedenis van de WIC*. Zutphen: Walburg Pers, 1994.

79 Win Klooster, "Other Netherlands beyond the sea Dutch America between Metropolitan control and divergence, 1600-1795". In: Christine Daniels e Michael V. Kennedy (org.), *Negotiated Empires. Centers and Peripheries in the Americas, 1500-1820*. Nova York: Routledge, 2002, p. 178.

Companhia. Pieter Both (1609-1614) foi o primeiro de uma longa linha de governadores-gerais nas Índias Orientais neerlandesas sob o domínio da VOC, presidindo, junto ao Conselho das Índias, um império colonial e uma zona marítima de atividades comerciais que se estendiam desde o Cabo da Boa Esperança até as costas do Japão e Filipinas.[80]

Em 1619, com a conquista de Jacarta – depois nomeada de Batavia – na ilha de Java, o Conselho dos Dezessete resolveu instalar ali a sede do governo-geral e do Conselho, que passou, assim, a ser o centro da administração da VOC no oriente. Com a expansão territorial oriental, sedes administrativas subordinadas ao governo de Batavia foram fundadas, como o governo do Ceilão, no Sri Lanka, e o governo do Cabo, no sul da África.

A primeira conquista da Companhia no Sri Lanka foi o porto de Galle no ano de 1640, até então sob domínio português, em decorrência de seus interesses no monopólio do comércio da canela. Nos anos seguintes, outros territórios foram sendo conquistados. O Ceilão era administrado por um governador e pelo Conselho Político (*Raad van Ceijlon*), composto geralmente por oito membros, subordinados ao governo da Batávia e ao Conselho dos Dezessete. O historiador Arasaratnam demonstra como abaixo desta superestrutura administrativa neerlandesa alguns cargos nativos como o "dissāva" – um ofício importante do sistema sinhalês, mantido pelos portugueses, que combinava funções militares, econômicas, e judiciais internas – foram conservados e aproveitados pela nova administração, e como abaixo dela estava ainda uma hierarquia administrativa nativa, que havia sido mantida intacta pelos portugueses quando do seu domínio, e agora permitida pelos neerlandeses contanto que este "oficialato da nobreza nativa" se lhes mantivesse fiel. A cooperação destes "funcionários" nativos era essencial para a manutenção da paz e para a coleta da receita

---

80 Sobre os governadores-gerais no primeiro século da VOC, ver tabela ll da obra de Jonathan Irving Israel, *The Dutch Republic: Its rise, greatness, and fall, 1477-1806*. Oxford: Clarendon Press, 1995, p. 324.

82 Fernanda Trindade Luciani

proveniente da terra, pois como líderes naturais da população, serviam de intermediários entre o domínio estrangeiro e a população nativa.[81] Além disso, o governador e o Conselho Político dependiam das informações e conhecimento dos chefes nativos, mesmo nos altos níveis da hierarquia administrativa. No Sri Lanka, por exemplo, foi instituído o ofício de "mahamadaliyar",[82] cujo oficial estava encarregado de atender os governadores e informá-los sobre a política "Kandyan" (do reino do Kandya), dos problemas da posse de terra e das questões referentes aos oficiais nativos locais. A divisão territorial tradicional de cada "dissavany" também foi mantida, e em cada "vila" havia um "vinãde" sobre o qual recaía a administração dos assuntos locais e cotidianos. Trabalhando sob a imediata supervisão do "dissãva", recaía sobre eles também a função de fornecer as cotas de cada vila e verificar se o serviço obrigatório de cada indivíduo estava sendo cumprido da maneira requerida pelos neerlandeses.[83]

A relação com o oficialato indígena não foi, contudo, fácil de ser administrada. Os neerlandeses "nunca confiaram plenamente neles e por isso estavam constantemente em alerta". Os funcionários da Companhia "temiam o excesso de influência e autoridade exercidas por estes oficiais no nível local". Permanecia sempre o problema da lealdade desses chefes nativos e sabotagens na administração eram frequentes, como o abandono do governo de muitos distritos.[84]

---

81 Sinnappah Arasaratnam, "The dutch administrative structure in Siri Lanka". In: *An expending world: the european impact on world history, 1450-1800*. Hampshire: Ashgate, 1999, vol. 23 [A. J. Russell-Wood (org), *Local government in european overseas empires, 1450-1800*, parte II], p. 532-535.

82 Eram geralmente sinhaleses cristãos que declaravam fidelidade aos neerlandeses. *Idem*, p. 534.

83 *Idem*, p. 533.

84 *Idem*, p. 534. (minha tradução)

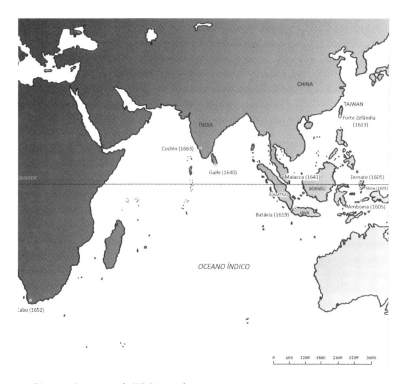

Figura 3. Possessões da VOC e ano da conquista.

Também o governo do Cabo, fundado, a princípio, como entreposto por Jan van Riebeek, em 1652, em um empreendimento da VOC para que servisse de ponto de abastecimento de água e alimentos frescos para os navios neerlandeses, fazia parte dessa estrutura política maior do império oriental neerlandês e, portanto, seu governo estava sujeito também às instruções do Conselho dos Dezessete e do Conselho da Batávia. Essa conquista era governada, como o Ceilão, por um governador e um Conselho Político, que cobrava impostos dos cidadãos e fixava os preços dos produtos que eles deveriam vender para a Companhia. Os cidadãos não participavam diretamente na legislação ou na cobrança de impostos, pois não estavam representados no Conselho Político, mas os conselheiros – cidadãos brancos escolhidos para participar do Conselho de Justiça – responsáveis pelos

84 Fernanda Trindade Luciani

casos que envolviam cidadãos, eram tradicionalmente consultados sobre as questões que afetavam os cidadãos, apesar do Conselho Político não ser obrigado a seguir seus conselhos.[85]

Além dos Conselhos superiores – o Conselho Político e o Conselho de Justiça –, foram criados o Conselho Matrimonial em 1676 e a Câmara de Órfãos em 1673, sediados na Cidade do Cabo (*Kaapstad*) e que administravam aspectos do direito civil para toda a colônia; os Conselhos de Guerra (*Burger Krysraad*), compostos por oficiais mais experientes dos seus respectivos distritos e criados pelo governo central na colônia, preocupado com a defesa do interior; e as cortes interiores de justiça.

Os conselhos locais então criados no Cabo eram a "Court of Petty Cases" da cidade do Cabo (fundada em 1682) e as cortes dos distritos de Stellenbosh (fundada em 1682), de Swellendam (fundada em 1743) e de Graaf-Reinet (fundada em 1785). Esses colégios locais combinavam funções judiciais e administrativas e eram compostos por um oficial remunerado (*landdrost*) e quatro não remunerados (*heemraden*), todos moradores residentes locais que eram selecionados anualmente por uma lista dupla. Sua competência se limitava aos casos de até 25 guildas e tinham apelação para o Conselho de Justiça. Além do seu grande poder nos casos que envolviam os escravos, estes colégios distritais eram encarregados de executar a política do governo central e informá-lo sobre os acontecimentos locais, o que permitia ao Conselho Político tomar decisões sobre as diversas regiões. Mas apesar de suas importantes funções, o governo central não os ajudava financeiramente, com exceção do pagamento do salário do *landdrost*. Assim, todas as despesas da administração dos distritos provinham das taxas locais autorizadas pelo Conselho Político.[86]

---

85 M. F. Katzen, "VOC Government at the Cape". In: *An expending world: the european impact on world history, 1450-1800.* Hampshire: Ashgate, 1999, vol. 23 [A. J. Russell-Wood (org), *Local government in european overseas empires, 1450-1800*, parte II], p. 458. (minha tradução)

86 *Idem*, p. 464-468.

Desde a década de 1590, os neerlandeses vinham se aventurando também no Atlântico, buscando rotas alternativas às dos portugueses e espanhóis. Diferentemente da situação encontrada no Oriente, as conquistas neerlandesas na costa da África e da América nas primeiras décadas de sua expansão ultramarina foram modestas. A mais importante antes de 1630 foi o Forte Nassau na Costa do Ouro, que havia sido estabelecido pelos Estados Gerais em 1611 para neutralizar o poder português na área e servir como lugar de abastecimento para os navios neerlandeses e para o comércio nas costas africanas ocidentais.[87] Somente depois da criação da WIC é que iniciaram as conquistas neerlandesas mais importantes no Atlântico, como a *Nieuw Nederland* na América do Norte, Curaçao e outras ilhas no Caribe, Suriname e o Brasil Holandês na América do Sul, além das conquistas na costa da África, como o Castelo da Mina e Angola.

Apesar das consideráveis conquistas ocidentais a partir da década de 1620, a WIC não teve tanto sucesso quanto a VOC, em parte devido a uma diferença fundamental entre seus interesses. Quando da criação da WIC em consequência do fim da Trégua dos Doze Anos, em 1621, distintamente da Companhia Oriental, havia interesses não apenas nos ganhos que o comércio no Atlântico poderia trazer, mas também interesses estratégicos e políticos, no contexto das disputas das Províncias Unidas com o Império Espanhol.

A Companhia Ocidental havia sido criada, portanto, também com o objetivo de ampliar a guerra contra o Império Espanhol, ou Ibérico sob a coroa espanhola, na Europa, América e África ocidental. Leslie Price observa as atitudes distintas tomadas pelas duas Companhias no estabelecimento, por exemplo, da *Nieuw Nederland* e do Cabo, considerando que a WIC não sabia o que fazer com o primeiro e a VOC almejava o Cabo para uma finalidade bem específica, como um lugar estratégico para o comércio oriental, e não tinha interesse algum no seu desenvolvimento para além dessa função.[88]

---

87 Jonathan Irving Israel, *The Dutch Republic: Its rise, greatness, and fall, 1477-1806.* Oxford: Clarendon Press, 1995, p. 325.

88 Leslie Price, *The Dutch Republic in the seventeenth century.* Nova York: St. Martins Press, 1998, p. 57.

86 Fernanda Trindade Luciani

Em decorrência de ter encontrado, ainda, o poder ibérico muito menos vulnerável no Atlântico, em comparação ao Oriente, e não haver um produto tão rentável quanto os produtos orientais comercializados pela Companhia Oriental, a WIC não obteve tanto sucesso e dependia em maior escala dos subsídios e assistência dos Estados Gerais se comparada à VOC. Em compensação, os Estados Gerais exerciam maior influência na Companhia Ocidental e, portanto, na administração de suas conquistas, até mesmo pela diferença de atuação das duas companhias.

A patente de 3 de junho de 1621 concedia à WIC o monopólio do comércio, por vinte e quatro anos a partir de primeiro de julho daquele ano, na costa ocidental da África, desde o Trópico de Câncer até o Cabo da Boa Esperança, e nas costas ocidentais e orientais da América. O conselho diretor da WIC foi organizado de forma similar ao da VOC, compondo-se de dezenove membros provenientes de cinco Câmaras (*Kamers*), ficando, assim, conhecido como Conselho dos Dezenove (*Heeren XIX*).[89] A Câmara de Amsterdam tinha direito a designar oito desses diretores, a Zelândia, quatro, e Mosa, Hoorn e Groningen, dois diretores cada, proporcionais às cotas fixas de preparação das frotas e dos retornos das vendas. O décimo nono diretor seria escolhido pelos Estados Gerais.[90]

Com a Companhia estabelecida e com o fim da Trégua dos Doze Anos, os neerlandeses empreenderam grandes esforços ao longo da década de 1620 na ofensiva contra as possessões coloniais portuguesas e espanholas na América e na África. Mas, apesar desses esforços, até 1625 a WIC obteve pouco sucesso em suas tentativas de conquistas, como o ataque à fortificação espanhola de Punta de Anaya em 1622 ou à Bahia em 1624, sendo

---

89 *Heeren XIX*, na tradução literal, corresponde a "Senhores Dezenove". Contudo, o termo mais utilizado pela historiografia brasileira é Conselho dos Dezenove – ou Conselho dos XIX. É comum ainda encontrarmos "Assembleia dos XIX" e "Colégio dos XIX". Optei pela primeira expressão.

90 Para o capital inicial de 7.108.161 guildas investido por cada câmara na Companhia das Índias Ocidentais, ver Jonathan Israel, *The Dutch Republic and the Hispanic World, 1606-1661*. Oxford: Clarendon Press, 1986, p. 128, tabela 3.

vencida em ambos territórios. Nos quatro anos seguintes, a Companhia acabou por se dedicar, principalmente, ao corso, saqueando embarcações portuguesas e espanholas na costa da África Ocidental e na costa do Brasil.[91]

O cenário começa a mudar nas duas décadas seguintes com a invasão do Nordeste do Brasil (1630), grande produtor de açúcar, a conquista de Elmina (1637) e Axim (1642), fortificações portuguesas na Costa do Ouro, e a tomada de Luanda e São Tomé na costa ocidental africana, importantes centros fornecedores de escravos. Daí afirma-se que a expansão e o poder da WIC no Atlântico sul teve seu auge entre as décadas de 1630 e 1640.

Já no final do século XVI houve algumas tentativas de conquistas neerlandesas na costa africana, região que ganhava destaque naquele momento não apenas pelo comércio dos seus produtos locais, como marfim, peles, madeira, cera, ouro, prata e cobre, mas também por ser um ponto estratégico de apoio no caminho para as Índias Orientais. Dentre esses pontos de impotância estratégica estavam São Jorge da Mina na Costa do Ouro, São Tomé no Golfo da Guiné e São Paulo de Luanda em Angola, todas possessões portuguesas. Em 1596 os neerlandeses assaltaram a Feitoria de São Jorge da Mina, tendo os portugueses conseguido repelir os invasores. Os Moucheron, uma poderosa família de negociantes e armadores estabelecidos na Holanda, tentam conquistar a Ilha de Príncipe em 1658 e, apesar do fracasso, convenceram os Estados Gerais da importância de conquistar São Tomé. No ano seguinte empreendem, com apoio dos Estados Gerais, uma nova tentativa agora sobre São Tomé que, também fracassada, causou grandes prejuízos. Entre 1600 e 1602 os flamengos intensificam suas atividades nas zonas costeiras de Loango e Kongo, mais ao sul de Angola.[92]

Com a criação da WIC, novos e maiores esforços serão empreendidos na costa africana, objetivando não apenas o tráfico, mas conquistas

---

91 Ver Ernst van den Boogaart, Pieter C. Emmer, Peter Klein e Kees Zandvliet, *La expansión holandesa en el Atlántico* (trad. castelhana). Madri: Editorial Mapfre, 1992, p. 110 e ss..

92 Ver Klaas Ratelband, *Os holandeses no Brasil e na Costa Africana. Angola, Kongo e S. Tomé (1600-1650)* (tradução). Lisboa: Vega, 2003, p. 40-48.

territoriais que pudessem proteger o comércio e que fossem pontos estratégico-militares importantes na disputa com o Império Espanhol. Desta vez, as instruções do Conselho dos Dezenove eram para que seus agentes, em nome da companhia e dos Estados Gerais, estabelecessem alianças com os povos nativos dos diferentes territórios. Já no começo da década de 1620, o Conselho começa a discutir sobre o lucrativo comércio de escravos, e, em 1624, a Companhia envia expedições para a conquista da Bahia e de Luanda, que, sem grandes sucessos, muito exigiu de seus cofres.

Com a consolidação da conquista no nordeste brasileiro, após 1635, a Companhia passou a concorrer no mercado de escravos, uma vez que a reorganização da produção açucareira no Brasil dependia do fornecimento de mão de obra escrava. Dessa maneira, São Jorge da Mina, São Tomé e Luanda voltaram a despertar grande interesse e os diretores da WIC passam a armar navios para a conquista desses entrepostos portugueses na costa africana. Em maio de 1641, Pernambuco envia a Angola uma expedição neerlandesa com vinte e um navios sob o comando de Cornelis Jol e, no final desse mesmo ano, Luanda é conquistada.

Essas novas conquistas africanas passaram a pertencer ao Distrito Meridional da Costa Africana, criado em 1642 e que se iniciava ao sul da linha do Equador, cerca do Cabo Lopo Gonçalves e ia até o Cabo da Boa Esperança. Estabeleceu-se que a capital seria Luanda e que sua administração estaria a cargo de três diretores. A princípio, seriam Cornelis Neulant, Pieter Mootamer e Hans Mols. O Conselho dos Dezenove recomendava ainda que fossem feitas alianças com os reis das regiões circunvizinhas como forma de manter as conquistas e combater os portugueses. A mais famosa dessas alianças foi estabelecida com a Rainha Ana Nginga (ou N'Zinga), adversária dos portugueses. Uma embaixada neerlandesa partiu de Luanda em direção às terras da rainha, o que resultou no tratado de 27 de maio de 1647, um contrato de opoio mútuo em tempos de crise e dificuldades na luta contra os portugueses. De um lado a rainha e de outro os Estados Gerais, o príncipe de Orange e a Companhia, unidos contra o inimigo em comum.[93]

Com a conquista das capitanias produtoras de açúcar do Norte do Estado do Brasil e dos entrepostos de escravos da costa africana, a Companhia concentrou seus esforços no Atlântico sul nas décadas de 1630 e 1640. Apoios entre essas duas regiões foram comuns nos tempos de guerra com os portugueses, navios com tropas e provisões eram enviados de Pernambuco a Luanda e vice-versa. Chegou a ser discutido se essas conquistas poderiam estar sob uma administração comum no Brasil, como defendia o Conde de Nassau. O Conselho dos Dezenove foi contrário a tal posição, pois queria ter controle direto sobre as conquistas africanas.

As conquistas neerlandesas no Atlântico norte, isto é, a região da costa leste do continente norte-americano denominada de *Nieuw Nerderland,* ficou, pelo menos até a década de 1640, à margem desses grandes esforços empreendidos pela WIC no âmbito das disputas comerciais e por territórios com os Impérios Ibéricos. Demonstrativo dessa posição secundária das conquistas da Companhia Ocidental na América do Norte frente às demais possessões atlânticas, sobretudo, no Brasil e na África, são as tentativas, ainda em 1644 e 1645, do Conselho dos Dezenove em promover seu povoamento e agricultura:

> seria aconselhável, para o benefício daquele país, em primeiro lugar, facilitar a emigração para Nieuw Nederland, como tem sido feito há muito tempo; ou pelo menos financiar os passageiros por algum tempo, com o objetivo de atrair colonos para aquelas partes, e posteriormente introduzir uma generosa quantidade de camponeses e negros naquele país. Com esse trabalho, a agricultura seria tão bem estimulada

---

93 *Idem*, p. 301-302.

que uma grande quantidade de provisões poderia ser exportada dali para o Brasil.[94]

Alguns diretores da Câmara de Amsterdam, desde a década de 1620, entendiam que essa região podia tornar-se uma colônia agrária, capaz de abastecer de cereais, pescados, gados e madeira as outras colônias atlânticas, em especial, a região caribenha produtora de tabaco.[95] Entre esses diretores estava Kiliaen van Rensselaer, que se tornaria um importante colonizador, comerciante e proprietário de terras da *Nieuw Nederland* na década seguinte.

A presença neerlandesa na América do Norte teve início com a expedição do inglês Henry Hudson, instruído pela VOC, na tentativa de encontrar uma passagem para a Ásia pelo Ocidente. Mas em vez disso, Hudson encontrou em 1609 o rio que levaria seu nome e novas terras que mais tarde passariam a ser chamadas de *Nieuw Nederland*. No início, a região despertou o interesse dos mercadores pela possibilidade do comércio de peles, já que Hudson as havia comercializado com os índios locais. Tentativas iniciais de estabelecimento de comércio com a região foram empreendidas por particulares, até que em 1614 alguns mercadores, entre eles Lambrecht van Tweenhutsen, acionista da VOC e dono de navios, e Guerrit Jacobz Witssen, antigo burgomestre da cidade de Amsterdam, uniram-se e formaram a Companhia de Comércio Nieuw Nederland, voltada para o comércio de peles, e, em seguida, a Noordse Compagnie, centrada na pesca da baleia na região do Arquipélago de Spitzberg.

"Agora reunidos em uma Companhia", esses comerciantes neerlandeses,

---

94 "Report of the Board of Accounts on New Nederland. [15 de Dezembro de 1644]". In: *Documents relative to the colonial history of the state of New York: procured in Holland, England, and France*, editados por Berthold Fernow e E. B. O'Callaghan. Albany: Weed, Parsons, 1853-1887, vol. I, p. 152.

95 Ernst van den Boogaart, Pieter C. Emmer, Peter Klein e Kees Zandvliet, *La expansión holandesa en el Atlántico* (trad. castelhana). Madri: Editorial Mapfre, 1992, p. 134.

Munícipes e Escabinos   91

depois de grandes despesas e danos pela perda de embarcações e outros perigos, conseguiram, durante o presente ano [1614], descobrir e fundar [...] certas novas terras localizadas na América, entre *New France* e Virgínia, a costa compreendida entre 40 e 45 graus de latitude e agora chamada *New Netherland*.

Por esses empreendimentos e feitos iniciais, receberam dos Estados Gerais a concessão de um monopólio no qual

> teriam privilégio exclusivo de frequentar ou de autorizar que fossem visitadas as terras recém descobertas, citadas acima, [...] por quatro viagens no período de três anos, começando em primeiro de janeiro de 1615, então estabelecendo, o quanto antes, sem que fosse permitido a qualquer outra pessoa das Províncias Unidas navegar para cabotar ou frequentar as terras, paraísos ou lugares recém descobertos, seja direta ou indiretamente, dentro dos ditos três anos, sob pena de ter a embarcação confiscada e a sua carga no ato da infração retida, e uma multa de cinquenta mil ducados neerlandeses em favor dos ditos descobridores ou exploradores.[96]

Passados esses três primeiros anos, Lambrecht e os demais acionistas não conseguiram prorrogar o monopólio da Nieuw Nederland Companie e, assim, o comércio com a região passou a ser aberto a qualquer comerciante neerlandês.[97]

---

96 "Grant of exclusive trade to New Netherland" [11 de Outubro de 1614]. In: *Documents relative to the colonial history of the state of New York: procured in Holland, England, and France*, editados por Berthold Fernow e E. B. O'Callaghan. Albany: Weed, Parsons, 1853-1887, vol. I, p. 11-12.

97 As petições dos diretores da companhia de Comércio da Nieuw Nederland pela prorrogação do monopólio concedido em 1614 e as decisões dos Estados Gerais em não concedê-lo, permitindo o livre comércio na região do rio Hudson, encontram-se em: *Documents relative to the colonial history of the State of New York: procured*

As primeiras tentativas de colonização coordenadas pela WIC datam da década de 1620, com o foco na região do atual Albany, no curso superior do rio Hudson, e, em seguida, na Ilha de Manhattan, conquistada em 1626, onde foi fundada a Nova Amsterdam, que passou a ser a sede da administração neerlandesa naquelas terras. O governo central da *Nieuw Nederland* (ou *Nieuw-België*), semelhante à organização das conquistas orientais, era exercido por um diretor-geral, nomeado pela WIC e confirmado pelos Estados Gerais, e por um Conselho cujos membros eram também nomeados pela Companhia, mas podiam ser depostos pelo diretor-geral. No que diz respeito à administração local, diferentemente do Oriente, além das autoridades centrais, havia o fiscal ou *Schout* (Escolteto), os magistrados das cortes inferiores, e os membros das Assembleias que foram algumas vezes convocadas pelos diretores-gerais.

Após as "Instruções Provisórias de 1624", nas quais a WIC incentivava a colonização para a *Nieuw Nederland* através do pagamento dos custos de transporte dos primeiros colonos, em 1629 a Companhia, com o estatuto das "Liberdades e Isenções" (*Vrijheden en Exemptiën*), iniciava uma nova organização administrativa na colônia, que seria complementada por instruções posteriores. Esse primeiro estatuto não instituiu qualquer órgão de poder local nas terras administradas pela Companhia, mas introduziu o "patronato" (*patroonschap*), cedendo terras e poderes administrativos e judiciais ao *patroon*, que teria total autoridade em suas terras, podia estabelecer cortes inferiores e nomear magistrados e oficiais locais. O único patronato bem sucedido foi o Rensselaerwijk, fundado pelo *patroon* Kiliaen van Ressenlaer, que no ano de 1632 criou o conselho dos *schepenen* (escabinos) com cinco membros, considerado o primeiro conselho inferior na *Nieuw Nederland*.[98]

---

in Holland, England, and France, editados por Berthold Fernow e E. B. O'Callaghan. Albany: Weed, Parsons, 1853-1887, vol. I, p. 17-25.

98 Langdon G Wright, "Local Government and Central Authority in New Netherland". In: *An expending world: the european impact on world history, 1450-1800*. Hampshire: Ashgate, 1999, vol. 23 [A. J. Russell-Wood (org), *Local government in European overseas empires, 1450-1800*, parte II], p. 472; James Sullivan, "The Bench and Bar: Dutch Period, 1609-1664". In: *History of New York State: 1523-1927*. Nova York: Lewis Historical Publishing Company, 1927, vol. V, p. 3-4

A partir de 1638 a Companhia começou a perceber a necessidade de fazer algumas provisões que instituíssem conselhos no âmbito local. A Câmara de Amsterdam esboçou nesse mesmo ano alguns artigos e condições para colonização e comércio da *Nieuw Nederland*, preocupada com o controle político de uma população tão dispersa no território.[99] Apesar de os Estados Gerais terem recusado tais propostas, em 1640 é aprovado um novo estatuto das "Liberdade e Isenções", elaborado justamente para encorajar a colonização dessa região. Segundo o documento, caso as comunidades de colonos particulares (não funcionários da Companhia) se tornassem tão numerosos chegando a formar cidades ou vilas, o Conselho dos Dezenove daria ordens a respeito do estabelecimento de um governo subalterno, de magistrados e ministros de justiça, que deveriam ser nomeados pelas ditas cidades e vilas dentre os homens mais qualificados em uma lista tríplice, a partir da qual o Governador e o Conselho fariam suas escolhas.[100]

O Conselho dos Dezenove, ainda preocupado com a dispersão da população neerlandesa, em suas instruções de julho de 1645 enviadas ao Conselho e ao Diretor-geral Willen Kieft – que governou entre os anos de 1638-1647 –, aconselhava que se incentivassem o máximo possível os colonos a se estabelecerem juntos em um determinado número de famílias na forma de vilas e cidades, da mesma maneira que os ingleses faziam para viverem em maior segurança.[101] No empenho da WIC em centralizar a po-

---

99 Como Charles Boxer havia notado, a "New Netherland" não era mais que uma população dispersa em meio a uma população maior, dinâmica e em expansão de colonos da "New England". *The Dutch seaborn empire, 1600-1800*. Penguin Books, 1990, especialmente, p. 256.

100 "Proposed Articles for the colonization end trad of New Netherland" [30 de agosto de 1638] e "Proposed Freedoms and Exemptions for New Netherlan. 1640" [Apresentada em 19 de julho de 1640]. In: *Documents relative to the colonial history of the State of New York: procured in Holland, England, and France*, editados por Berthold Fernow e E. B. O'Callaghan. Albany: Weed, Parsons, 1853-1887, vol. I, p. 110-114 e 119-120, respectivamente.

101 "Instruction to the Director General an Council of New Netherland" [Amsterdam, 7 de julho de 1645]. In: *Documents Relative to the Colonial History of the State of New*

94 Fernanda Trindade Luciani

pulação em vilas e cidades, essa instrução foi repetida novamente em 1660 já no governo de Peter Stuyvesant.[102] Durante sua administração, esses dois diretores-gerais – Kieft e Stuyvesant – convocaram assembleias ou conselho de homens escolhidos pela população como seus representantes, que se reuniriam com o Conselho e atuariam como porta vozes dos moradores e conselheiros do governo central. Em uma dessas convocações, o "Conselho dos Doze" reclamou abertamente em 1642 do controle do sistema judicial pelo diretor-geral, lembrando que até mesmo as pequenas cidades das províncias da República tinham um conselho formado por, pelo menos, cinco ou sete escabinos.[103]

Anos depois, em 1649, os membros do "Conselho dos Nove", convocado pela primeira vez no início do governo de Stuyvesant, mandaram uma delegação à República para apresentar uma petição (escrita por Adraen van der Dussen) aos Estados Gerais, relatando as más condições em que se encontrava a colônia e solicitando medidas para resolver esses problemas que afligiam sua população e governo. Entre as soluções apontadas por esses delegados para promover a população e a prosperidade da região, aparece, mais uma vez, a necessidade do estabelecimento de um governo local civil (*burgelijcke*) semelhante ao que se encontrava na República.[104]

York: procured in Holland, England, and France, editados por Berthold Fernow e E. B. O'Callaghan. Albany: Weed, Parsons, 1853-1887, vol. I, p. 161.

102 Langdon G. Wright, "Local Government and Central Authority in New Netherland". In: *An expending world: the european impact on world history, 1450-1800*. Hampshire: Ashgate, 1999, vol. 23 [A. J. Russell-Wood (org), *Local government in European Overseas Empires, 1450-1800*, parte II], p. 479

103 "Petition of the Twelve Men and the Answer thereto", [21 de janeiro de 1642]. In: *Documents relative to the colonial history of the State of New York: procured in Holland, England, and France*, editados por Berthold Fernow e E. B. O'Callaghan. Albany: Weed, Parsons, 1853-1887, vol. I, p. 202.

104 "The Nine Men of New Netherland to the States General" e "Petition of the Commonalty of New Netherland to the States General" [ambos datam de 26 de julho de 1649; recebidos em 13 de outubro de 1649]. In: *Documents relative to the colonial history of the State of New York: procured in Holland, England, and France*, editados por Berthold Fernow e E. B. O'Callaghan. Albany: Weed, Parsons, 1853-1887, vol.

Em relação à administração local, contudo, apenas com o decreto de 02 de fevereiro de 1653, promulgado pelo diretor-geral Stuyvesant, é que foi permitido aos moradores da *Nieuw Nederland* estabelecer conselhos inferiores. A primeira reunião do "Conselho de Burgomestres e Escabinos" da cidade de *Nieuw Amsterdam* foi em 6 de fevereiro desse mesmo ano, composto por dois burgomestres e cinco escabinos, com a presença do *Schout* (escolteto). Ficou decidido, como consta na primeira ata do conselho, que seus oficiais se reuniriam toda segunda-feira a partir das nove horas da manhã para ouvirem todas as questões que envolviam disputas entre as partes litigantes e resolverem-nas da melhor forma que pudessem.[105] Em certa medida os esforços da Companhia e de Stuyvesant surtiram resultados, e outros conselhos locais foram sendo criados, sobretudo após 1660. Segundo as informações fornecidas por Win Klooster, oito cidades da *Niuew Nederland* possuíam seus próprios conselhos.[106]

I, p. 258-262. Para mais uma análise mais detalhada sobre "Assembleia dos Doze" (*Council of Twelve Men*) de 1641 e "Assembleia dos Oito" de 1643, convocadas por Willen Kieft, e "Assembleia dos nove", convocada por Peter Stuyvesant em 1647, ver: Langdon G Wright, "Local Government and Central Authority in New Netherland", e Morton Wagman, "Civil Law and Colonial Liberty in New Netherland". In: *An Expending World: The European Impact on World History, 1450-1800*. Hampshire: Ashgate, 1999, vol. 23 [A. J. Russell-Wood (org), *Local Government in European Overseas Empires, 1450-1800*, parte II], p. 482-484 e 497-498, respectivamente.

105 "Court Minute of New Amsterdam" [6 de fevereiro de 1653]. In: Berthold Fernow (ed.), *The Records of New Amsterdam from 1653-1674.* Nova York: Knickerbocker Press, 1897, vol. I, p. 48-49.

106 James Sullivan, "The bench and bar: Dutch Period, 1609-1664". In: *History of New York State: 1523-1927*. Nova York: Lewis Historical Publishing Company, 1927, vol. V, p. 12, nota 24; Win Klooster, "Other Netherlands beyond the sea Dutch America between Metropolitan control and divergence, 1600-1795". In: Christine Daniels e Michael V. Kennedy, *Negotiated empires. centers and peripheries in the Americas, 1500-1820.* Nova York: Routledge, 2002, p. 181.

Figura 4. Possessões da WIC e ano da conquista.

Esses colégios locais compostos por burgomestres e escabinos combinavam funções administrativas e judiciais de primeira instância, tanto em casos civis quanto criminais, como, por exemplo, ações para cobrança de dívidas, de frete ou de aluguel, sobre recuperação de posse de terra ou determinação de limites de propriedade, questões matrimoniais e compensação por ferimento físico. Seus membros eram nomeados pelo diretor-geral até 1663, quando concessões feitas pela WIC permitiram que os moradores escolhessem seus próprios oficiais, e que tivessem jurisdição nos casos civis até 100 libras e nos casos criminais, até sentenças capitais. Apesar disso, o

Conselho e o diretor-geral constantemente intervinham nesses colégios e nos assuntos locais.[107]

Outra questão interessante acerca do poder local na *Nieuw Nederland* diz respeito às cidades inglesas que permaneceram sob domínio neerlandês. Os ingleses requereram ao diretor-geral e ao Conselho, por vezes, que lhes fosse permitido escolher seus próprios oficiais e estabelecer seu próprio sistema judicial conforme os poderes locais que gozavam na *New England*. A Companhia permitiu que os ingleses nomeassem alguns de seus homens mais capazes, dentre os quais o diretor-geral selecionaria os magistrados. Segundo Langdom Wright, as cidades inglesas possuíam maior autonomia em comparação às cidades neerlandesas e seus magistrados geralmente tinham uma margem maior de negociação com o diretor-geral e com o Conselho para assegurar suas vantagens e conquistas.[108]

Diante dessa síntese da administração as Companhias de comércio neerlandesas em suas conquistas orientais e ocidentais, é possível perceber como a admistração neerlandesa variou de forma considerável nas diferentes regiões conquistadas, sobretudo no que diz respeito à organização do poder local. Apesar de os agentes da WIC e da VOC e mesmo os colonos terem como base para a organização colonial o modelo administrativo da metrópole, as diferentes realidades no ultramar impediam a simples reprodução desse sistema encontrado nas cidades neerlandesas. Os funcionários de ambas as companhias tiveram muitas vezes que ceder às pressões locais, como é possível notar no caso do Ceilão, em que a hierarquia nativa

---

107 James Sullivan, "The Bench and Bar: Dutch Period, 1609-1664". In: *History of New York State: 1523-1927*. Nova York: Lewis Historical Publishing Company, 1927, vol. V, p. 22; Langdon G Wright, "Local Government and Central Authority in New Netherland". In: *An Expending World: The european impact on world history, 1450-1800*. Hampshire: Ashgate, 1999, vol. 23 [A. J. Russell-Wood (org), *Local government in european overseas empires, 1450-1800*, parte II], p. 476.

108 Langdon G Wright, "Local Government and Central Authority in New Netherland". In: *An expending world: the european impact on world history, 1450-1800*. Hampshire: Ashgate, 1999, vol. 23 [A. J. Russell-Wood (org), *Local government in european overseas empires, 1450-1800*, parte II], p. 479, 480 e 486.

foi conservada abaixo da autoridade do governador e do Conselho Político em razão da necessidade do apoio e do conhecimento dessa elite nativa para a administração no âmbito local. Na *Nieuw Nederland*, a situação é bastante ilustrativa, pois nas cidades criadas, sobretudo, pelos esforços da Companhia e dos diretores-gerais, o conselho local instituído era bem próximo ao conselho das cidades encontradas na República, com escabinos e burgomestres, mas as cidades inglesas, por exemplo, ainda sob domínio flamengo permaneceram seguindo o modelo da *New England*.

CAPÍTULO II

Estrutura Administrativa no Brasil Holandês

PARTINDO DO ENQUADRAMENTO GERAL DAS ESTRUTURAS políticas do Império Português e da República dos Países Baixos e de suas respectivas conquistas, abordaremos, neste segundo capítulo, a organização administrativa no Brasil Holandês (1630-1654), período no qual se confrontaram dois modelos administrativos e duas formas de dominação colonial. Buscarei uma análise das formas de organização do poder, sobretudo, na ordem local, voltando a atenção para as especificidades da colônia e, assim, para as particularidades dos órgãos municipais aqui instalados. Como a organização do governo, tanto local quanto central, não permaneceu estática nesses 24 anos de dominação, destacaremos esses diferentes momentos da administração neerlandesa no Brasil.

Evaldo Cabral de Mello divide a dominação neerlandesa no Brasil em três períodos, excluindo a ocupação de Salvador (1624-1625). O primeiro, conhecido como o período da guerra de Resistência, estende-se desde a tomada de Olinda, em 1630, até o abandono das tropas do Rei Católico de Pernambuco rumo à Bahia, em 1637. O segundo período inicia-se em 1637 e termina em 1645, quando se dá o levante contra os invasores, e corresponde, grosso modo, ao governo de Nassau (1637-1644), período considerado pela historiografia como a "Idade de Ouro" do Brasil Holandês. O terceiro momento, correspondente à guerra de restauração, compreende os anos entre 1645 a 1654, data da expulsão final dos flamengos.[1]

Ao mesmo tempo, esse enquadramento permite uma divisão dos diferentes momentos da presença neerlandesa no Brasil também no que se refere à administração local ou municipal e à organização da produção açucareira. No primeiro momento, que corresponde ao período da guerra de resistência (1630-1637), as Câmaras Municipais da legislação portuguesa

---

1 Evaldo Cabral de Mello, *Olinda Restaurada: guerra e açúcar no Nordeste, 1630-1654.* 2ª ed. Rio de Janeiro: Topbooks, 1998, p. 15-16.

foram mantidas em funcionamento mesmo sob o governo neerlandês; o segundo momento se inicia com a criação, no ano de 1637, das Câmaras de Escabinos em substituição às Câmaras de Vereadores, e termina em 1645 com o levante luso-brasileiro; e o terceiro corresponde ao período de coexistência, durante a guerra de Restauração (1645-1654), das Câmaras Municipais portuguesas com as Câmaras de Escabinos.

Dessa maneira, este estudo está concentrado, por um lado, nos dois primeiros momentos, considerando que um dos enfoques é, justamente, a transição de um modelo administrativo para outro, tomando como data crucial o ano de 1637, e o consequente impacto dessa mudança no poder das elites locais e, de modo geral, na vida dos moradores das capitanias conquistadas. Por outro lado, no período da Restauração (1645-1654), atentando para o papel das Câmaras Municipais Portuguesas nessa guerra, seja com relação à arrecadação dos impostos ou à organização das tropas militares, seja como intermediárias entre a população colonial e a Coroa.

Organização das Capitanias Conquistadas

Muito antes das duas iniciativas da Companhia das Índias Ocidentais, primeiramente contra a Bahia em 1624 e, seis anos depois, contra Pernambuco, já se verificava a navegação do Norte da Europa para o Nordeste do Brasil. As relações comerciais entre os neerlandeses e a colônia portuguesa ampliavam-se desde as últimas décadas do século XVI, e estes participavam do comércio do açúcar em todas as suas fases, não apenas na compra e venda, mas também no transporte e distribuição nos mercados europeus.

No início do século XVII, a indústria de refino do açúcar tinha um grande peso na economia dos Países Baixos, sobretudo para Amsterdã, tanto que Willen Usselincx (1564-1647) propunha, já naquela época, a criação de uma Companhia das Índias Ocidentais que tivesse o monopólio do comércio com África e América. Era fundamental para a economia flamenga garantir o fluxo das caixas de açúcar para as Províncias Unidas e, justamente por isso, os neerlandeses precisavam manter o domínio do comércio com o nordeste produtor de açúcar do Estado do Brasil. Com o *Tratado de Trégua dos Doze Anos*, firmado entre a Coroa Espanhola e os Países Baixos em 1609, o projeto de Usselincx foi deixado de lado, para voltar a ser reexaminado no início da década de 1620. No dia 3 de junho de 1621 tal Companhia foi formalmente estabelecida pelos Estados Gerais e a decisão de invadir o Brasil não tardou a se consolidar.

Os flamengos, desde o século XVI, portanto, já vinham estabelecendo contato com a produção açucareira das capitanias brasileiras. Era cada vez mais comum a presença de navios neerlandeses no porto do Recife em finais do século XVI e inícios do XVII. Nos Países Baixos, em 1585 era construída a primeira refinaria em Amsterdam; uma década depois, eram três ou quatro; e no início da década de 1620, a cidade já contava com vinte e cinco refinarias.[2] Esse negócio, como se percebe, ganhou maior impulso durante a Trégua dos Doze Anos (1609-1621), juntamente ao crescimento da demanda por açúcar refinado em toda Europa, o que despertou maior interesse dos neerlandeses pelo Brasil.[3]

Apesar das restrições, cada vez maiores, impostas pelo do rei de Espanha ao comércio estrangeiro nos portos e conquistas de seu Império, os portugueses dependiam das embarcações neerlandesas para o transporte do açúcar.[4] Como afirma Boxer "graças a essa cumplicidade oficial dos por-

---

2   Pedro Puntoni, *A Mísera Sorte: a escravidão africana no Brasil Holandês e as guerras do tráfico no Atlântico Sul, 1621-1648*. São Paulo: Hucitec, 1999, p. 33.

3   Sobre as relações comerciais luso-neerlandesas anteriores à invasão ver: Eddy Stols, "Os Mercadores flamengos em Portugal e no Brasil antes das conquistas holandesas". *Anais de História*, Assis, 5, 1941, p. 9-54; e Engel Sluiter, "Os Holandeses no Brasil antes de 1621". *Revista do museu do Açúcar*, Rio de Janeiro, 1, 1968, p. 65-82.

4   A partir da certidão mandada por Sebastião de Carvalho de parte dos livros de saídas e despachos dos navios e urcas do porto do Recife, é possível ter uma ideia da quantidade de embarcações e do vulto de açúcar que se encaminharam aos portos do norte da Europa, incluindo das "Províncias Rebeldes". "Livro das saídas dos navios e urcas. 1595-1605". *RIAP*, vol. 58, 1993, p. 87-143. Sobre o domínio dos transportes comerciais mundiais pelos neerlandeses e as taxas de frete mais vantajosas de seus navios, ver: Immanuel Wallerstein, *O Moderno Sistema Mundial*. Porto: Edições Afrontamento, s/d, vol. I, p. 211 e vol. II, p. 53-55; e Fernand Braudel, *Civilização*

104 Fernanda Trindade Luciani

tugueses na desobediência às leis do rei de Espanha, calculavam os comerciantes holandeses haverem chamado a si a metade, senão os dois terços, do comércio marítimo entre o Brasil e a Europa."[5] Nesse contexto, entre finais do século XVI e inícios do XVII, a produção de açúcar no nordeste brasileiro crescia em larga escala. A Capitania de Pernambuco destacava-se no comércio mundial de açúcar como um dos principais produtores, com grande número de engenhos. A Capitania contava com 23 engenhos em 1570, passando para 66 em 1583 e para 77 em 1608; ou seja, o número mais que triplicou em trinta e oito anos.[6] Não apenas a Capitania de Pernambuco despertava interesse pelo número de engenhos e pela produção açucareira. Conforme a relação dos "Açúcares que fizeram os engenhos de Pernambuco, Ilha de Itamaracá e Paraíba", elaborada provavelmente em 1623 por José Israel da Costa, judeu de origem portuguesa, essas três capitanias somavam naquele ano 137 engenhos,[7] e, em 1630, como relata Verdonck, entre 146 e 149 engenhos.[8] Já em 1638, ainda que considerando o período de guerra – e suas consequências sobre a produção açucareira – pelo qual essas terras haviam passado, Pernambuco, Itamaracá e Paraíba contavam com 147 engenhos, segundo a

---

Material, Economia e Capitalismo. Séculos XV-XVIII. São Paulo: Martins Fontes, 1996, vol. III, p. 172-175.

5 Charles Boxer, *Os Holandeses no Brasil, 1624-1654* (tradução). Recife: Companhia Editora de Pernambuco, 2004, p. 28-29.

6 José Antônio Gonsalves de Mello, *Gente da Nação. Cristãos-novos e judeus em Pernambuco, 1542-1654.* Recife: Fundação Joaquim Nabuco/ Massangana, 1996, p. 10.

7 "Açúcares que fizeram os engenhos de Pernambuco, Ilha de Itamaracá e Paraíba – ano 1623". *FHBH*, vol. I, p. 28-32.

8 "Memória oferecida ao Senhor presidente e mais senhores do Conselho desta cidade de Pernambuco, sobre a situação, lugares, aldeias e comércio da mesma cidade, bem como de Itamaracá, Paraíba e Rio Grande segundo o que eu, Adriaen Verdonck, posso me recordar. Escrita em 20 de maio de 1630". *FHBH*, vol. I, p. 35-46.

Munícipes e Escabinos   105

relação do "Breve Discurso", e no ano seguinte, com 164, conforme o relatório de Adriaen van der Dussen enviado ao Conselho dos Dezenove.[9] Houve certa desaceleração desse ritmo de crescimento da economia açucareira já a partir dos segundo e terceiro decênios do século XVII, ou seja, mesmo antes da guerra luso-neerlandesa. É possível notar essa desaceleração comparando-se o número de engenhos presentes na Capitania de Pernambuco nessas duas primeiras décadas com os números das décadas anteriores. Em 1630, segundo a "Memória oferecida ao Conselho Político" por Adriaen Verdonck, havia em Pernambuco entre 93 e 101 engenhos, dentre os quais aparecem alguns improdutivos ou com capacidade ociosa. Oito anos depois a capitania somava 107 engenhos, conforme os dados do "Breve discurso sobre o estado das quatro capitanias" elaborado por Nassau e pelos altos conselheiros.[10] Se compararmos este último número, do ano de 1638, ao de 1608, veremos que ao longo desses anos foram criados 30 novos engenhos, situação bastante diferente do crescimento visto entre 1570 e 1608.[11]

---

9   "Breve discurso sobre o estado das quatro capitanias conquistadas de Pernambuco, Itamacará, Paraíba e Rio Grande, situadas na parte setentrional do Brasil, escrito por João Maurício de Nassau, Adriaen van der Dussen e M. van Ceullen. (1638)". *FHBH*, vol. I, p. 77-129; "Relatório sobre o estado das quatro capitanias conquistadas no Brasil, apresentado pelo Senhor Adriaen van der Dussen ao Conselho dos XIX na Câmara de Amsterdam, em 4 de abril de 1640. (1639)". *FHBH*, vol. I, p. 137-232.

10 "Memória oferecida ao Senhor presidente e mais senhores do Conselho desta cidade de Pernambuco, sobre a situação, lugares, aldeias e comércio da mesma cidade, bem como de Itamacará, Paraíba e Rio Grande segundo o que eu, Adriaen Verdonck, posso me recordar. Escrita em 20 de maio de 1630". *FHBH*, vol. I, p. 35-41; "Breve discurso sobre o estado das quatro capitanias conquistadas de Pernambuco, Itamacará, Paraíba e Rio Grande, situadas na parte setentrional do Brasil, escrito por João Maurício de Nassau, Adriaen van der Dussen e M. van Ceullen (1638)". *FHBH*, vol. I, p. 77-89.

11 Sobre as questões internas e exógenas à economia das capitanias do Norte que dão indícios da crise no setor produtivo e comercial, ver: Evaldo Cabral de Mello, *Olinda Restaurada: guerra e açúcar no nordeste, 1630-1654*. 2ª ed. Rio de Janeiro: Topbooks, 1998, especialmente, p. 89-97. Sobre as fases de crescimento da economia açucareira no Brasil, ver Frédéric Mauro, que entende a fase de crescimento até 1600 e de estabilização entre 1600 e 1625: *Portugal, o Brasil e o Atlântico. 1570-1670* (tradução).

106 Fernanda Trindade Luciani

Apesar da crise da economia europeia que se anunciava no início do século XVII,[12] com destaque para os anos 1619-1622, o volume da produção de açúcar brasileiro não seguiu o mesmo ritmo de estagnação nessas primeiras décadas. Por volta de 1600 o Brasil produzia anualmente cerca de 600 mil arrobas e em 1625 a produção era estimada em 960 mil arrobas.[13] Já no final do segundo decênio do seiscentos, todavia, a produção açucareira declinaria consideravelmente, de uma média de 70 a 80 mil caixas para a metade de uma e outra cifra. Evaldo Cabral de Mello aponta que, não apenas nas capitanias do norte como também na Bahia, os senhores de engenho deixaram de produzir e de lavrar os campos em razão da brusca queda

---

Lisboa: Estampa, 1988, vol. II; Stuart Schwartz, conclui que há um período de rápido crescimento de 1670 até por volta de 1585, uma desaceleração de 1585 a 1612 e outra fase de crescimento, menos intenso, de 1612 a 1630: *Segredos Internos: engenhos e escravos na sociedade colonial 1550-1835* (tradução). São Paulo: Companhia das Letras, 1999, p. 148-157.

12 Sobre a crise do século XVII ver: Eric Hobsbawm, "A crise geral da economia europeia do século XVII". In: *As Origens da Revolução Industrial* (tradução). São Paulo: Global Editora, 1979; Jan de Vries, *A Economia da Europa numa Época de Crise*. (1600-1750) (tradução). Lisboa: Dom Quixote, 1991; Pieter Emmer, "The Dutch and making of the Second Atlantic System". In: Bárbara Solow (org.), *Slavery and the rise of the Atlantic System*. Cambrigde: Cambridge University Press, 1991; Ivo Schöffer, "Did Holland's Golden Age co-incide with a Period of crisis?". In: *Acta Historiae Neerlandica*. Leiden, vol. I (1966), p. 82-107; Ruggiero Romano, *Conyunturas Opuestas. La crisis del siglo XVII en Europa e Hispanoamérica*. Mexico: Fondo de Cultura, 1993; Immanuel Wallerstein, *O Sistema Mundial Moderno* (tradução). Porto: Afrontamento, vol. II, s/d. Para uma análise da situação da República dos Países Baixos na crise da economia mundo do século XVII, ver: Jonathan Israel, *Dutch Primacy in the World Trade, 1585-1740*. Nova York: Oxford University Press, 2002, especialmente capítulo 5, p. 121-196.

13 Stuart Schwartz atribui o surto de crescimento da produção entre 1612 e 1630 a uma mudança tecnológica nas moendas de cana-de-açúcar, ou seja, com as moendas de três cilindros verticais que reduziam o custo de instalação dos engenhos e traziam ganhos de produção: *Segredos internos: engenhos e escravos na sociedade colonial 1550-1835* (tradução). São Paulo: Companhia das Letras, 1999, p. 149.

do preço do açúcar em 1626 e à alta dos preços da mão de obra africana e dos artigos do Reino.[14]

Essa queda do preço do açúcar, no Brasil e na Europa, já na década de 1620, indica um período de recessão anterior à chegada dos neerlandeses a Pernambuco.[15] Mas foi a guerra luso-neerlandesa que, sem dúvidas, trouxe consequências drásticas para a produção, principalmente em razão da grande destruição de canaviais e engenhos. Um exemplo que evidencia esta situação é a quantidade de engenhos impossibilitados de produzir. Dos 149 engenhos existentes, no ano 1638, nas capitanias de Pernambuco, Paraíba, Itamaracá e Rio Grande, 34% não produziam.[16]

Também os números de arrobas de açúcar produzido por essas capitanias demonstram a grande diminuição da produção em decorrência da guerra. Como informa o autor anônimo da "Lista do que o Brasil pode produzir anualmente", os 137 engenhos das Capitanias de Pernambuco, Paraíba e Itamaracá, em 1623, produziam 700.000 arrobas; já José Israel da Costa calculou que os 137 engenhos naquele mesmo ano produziam 659.069 arrobas.[17] Ainda com essa diferença nos números de 1623, ao compararmos

---

14 Evaldo Cabral de Mello, *Olinda Restaurada: guerra e açúcar no nordeste, 1630-1654*. 2ª ed. Rio de Janeiro: Topbooks, 1998, p. 92.

15 Sobre a variação do preço do açúcar ver: Frédéric Mauro, que entende a fase de crescimento até 1600 e de estabilização entre 1600 e 1625, *Portugal, o Brasil e o Atlântico. 1570-1670* (tradução). Lisboa: Estampa, 1988, vol. I; Stuart Schwartz, *Segredos internos: engenhos e escravos na sociedade colonial 1550-1835* (tradução). São Paulo: Companhia das Letras, 1999, p. 152; e Vera Lúcia Amaral Ferlini, *Terra, trabalho e poder*. São Paulo: Brasiliense, 1988, p. 63.

16 "Breve discurso sobre o estado das quatro capitanias conquistadas de Pernambuco, Itamaracá, Paraíba e Rio Grande, situadas na parte setentrional do Brasil, escrito por João Maurício de Nassau, Adriaen van der Dussen e M. van Ceullen (1638)". *FHBH*, vol. I, p. 77-89. Ver ainda os números contabilizados por Pedro Puntoni, *A mísera sorte: a escravidão africana no Brasil Holandês e as guerras do tráfico no Atlântico Sul, 1621-1648*. São Paulo: Hucitec, 1999, p. 78.

17 "Açúcares que fizeram os engenhos de Pernambuco, Ilha de Itamaracá e Paraíba – ano 1623". *FHBH*, vol. I, p. 28-32; "Lista do que o Brasil pode produzir anualmente (1623)". *FHBH*, vol. I, p. 21-27.

108 Fernanda Trindade Luciani

com a quantidade de arrobas produzidas nos anos após a guerra de resistência, veremos a considerável queda da produção. Os autores do "Breve discurso", de janeiro de 1638, apontam que os 99 engenhos que moíam naquele ano produziriam 346.500 arrobas e que mesmo estes engenhos não estavam em "condições de moer o que outrora moíam ou costumavam moer, porque nos lugares que foram teatro da guerra, ou no ano passado, das invasões dos inimigos, aí ficaram os canaviais destruídos e os engenhos sofreram grande dano."[18] Passados os primeiros cinco ou seis anos de confrontos com os portugueses e adentrando em um período de relativa paz, os neerlandeses buscaram reorganizar e incentivar a produção açucareira nas capitanias conquistadas pela Companhia. Parte dessa reorganização passou pela reforma política; incluído aí instituição dos novos conselhos locais, as Câmaras de Escabinos.

A montagem da estrutura administrativa

A expedição neerlandesa do comandante Hendrick Loncq, financiada pela Companhia das Índias Ocidentais (WIC – Western Indian Company ou *Westindische Compagnie*) e pelos Estados Gerais (*Raad van State*), chegou a Pernambuco em fevereiro de 1630 e, em pouco tempo, Recife e Olinda foram conquistadas. Nos anos que se seguiram, outras povoações, vilas e, assim, capitanias inteiras foram também sendo rapidamente tomadas. Por exemplo, Igarassu em 1632, Itamaracá e Rio Grande em 1633, Nazaré do Cabo e Paraíba em 1634 e Arraial do Bom Jesus e Cabo Santo Agostinho em 1635. A escolha pelo Brasil, como visto, não foi por acaso e tampouco foi uma aventura.[19] Os neerlandeses já conheciam a situação da capitania

---

18 "Breve discurso sobre o estado das quatro capitanias conquistadas de Pernambuco, Itamaracá, Paraíba e Rio Grande, situadas na parte setentrional do Brasil, escrito por João Maurício de Nassau, Adriaen van der Dussen e M. van Ceullen (1638)". *FHBH*, vol. I, p. 126 e 127.

19 Jan Andries Moerbeeck expõe, em sua defesa pela expansão ultramarina e conquista dos territórios espanhóis, os benefícios que a Companhia teria com o domínio do Brasil. *Motivos porque a companhia das Índias Ocidentais deve tirar ao Rei de*

Munícipes e Escabinos

e a partir daí planejaram sua invasão, objetivando o controle do comércio mediante a conquista colonial, no contexto de pós-criação da WIC, de expansão ultramarina das Províncias Unidas no Atlântico e, como referido acima, de disputas com o Império Espanhol. Johannes de Laet assim justifica e explica a escolha pelo Brasil:

> A Companhia, achando-se agora bastante próspera por ter capturado a esquadra da Nova Espanha [...] e tendo adquirido tantos meios para prosseguir nos seus desígnios sobre as possessões do rei da Espanha, começou a tratar de saber qual delas devia conquistar. Várias regiões da América foram lembradas, mas, depois de refletirem bem, lançaram as vistas sobre o Brasil. [...] As razões para a conquista do Brasil foram na maior parte as mesmas que moveram a Companhia a atacar e conquistar a Baia. Não acharam de bom conselho fazer segunda tentativa no mesmo ponto por causa de alguns embaraços e, principalmente, porque estavam ali prevenidos, e assim foi deliberado que se dirigissem ao norte do Brasil e especialmente a Pernambuco, por causa da sua situação e do rico trafico que ali se faz do açúcar e do pau-brasil. Para dirigir essa expedição foi escolhido pela Assembleia dos XIX para General da esquadra o bravo Hendrick Loncq.[20]

Como nas demais conquistas ocidentais, as províncias da Holanda e da Zelândia, que tinham direito a maior número de delegados no Conselho dos Dezenove e maior poder econômico, foram as bases metropolitanas na organização colonial do Brasil Holandês. Amsterdam, em especial, teve grande importância na migração para essas colônias atlânticas, não só de

---

Espanha as terras de Portugal (1624) (tradução). Rio de Janeiro: Instituto do Açúcar e do Álcool, 1942.

20 Johannes de Laet, *História ou Anais dos feitos da Companhia privilegiada das Índias Ocidentais (1644)* (tradução). Rio de Janeiro: Biblioteca Nacional, 1925, Livro VI, p. 313.

110   Fernanda Trindade Luciani

neerlandeses, mas de estrangeiros que eram atraídos para a República e de lá migravam para as conquistas ultramarinas. Se é possível estabelecer alguma separação na administração das conquistas atlânticas, pode-se dizer que a Zelândia criou laços mais fortes com o Suriname, e a Holanda com *Nieuw Nederland* (hoje, região de Nova York), com Curaçao e com o Brasil Holandês (*Nederlands-Brazilië*), cujo nome oficial, Nova Holanda (*Nieuw Holland*), faz alusão justamente àquela Província.[21]

Com as incursões neerlandesas e suas conquistas iniciais em terras brasileiras, o documento que passa a estruturar a administração na colônia é o *Regimento de 13 de outubro de 1629*, que compreende 69 artigos e havia sido redigido pelo Conselho dos Dezenove (*Heeren XIX*), órgão diretor da WIC, sendo depois aprovado pelos Estados Gerais.[22] Tais instruções fixavam o modo de governo para os territórios que seriam conquistados pela Companhia das Índias Ocidentais, tanto no que diz respeito à política quanto à justiça. Conforme esse regimento administrativo, as Câmaras da Companhia[23] escolheriam "nove pessoas honradas", que fossem naturais

---

21 Win Klooster, "Other Netherlands beyond the sea Dutch America between Metropolitan control and divergence, 1600-1795". In: Christine Daniels e Michael V. Kennedy, *Negotiated Empires. Centers and Peripheries in the Americas, 1500-1820*. Nova York: Routledge, 2002, p. 174-175.

22 "Regimento do governo das Praças Conquistadas ou que forem Conquistadas nas Índias Ocidentais", traduzido e publicado na *Revista do Instituto Arqueológico e Geográfico Pernambucano*. Recife, 5 (31), 1886, p. 288-310. Há também a publicação de Marcos Carneiro de Mendonça, em *Raízes da formação administrativa do Brasil*. Rio de Janeiro: Instituto Histórico e Geográfico Brasileiro, 1972, vol. 2, p. 505-516.

23 Como já informado anteriormente, foram cinco Câmaras provinciais que haviam entrado com o capital da Companhia, o qual ficou dividido em nove partes, contribuindo a câmara de Amsterdam, província da Holanda, com 4/9; Middelburg, província da Zelândia, com 2/9; Roderdã, distrito do Mosa, com 1/9; Hoorn, distrito do Norte, com 1/9; e Groninga, província de mesmo nome, com 1/9. Os representantes destas Câmaras, que compunham a Assembleia dos Dezenove, eram em número proporcional de oito para Amsterdam, quatro para Milddlgurg e dois para cada uma das demais câmaras. O décimo nono integrante do Heeren XIX era um representante do governo das Províncias Unidas.

ou que tivessem residido nas Províncias Unidas "pelo tempo de sete anos" para formar o conselho dirigente da colônia. A Câmara de Amsterdam escolheria quatro delegados, a da Zelândia, dois, e cada uma das outras três Câmaras tinha o direito de escolher um. Essas pessoas eleitas seriam apresentadas ao Conselho dos Dezenove e, se aprovadas por este, dependeriam ainda da aprovação dos Estados Gerais, que depois seguiria com sua nomeação para a "junta ou Conselho dos lugares que foram conquistados".[24]

O Governo do Brasil Holandês, assim como toda a administração das terras que seriam conquistadas, seria delegado, conforme tal Regimento, a essas nove pessoas eleitas e aprovadas, que comporiam o Colégio (*Kollegium*) de Conselheiros (*Raden*), denominado "Conselho Político" (*Politiek Raad*). Os conselheiros políticos ficariam responsáveis pelos negócios de administração, de política, de finança e de justiça, tendo toda a autoridade e direção suprema. Os conselheiros presidiriam, cada um, o Conselho pelo período de um mês, cuja ordem dos turnos está definida no documento. Conforme o artigo dois, aparece ainda o cargo de *Assessor* que, nomeado pelo Conselho dos Dezenove, assistiria a todas as reuniões e trabalhos do Conselho e, sendo consultado, daria o seu parecer, assim como escreveria as memórias e registros, expediria as cartas e assinaria todos os demais atos, "em uma palavra, exercerá o cargo de pensionário e secretário nos negócios de justiça e polícia, do mesmo modo que se pratica nas boas cidades destas Províncias Unidas".[25]

O *Regimento* faz referência também, entre outros assuntos, ao tratamento que deveria ser dado aos espanhóis, portugueses e nativos da terra; aos assuntos religiosos; à questão das terras privadas e as que não tiverem dono; ao tratamento da justiça criminal e civil; à disciplina de guerra; e à administração das receitas por dois conselheiros, que receberiam o título de tesoureiros. O Conselho podia ainda nomear meirinhos, porteiros e outros oficiais inferiores que fossem necessários para o serviço da polícia e

---

24 "Regimento do governo das Praças Conquistadas ou que forem Conquistadas nas Índias Ocidentais". *RIAP*, 5 (31), 1886, p. 289-290.

25 *Idem*, p. 290.

112 Fernanda Trindade Luciani

da justiça, marcando-lhes salários razoáveis conforme as circunstâncias e o trabalho ou emolumentos que tivessem.[26]

Aparecia, também, o cargo de governador, sem muita expressão nesse primeiro momento da administração colonial, muito diferente do papel que exercerá entre 1637 e 1644. Pelo *Regimento de 1629*, o governador seria convocado pelo Colégio dos Conselheiros quando estes o achassem útil e conveniente para tratar de assuntos militares ou de grande importância. Nas terras conquistadas no Brasil, o cargo de governador foi exercido por Waerdenburch (1630) e por van Rembach (1633). Como determinam as instruções,

> O general e o governador terão livre entrada no Conselho quando quiserem comunicar alguma coisa e auxiliá-lo a deliberar sobre a matéria, e tomarão assento junto ao presidente.[27]

No entanto, o *Regimento de 1629* não versa sobre a administração em âmbito local e, portanto, não ordenava que se estabelecesse qualquer órgão de poder local para as terras que fossem conquistadas. Nesse sentido é que no caso particular do Brasil Holandês, não foi criada instituição alguma que viesse substituir as Câmaras Municipais portuguesas, que permanecem, então, em funcionamento mesmo sob o governo neerlandês. Em cada uma das jurisdições foi designado um escolteto (*schout*), que deveria ser nomeado pelo Conselho Político. Ficava estabelecido, pelo artigo 53 do *Regimento*, que sua a função seria

> prender os criminosos, promover a execução das sentenças, assistir à mesma execução, velar sobre a observância das ordenações e regulamentos civis, que forem decretados

---

26 *Idem*, p. 308.

27 *Idem*, p. 299.

Munícipes e Escabinos 113

tanto pela Companhia como pelo Conselho, e fazer punir as transgressões.[28]

A partir da leitura desse primeiro *Regimento* que organizava a administração nas conquistas, podemos verificar que a administração das terras estaria centralizada no Colégio Político e, no caso das capitanias do Norte, os órgãos de administração local já existentes seriam mantidos. Em 14 de março de 1630 o Conselho Político foi, então, instalado em Olinda, como informa Johannes de Laet: "segundo as ordens da metrópole, foram os conselheiros políticos investidos pelos nossos no exercício do seu cargo". E já no final desse mesmo ano, no dia 12 de setembro, a sede do conselho foi transferida para o Recife, "onde estabeleceu sua residência".[29]

No entanto, em 1632, o Conselho dos Dezenove resolveu "delegar de entre seus membros e em seu nome, com o mesmo poder e autoridade que tem ela própria, mediante aprovação dos Alto e Poderosos Senhores Estados Gerais", dois diretores para assumir o supremo governo no Brasil Holandês e resolver as disputas entre as autoridades, sobretudo, entre o Conselho Político e o Governador Dierick van Wandenburch.[30] Foram escolhidos para tanto Mathias van Ceulen, acionista da Companhia, e Johan Gijsselin, diretor da Câmara da Zelândia, pelo período de dois anos. Ceulen partiu no dia 8 de outubro de 1632, chegando ao Brasil em dezembro do mesmo ano, e Gijsselin deixou a Zelândia dia 13 de outubro, aqui aportando em

---

28 *Idem*, p. 305.

29 Johannes de Laet, *História ou anais dos feitos da Companhia privilegiada das Índias Ocidentais* (1630). Rio de Janeiro: Biblioteca Nacional, 1925, p. 354 e 365, respectivamente.

30 "Resolução de 26 de Janeiro de 1632. Instrução e autorização para os senhores delegados dos Diretores da Companhia das Índias Ocidentais que se dirigirem a Pernambuco e lugares adjacentes, ou se encontrarem ali ou em outros quaisquer lugares em que este Estado, assim como a Companhia, tem alguma autoridade." *Documentos Holandeses*. Rio de Janeiro: Ministério da Educação e da Saúde Pública, 1945, p. 93-94.

114 Fernanda Trindade Luciani

janeiro do ano seguinte.[31] Passados esses dois anos previstos, reassumiria a administração do Brasil Holandês o Conselho Político em 2 de setembro de 1634,[32] em razão do regresso dos dois diretores nesse mesmo mês, os quais se preocupam, ao partir, em

> estabelecer tanto quanto possível a boa ordem no governo, quer no político, quer no militar, assim como na administração dos bens e rendas da Companhia [...] Além disso, os senhores delegados fixaram uns artigos todos tendentes à boa harmonia, tanto entre os respectivos chefes militares como entre o Conselho Político e a Milícia.[33]

É só a partir de 1637, data em que passaria a vigorar um novo regulamento, promulgado em 23 de agosto do ano anterior pelo Conselho dos Dezenove e pelos Estados Gerais, trazido ao Brasil pelo conde João Maurício de Nassau, é que são previstos órgãos de administração local. Seriam instruções "para a nova governação do Brasil",[34] uma vez que a Companhia resolve dar uma nova orientação administrativa às suas possessões",[35] na tentativa de consolidar o domínio, restabelecer e reforçar a disciplina e reconstruir a economia nessas terras através da organização da produção açucareira.

Para isso, a Companhia Ocidental enviou ao Brasil um general com amplos poderes que exerceria o cargo de governador – assumido pelo Conde

---

31 *Idem*, p. 531.

32 O governo foi confiado aos conselheiros políticos Servaes Carpentier, Willen Schott, Jacob Stachhouwer, sendo o Conselho aumentado em 30 de setembro com Balthasar Wijntigis e em 17 de outubro com Ippo Eisens. Johannes de Laet, *História ou Anais dos feitos da Companhia privilegiada das Índias Ocidentais* (1630). Rio de Janeiro: Biblioteca Nacional, 1925, p. 711.

33 *Idem,* p. 710.

34 Hermann Watjen, *O Domínio Colonial Holandês no Brasil*. Trad. de Pedro Celso Uchôa Cavalcanti. São Paulo: Brasiliana, 1938, p. 298.

35 F. A. Pereira da Costa, "Governo Holandês". *RIAP,* Recife, 9 (51), 1898, p. 24.

Maurício de Nassau – e presidiria o Alto e Secreto Conselho, o novo colégio que deveria ser composto por três membros. O Conselho dos Dezenove nomeia, então, os diretores van Ceulen, Gijsselin e van der Dussen como "Altos Conselheiros Secretos com a missão de acompanhar o governador e, de acordo com os Conselheiros Políticos, então no Brasil, formarem o conselho do Governo Colonial."[36] O Conselho Político foi, portanto, mantido, apesar de rebaixado a um tribunal jurídico de segunda instância – com a criação das Câmaras de Escabinos que seriam responsáveis pelas causas de primeira instância –, ao ser transformado em uma corte de justiça civil e criminal, razão pela qual passou a ser chamado de Conselho de Justiça em 1640.

Havia ainda o Conselho de Finanças, criado em 26 de novembro de 1641 pelos Estados Gerais, "composto por cinco pessoas qualificadas e honestas". Em reunião do Alto Governo em 5 de julho de 1644, discutiu-se o pedido de um de seus oficiais, Pieter van der Hagen, a respeito da redução do número de membros do Conselho para três pessoas, justificando que eles mesmos haviam percebido, já estando no Brasil, que suas funções consistiam "apenas em governar os seguros, os livros e o caixa" e, assim, não era necessário, "devido ao alto custo para a Companhia, usar cinco pessoas para a administração e bom governo".[37]

Com a saída de Nassau do governo da colônia em 6 de maio de 1644, o Alto e Secreto Conselho passou a ser a autoridade máxima da administração no Brasil Holandês, governando até agosto de 1646, quando a função é delegada ao Alto Governo. Este colegiado, composto por um presidente e cinco conselheiros, governou o Brasil durante todo o período de guerra de restauração, até a expulsão definitiva dos neerlandeses em 27 de janeiro de 1654.[38]

---

36 Pieter van Netscher, *Os Holandeses no Brasil*. São Paulo: Companhia Editora Nacional, 1938 (1921), p. 151.

37 *Nótula Diária* de 5 de janeiro de 1644.

38 José Antônio Gonsalves de Mello, "Introdução". *FHBH*, 2ª ed. Recife: CEPE, 2004, vol. II, p. 15.

116 Fernanda Trindade Luciani

O *Regulamento* ou *Instruções* de 1636[39] foi determinante na gestão do poder local, pois mandava que se criassem, segundo Varnhagen, em "lugar de nossas câmaras municipais, com seus juízes e vereadores [...], em todas as vilas, com analogia ao que tinha lugar na província de Holanda, câmara de escabinos".[40] Nesse sentido é que voltamos nossa investigação para a administração municipal das Províncias Unidas, suas instituições e autoridades,[41] objetivando entender melhor, não só o próprio papel dos escabinos nos Países Baixos, mas também verificar até que ponto essas

---

39 Pelo conhecimento que temos, Varnhagen foi o primeiro historiador a fazer referência a um regulamento constando de 99 artigos para o governo da colônia, redigido por Nassau, que leva a data de 23 de Agosto de 1636 e que veio a substituir o regimento de 1629. Na nota 3 da secção XXIX, coloca como fonte o Groot Placaat-Boek – coleção que contém todas as ordenanças do governo dos Estados Gerais, dos Estados da Holanda e da Zelândia, impressa em Haia, 1658-1796 (*História Geral do Brasil*, p. 282-283). José Hygino escreveu em seu "Relatório sobre as pesquisas realizadas em Holanda" sobre uma coleção do Arquivo da Companhia das Índias Ocidentais, denominada "Registro das Resoluções Secretas da Assembleia dos XIX – 1629-1654", na qual estão o Regimento de 13 de outubro de 1629, uma série de ofícios secretos dirigidos pela Assembleia dos XIX aos seus delegados do Brasil e as instruções dadas a Gijsselin, van Céulen e Nassau em 1636. Dentre estas últimas estariam as instruções para que fossem instaladas as Câmaras de Escabinos (Marcos Galindo e Hulsman Lodewijk, *Guia de Fontes para a História do Brasil Holandês*. Brasília/ Recife: MinC/ Massangana, 2001, p. 133-134). Contudo, em pesquisa na Coleção José Hygino do Instituto Arqueológico, Histórico e Geográfico Pernambucano, não encontramos tal documento. Gonsalves de Mello se refere a umas instruções para o conde de Nassau e os Altos Conselheiros, outorgadas pelo Conselho dos XIX, sem local nem data, mas do segundo semestre de 1636. Tais instruções, conforme aponta em nota, encontram-se no Arquivo do Instituto Arqueológico de Pernambuco, na coleção que contém cartas de Nassau e Nótulas Secretas – BSN (*Tempo dos Flamengos*, p. 65, nota 91). Rodolfo Garcia e Mário Neme citam o documento que passou a estruturar a administração no Brasil desde o ano de 1637, a partir de Varnhagen e Gonsalves de Mello respectivamente.

40 F. Adolf de Varnhagen, *História geral do Brasil: antes da sua separação e Independência de Portugal*. 8ª ed. integral. São Paulo: Melhoramentos-Mec, 1975, vol. II, p. 289.

41 Evaldo Cabral de Mello, *O negócio do Brasil: Portugal, os Países-Baixos e o Nordeste, 1641-1669*. Lisboa: Comissão Nacional para as Comemorações dos Descobrimentos Portugueses, 2001. Jonathan I. Israel, *The Dutch Republic. Its rise, greatness and fall*

Câmaras foram implantadas conforme o modelo político que vigorava na República neerlandesa.

Devemos considerar que, apesar de seguir um modelo político-administrativo já em funcionamento na República Unida dos Países Baixos, ou em algumas das províncias que a formavam, o que se tentou instalar no nordeste brasileiro obedecia aos diferentes limites e necessidades da administração na colônia e às particularidades das terras conquistadas, fazendo com que, dessa forma, a estrutura transplantada da metrópole tivesse que ser, aqui, moldada e adaptada. O que podemos concluir através de uma breve comparação do sistema político local dos Países Baixos, sobretudo da Província da Holanda exposto anteriormente, com a administração local estabelecida no Brasil Holandês após 1637, é que há certas semelhanças, mas, também, muitas diferenças.

Antes de estabelecermos uma breve comparação entre a administração municipal nas Províncias Unidas e nas capitanias conquistadas no Nordeste brasileiro, vale atentarmos para uma questão já trabalhada. Quando analisamos a administração na República, vimos que se pode fazer uma diferenciação entre suas províncias do nordeste e do noroeste, no que concerne às suas instituições de poderes locais. Então, deveria o órgão de administração municipal instalado no Brasil Holandês proceder segundo as leis de uma ou mais províncias determinadas, ou conforme a estrutura de poder municipal dos Países Baixos como um todo? Nos documentos analisados, que fazem referência à implantação e funcionamento das Câmaras de Escabinos, aparecem ambas as respostas, tanto que as Câmaras de Escabinos criadas no Brasil Holandês deveriam seguir o modelo vigente nas Províncias Unidas, como seguir as leis de determinadas províncias.

Nesse âmbito, a partir de uma análise mais detalhada das fontes a respeito do funcionamento das Câmaras, é possível questionar a ideia, que aparece nos principais estudos sobre administração no Brasil Holandês e que tocam na questão da implantação das Câmaras de Escabinos, de que

---

(1477-1806). Oxford, Clarendon Press, 1995. Leslie Price, *The Dutch Republic in the seventeenth century*. Nova York: St. Martins Press, 1998.

118   Fernanda Trindade Luciani

esses órgãos de administração municipal foram instituídos no Brasil conforme o modelo que existia nas Províncias Unidas. Deve-se considerar, por um lado, que o sistema de administração municipal nos Países Baixos variava conforme a província e, por outro, como nos mostram alguns documentos, que a estrutura e o funcionamento dessas instituições locais, aqui implantadas, deveriam seguir as leis de determinadas províncias.

No *Breve Discurso sobre o Estado das Quatro Capitanias*, do ano 1638, seus autores – o governador Nassau e os Altos conselheiros Van Ceullen e Van der Dussen – especificam as duas províncias cujas leis deveriam ser seguidas. Segundo o documento, o funcionamento do Colégio dos Escabinos deveria "proceder conforme as ordenações e o estilo da Holanda e Frísia Ocidental",[42] e não das Províncias Unidas como um todo. Também em uma resposta do Alto Conselho a uma carta da Câmara Municipal de Olinda, as autoridades dão ordens para que os escabinos sejam governados seguindo os usos, ordenações e costumes da Holanda, Zelândia e Frísia Ocidental.[43]

Na tradução para o português do original em latim da obra de Gaspar Barleus, dedicada aos acontecimentos e realizações no governo de Nassau, consta que na

> província de Pernambuco, estava à frente da administração pública o chamado Conselho Político, que não só regia a república, mas ainda os negócios da guerra e do comércio, segundo as *leis neerlandesas*. Era igualmente exercido o poder dos magistrados inferiores, com jurisdição no cível e no crime.

Com relação à criação dos poderes locais, foram instituídos "nas províncias, cidades, vilas e aldeias magistrados chamados escabinos, escoltetos

---

42   "Breve discurso sobre o estado das quatro capitanias conquistadas de Pernambuco, Itamaracá, Paraíba e Rio Grande, situadas na parte setentrional do Brasil, escrito por J. M. de Nassau, Adriaen van der Dussen e M. van Ceullen (1638)". *FHBH*, vol. I, p. 97.

43   *Nótula Diária* de 4 de maio de 1637.

Munícipes e Escabinos   119

e inspetores para administrarem a justiça no nível cível e no crime, na conformidade com as *leis holandesas*", como foi traduzido para o português.[44]
No texto em latim, entretanto, não há esta clareza, pois o primeiro trecho original é "legibus Europaeorum" e o segundo "legibus hic receptis", sem referência direta à Província da Holanda ou à República, o que Barleus faz em outro trechos ao utilizar "Belgio" ou "Belgium" quando se refere aos Países Baixos e "Holandiae" à Província da Holanda. O Brasil Neerlandês (*Nederlands-Brazilië*, em neerlandês), por exemplo, aparece no original como "Bélgica Brasília" e a *Nieuw Nederland* como "Novo Belgio", e este último foi traduzido em português para Nova Holanda, o que pode levar a confusões, já que a conquista no Brasil era também chamada de Nova Holanda (*Nieuw Holland*, em neerlandês). Nessa tradução, portanto, não há diferenciação precisa com relação ao termo "holandês", que aparece referindo-se tanto à Província quanto aos Países Baixos. Diante dessas considerações, é válido notar apenas que Barleus não menciona instruções específicas segundo as quais os oficiais, entre eles os escabinos, deveriam seguir, mas ressalta que esses cargos foram criados em conformidade às leis metropolitanas, sem se referir a uma Província em particular.[45]

---

44 Gaspar Barleus, *História dos feitos recentes praticados durante oito anos no Brasil e noutras partes sob o governo do ilustríssimo João Maurício conde de Nassau (1647)*. Tradução de Cláudio Brandão. São Paulo: Edusp, 1974, p. 28 e 50, respectivamente. (grifos meus)

45 Da edição em latim: "Summa remrum praeerat, in Pernambucensis praefecturâ, senatus, politicus dictus, non olum Reipub. *Ibidem*, legibus Europaerum, rector, fed & belli com fellis mercimoniisque praefectus." e "Constituti perpraefecturas, oppida, pagos, magistratus, Electores dicti, praetores & judices, quicivilia curarent & criminum causas, legibus hic receptis." Caspar van Baerle, *Rerem octennium in Brasília et álibi nuper gestarum, sub praefectura illustrissimi comitis i mauritii nassoviae*. 2ª ed. Clivis, Silberling, 1660, p. 43-44 e 81, respectivamente.

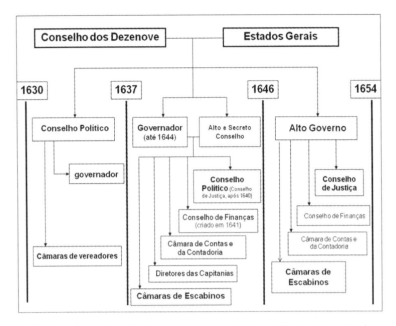

Figura 5. Estrutura Política do Brasil Holandês nos três diferentes períodos de dominação neerlandesa (1630-1654).

Outro documento, a "Descrição Geral da Capitania da Paraíba", escrito pelo Diretor Elias Herckmans, relata que um novo modelo de governo foi criado nas capitanias conquistadas no ano de 1637,

> em que S. Ex.ª o Conde Maurício de Nassau e o Alto e Secreto Conselho, de acordo com as instruções dos Senhores Diretores, substituíram o que estava estabelecido pelos portugueses por uma nova forma, semelhante a que geralmente se observa nas Províncias Unidas Neerlandesas.[46]

---

[46] Elias Herckmans, "Descrição Geral da Capitania da Paraíba, (1634)" (tradução). *FHBH*, vol. II, p. 68.

O autor não faz referência às leis de uma determinada província, nas quais essa "nova fórmula" deveria estar baseada. No entanto, ao colocar que esse novo modelo de administração local era "semelhante" ao que "geralmente" se encontra na metrópole, o texto nos permite fazer duas observações. Primeiro, que o sistema de administração local implantado no nordeste brasileiro não era "igual" ao das Províncias Unidas, mas ganha características particulares na colônia, e, se esse novo sistema de governo estava baseado no que "geralmente", e não sempre, observa-se na metrópole, talvez não fosse um mesmo modelo observado em toda a República, mas nas suas principais províncias.

Considerada essa questão, podemos, então, partir para a análise da estrutura e da dinâmica das Câmaras de Escabinos durante o período da conquista flamenga e para uma comparação, ainda que não muito profunda, entre a forma dessa instituição colonial e a organização municipal nas Províncias Unidas, objetivando uma melhor e mais ampla compreensão das estruturas políticas locais aqui implantadas para, então, questionar como a substituição das Câmaras municipais foi sentida e enfrentada pela elite ligada à produção açucareira.

Dois modelos de administração local

Vistos os dois modelos de administração local, as Câmaras Municipais das Ordenações Portuguesas e as Câmaras de Escabinos da organização neerlandesa, centraremos a análise, aqui, às estruturas e funções dessas duas instituições de poder local, assim como de suas respectivas dinâmicas dentro da sociedade açucareira e escravocrata do Nordeste brasileiro. Para tanto, a partir de fontes portuguesas e neerlandesas, primeiro há a tentativa de definir o funcionamento, as atribuições e os oficiais destes órgãos de poder municipal, e, depois, um mapeamento das Câmaras existentes nas Capitanias de Pernambuco, Paraíba, Itamaracá e Rio Grande, durante os

24 anos de domínio dos Países Baixos.[47] Não incluímos Maranhão e Ceará, uma vez que não houve implantação da administração local neerlandesa nestas capitanias. O Ceará, por ser apenas um território de fronteira, estava quase desabitado, e a ocupação no Maranhão, entre os anos de 1641 e 1644, foi predominantemente de guerra.

Com a inauguração do novo regime governamental em 1637, iniciou-se a organização das Câmaras de Escabinos no segundo semestre desse mesmo ano, estando até então em funcionamento as câmaras de vereadores da administração portuguesa.[48] Com as novas instruções, as capitanias

---

47 Utilizei como fontes principais: Gaspar Barleus, *História dos feitos recentes praticados durante oito anos no Brasil e noutras partes sob o governo do ilustríssimo João Maurício conde de Nassau* (1647) (tradução). São Paulo: Edusp, 1974; "Breve discurso sobre o estado das quatro capitanias conquistadas de Pernambuco, Itamaracá, Paraíba e Rio Grande, situadas na parte setentrional do Brasil, escrito por J. M. de Nassau, Adriaen van der Dussen e M. van Ceullen (1638)". *FHBH*, vol. I; "Descrição Geral da Capitania da Paraíba, escrito por Elias Herckmans, (1634)". *RIAP*, 31, 1886; "Memória oferecida ao Senhor presidente e mais senhores do Conselho desta cidade de Pernambuco, sobre a situação, lugares, aldeias e comércio da mesma cidade, bem como de Itamaracá, Paraíba e Rio Grande segundo o que eu, Adriaen Verdonck, posso me recordar. Escrita em 20 de maio de 1630". *FHBH*, vol. I; "Relatório sobre a Capitania da Paraíba em 1635, pelo Sr. Servaes Carpentier; Conselheiro Político e Diretor da mesma Capitania". *FHBH*, vol. II; "Relatório sobre o estado das quatro capitanias conquistadas no Brasil; apresentado pelo Senhor Adriaen van der Dussen ao Conselho dos XIX na Câmara de Amsterdam, em 4 de abril de 1640". *FHBH*, vol. I; "Relatório sobre a conquista do Brasil por H. Hamel, Adriaen van Bullestrate e P. Jansen Bas (1646)". *FHBH*, vol. II; Johannes de Laet, *História ou Anais dos feitos da Companhia privilegiada das Índias Ocidentais* (1637) (tradução). Rio de Janeiro: Biblioteca Nacional, 1925; Cartas e representações das Câmaras e povo das Capitanias do Estado do Norte do Brasil ao Rei D. João IV, AHU, avulsos, Pco, cxs. 4, 5 e 6.

48 Nas *Nótulas Diárias* dos anos de 1635 e 1636 há referências aos vereadores e juízes que compunham as câmaras, ainda segundo o modelo português, como a eleição, feita pelo senhor Eijssens, dos oficiais para a Câmara da Capitania de Itamaracá e do procurador do conselho, incluindo os nomes dos eleitos (*Nótula* de 20 de janeiro de 1636); a referência aos "Senhores das Câmaras" quando da expulsão dos jesuítas (*Nótula* de 6 de fevereiro de 1636); a substituição do escrivão da Câmara [de Olinda?] (*Nótula* de 22 de julho de 1636); o juramento que o vereador Cosmo de Castro e o escrivão Baltazar Gonçalo receberam para servirem na Câmara [de

foram subdivididas em distritos administrativos, onde foram instaladas as novas câmaras ou tribunais subalternos de justiça, que deveriam ser compostas pelos oficiais denominados escabinos (*schepenen*), cujo número, como pudemos observar, variava conforme a importância e população da jurisdição. Os Estados Gerais e o Conselho dos Dezenove mantiveram após a conquista, e mesmo após as novas instruções de 1636, a divisão político-administrativa das capitanias e suas respectivas jurisdições, cidades, vilas e povoações do tempo da supremacia portuguesa, assim como também a sede das câmaras municipais foram conservadas, com algumas pequenas alterações, o que veremos na sequência.

De maneira geral, as câmaras municipais que existiam no período de supremacia portuguesa foram mantidas até 1637 pelo governo neerlandês e, após essa data, transformadas em Câmaras de Escabinos. Poucas mudanças iriam sofrer, como afirmamos anteriormente e demonstraremos a seguir, as jurisdições correspondentes a cada uma das Câmaras. No total, pela documentação portuguesa e neerlandesa, pudemos mapear dez câmaras entre 1630 e 1654: a Câmara de Olinda (depois Maurícia), Serinhaém, Igarassu, Porto Calvo, Alagoas, São Francisco, Santo Antônio do Cabo, Itamaracá (ou Goiana), Paraíba e Rio Grande.

Olinda?] (*Nótula* de 23 de julho de 1636); e o comparecimento dos juízes, vereadores e procurador da Câmara "em nome do povo inteiro e cidades, dizendo que os habitantes ficaram assustados e perplexos pelo que havia acontecido em Goiana" (*Nótula* de 3 de setembro de 1636): *Monumenta Hyginia*. Projeto de Preservação e Acesso da Coleção José Hygino. Instituto Arqueológico, Histórico e Geográfico de Pernambuco/Projeto Ultramar da Universidade Federal de Pernambuco, tradução de Pablo Galindo, Judith de Jong e Anne Brockland; e manuscritos da Coleção José Hygino – Instituto Arqueológico Histórico e Geográfico Pernambucano (a partir daqui citado apenas como *Nótula Diária*).

A Capitania de Pernambuco

A Capitania de Pernambuco estava dividida em seis jurisdições: Igarassu, Olinda, Serinhaém, Porto Calvo, Alagoas e rio São Francisco,[49] estando a maior parte delas divididas em freguesias. A jurisdição de Olinda, a maior e mais importante em termos populacionais e econômicos, compreendia as freguesias de Ipojuca, Santo Antônio do Cabo, Muribeca, Santo Amaro, São Lourenço, Várzea, Olinda e Paratibe; e, com relação às cidades e vilas, fazia parte dessa jurisdição: a vila de Olinda, o Recife (durante o governo de Nassau, também a cidade de Maurícia na Ilha de Antônio Vaz), a Vila de Bela Ipojuca, e as povoações de Muribeca, São Lourenço, Santo Antônio e Santo Amaro. A jurisdição de Serinhaém, dividida em duas freguesias, Ipojuca e Una, abrangia a cidade de Vila Formosa de Serinhaém e a povoação de São Gonçalo do Una. Na jurisdição de Porto Calvo, sem freguesias, estava uma única povoação de mesmo nome. A jurisdição de Alagoas compreendia a povoação de Alagoas do Norte e de Alagoas do Sul, e na jurisdição de São Francisco, no extremo sul da Capitania, encontrava-se a vila de São Francisco às margens do Rio.

Em 12 de março de 1537 conferiu o donatário da Capitania de Pernambuco, Duarte Coelho, à Câmara de Olinda, o seu competente foral. Com a invasão neerlandesa, segundo Pereira da Costa, a Câmara deixa a

---

49 Segundo o relato do "Breve Discurso", a Capitania de Pernambuco estaria dividida em quatro jurisdições: Olinda, Igarassu, Serinhaém e a quarta, que se estende da jurisdição de Serinhaém até o rio São Francisco; Dussen apresenta seis jurisdições: Olinda, Igarassu, Serinhaém, Porto Calvo, Alagoas e São Francisco; Barleus apresenta também as mesmas seis comarcas: Igarassu, Olinda, Serinhaém, Porto Calvo, Alagoas e São Francisco. "Breve discurso sobre o estado das quatro capitanias, escrito por J. M. de Nassau, Adriaen van der Dussen e M. van Ceullen (1638)". *FHBH*, vol. I, p. 79-80; "Relatório sobre o estado das quatro capitanias conquistadas no Brasil; apresentado pelo Senhor Adriaen van der Dussen ao Conselho dos XIX na Câmara de Amsterdam, em 4 de abril de 1640". *FHBH*, vol. I, p. 140-141; Gaspar Barleus, *História dos feitos recentes praticados durante oito anos no Brasil e noutras partes sob o governo do ilustríssimo João Maurício conde de Nassau* (1647). São Paulo: Edusp, 1974, p. 40-42.

sua casa em Olinda, devido ao incêndio e destruição da cidade em 1631, e, dessa forma, os seus vereadores passaram a acompanhar a sorte da guerra, reunindo-se em lugares indeterminados. Após a rendição do Arraial do Bom Jesus em 1635, por exemplo, estavam dentro da força seus vereadores que serviam naquele ano.[50]

Entre 1635 e 1637, não podemos afirmar com certeza se a Câmara funcionava em Olinda ou no Recife, centro da administração e, portanto, sede do Conselho Político. Nas Nótulas Diárias (*Dagelijkse Notulen*) do Conselho Político dos anos 1635 e 1636, algumas vezes assuntos referentes à Câmara ou a seus oficiais são relatados fazendo alusão à Câmara de Olinda, mas sem referência ao local da sede do senado.[51] Nos *Anais Pernambucanos*, Pereira da Costa afirma haver uma carta da câmara da vila de Olinda dirigida aos administradores da Companhia das Índias Ocidentais, na Holanda, tratando da reedificação daquela vila e da casa do conselho, datada de Recife a 5 de dezembro de 1637.[52] É provável, contudo, que tenha continuado a se reunir em Olinda, pois a câmara de escabinos, quando criada em 1637, tem sua sede na Vila. Além disso, por outra carta da Câmara de vereadores de

---

50 Pereira da Costa, *Anais Pernambucanos*. Recife: Arquivo Público Estadual, 1951-1958, vol. I, p. 181 e vol. IX, p. 278, respectivamente.

51 A maior parte das *Nótulas* dos anos de 1635 e 1636 trata de assuntos militares, como por exemplo navios que chegam, número de soldados e as dificuldades de abastecimento. Mas nelas aparecem também: a eleição, feita pelo senhor Eijssens, dos oficiais para a Câmara da Capitania de Itamaracá e do procurador do conselho, incluindo os nomes dos eleitos (*Nótula Diária* de 20 de janeiro de 1636); a referência aos "Senhores das Câmaras" quando da expulsão dos jesuítas (*Nótula Diária* de 6 de fevereiro de 1636); a substituição do escrivão da Câmara [de Olinda?] (*Nótula Diária* de 22 de julho de 1636); o juramento que o vereador Cosmo de Castro e o escrivão Baltazar Gonçalo receberam para servirem na Câmara [de Olinda?] (*Nótula Diária* de 23 de julho de 1636); e o comparecimento dos juízes, vereadores e procurador da Câmara "em nome do povo inteiro e cidades, dizendo que os habitantes ficaram assustados e perplexos pelo que havia acontecido em Goiana" (*Nótula Diária* de 3 de setembro de 1636).

52 *Nótulas Diárias* de 22 e 23 de julho e 3 de setembro de 1636; Pereira da Costa, *Anais Pernambucanos*. Recife: Arquivo Público Estadual, 1951-1958, vol. III, p. 71.

Olinda enviada ao Alto Conselho e datada de maio de 1637, é possível saber que nesse ano o conselho tinha sede na Vila de Olinda.[53]

A Câmara de Escabinos que foi criada no segundo semestre de 1637, em substituição à Câmara de vereadores de Olinda, tinha sede na própria Vila, permanecendo aí nos dois primeiros anos, e jurisdição que compreendia o território desde o Rio Jaguaribe até o rio Serinhaém, incluindo Recife e Antônio Vaz. A administração central do Brasil Holandês deliberou, em 24 de setembro de 1637, que os primeiros escabinos seriam escolhidos por Nassau e pelos altos conselheiros de uma lista de nomes selecionados pelos eleitores de Olinda.[54] Assim foi feito, sendo escolhidas

> as seguintes pessoas a partir dos escabinos que haviam sido nomeados: Willem Doncker, Jacques Haeck, Francisco de Brito Pereira, Gaspar Dias Ferreira e João Carneiro Mariz. Eles fizerem o juramento ainda no dia 19 deste mês perante os Nobres Senhores do Alto Conselho e receberam ordens para que mantivessem suas residências em Olinda e ali fizessem audiência.[55]

Os moradores do Recife, entretanto, não se conformaram com a necessidade de ir a Olinda para tratar de seus interesses, e muitos passaram a apresentar seus processos diretamente ao Conselho Político. Essa

---

53 *Nótulas Diárias* de 04, 05 e 25 de maio de 1637.

54 Lista de eleitores na jurisdição da Câmara de Olinda, neerlandeses: Jacob Stachouwer, Nicolaas de Ridder, Willem Doncker, Elbert Crispijns, Thedosius L'empereur, Cristoffel Schettel e Joost van der Bogaert, Jacques Haeck, senhores de engenho, Mathias Beck e Michiel Hendricks, lavradores, Jan Schaap, Bartholomeus van Ceulen; e portugueses: Pedro da Cunha de Andrade, Pedro Lopez de Vera, João Carneiro de Mariz, Diogo de Araújo de Azevedo, Fernão do Vale, Antônio de Bulhões, Arnau de Olanda, Gaspar Dias Ferreira, Francisco de Brito e Luiz Bras Bezerra, senhores de engenho, Bernardim de Carvalho, lavrador, e Gaspar da Silva. (*Nótula Diária* de 21 de setembro de 1637)

55 *Nótulas Diárias* de 21 e 24 de setembro de 1637.

Múnicipes e Escabinos 127

indeterminação da jurisdição sobre Recife e Antônio Vaz e seus moradores acabou criando, então, conflitos entre o Conselho Político e a Câmara de Escabinos de Olinda. O Alto Conselho chegou a sugerir ao Conselho dos Dezenove desmembrar a jurisdição de Olinda com a criação de outra câmara subalterna de justiça no Recife, que teria jurisdição própria com limites no reduto de Bruyn ou em um marco entre o Recife e Olinda a ser estabelecido, incluindo a Ilha de Antônio Vaz.[56] O resumo das resoluções da reunião do Conselho dos Dezenove, realizada em 28 de junho de 1639, "contendo a decisão de suas nobrezas sobre a questão da jurisdição da cidade de Olinda e do Recife que surgiu entre o Conselho Político e os Escabinos de Olinda, e sobre o número de escabinos e seus domicílios", aparece nas *Nótulas Diárias* de novembro. A decisão dos diretores da Companhia foi contrária à separação das jurisdições e à criação de uma nova câmara no Recife, o que não agradou aos membros do Alto Conselho, que assim comentaram a resolução dos diretores:

> Estas decisões foram longamente deliberadas, levando em consideração que a resolução supracitada parece encontrar seu fundamento na presunção das Nobrezas de que os Escabinos de Olinda moram na cidade, o que não é verídico, porque os Escabinos devem viajar superando grandes dificuldades, de seus engenhos para cidade. Isto não somente é inconveniente para os escabinos, mas também para aqueles que devem comparecer perante eles. Fora isto a cidade ainda está pouco construída e tem pouco desenvolvimento e não haverá tão breve, visto que todo mundo que quer construir o faz na ilha de Antonio Vaz.[57]

---

56 *Generale Missive* ao Conselho dos XIX, datada do Recife, 5 de março de 1639. Documento traduzido e publicado por José Antônio Gonsalves de Mello em *Tempo dos Flamengos*. 4ª ed. Rio de Janeiro: Topbooks, 2001, p. 70-71, nota 105.

57 *Nótula Diária* de 14 de novembro de 1639.

128 Fernanda Trindade Luciani

A solução encontrada pode ser conhecida na resolução do Alto Conselho e do Conde Nassau de 14 de setembro de 1639, em que a sede da Câmara de Escabinos seria transferida de Olinda para a cidade de Maurícia, na Ilha de Antônio Vaz, sem incorrer no desmembramento da jurisdição, e o número de seus oficiais deveria aumentar de cinco para nove. Assim, em decorrência do difícil acesso a Olinda tanto por parte dos escabinos quanto dos moradores, a falta de guarnição da vila e as suas poucas construções, e a dificuldade de encontrar terreno para construção da Casa da Câmara no Recife e por aí já se encontrar a sede do Conselho Político,

> Achou-se desnecessário a divisão de cinco escabinos no Recife e cinco em Olinda, e entende-se que deveria ser instituído mais de cinco escabinos, para que eles possam se revezar; mas que deveria deixá-los morando ou em Recife ou em Antonio Vaz. [...] a ilha de Antonio Vaz é um lugar bem propício para se chegar de todas as partes do país, melhor do que Olinda para os neerlandeses no Recife, e melhor do que Olinda ou Recife para os habitantes do interior. Visto que também é o momento ideal para se construir uma Casa da Câmara ali, que, assim, será beneficiada, e as pessoas se sentirão mais atraídas para construir neste lugar.[58]

Em petição datada de 14 de dezembro de 1639, após a transferência da sede para Maurícia, seus Escabinos informam aos governados e aos altos conselheiros, "que eles julgam merecer este nome por justiça e por lei" e requerem um brasão para que pudessem utilizar como selo, uma declaração de que a Câmara e os nove escabinos tinham jurisdição, em casos criminais como também em casos civis, sobre a cidade do Recife e todo o distrito de Olinda. O governador, em nome do príncipe de Orange e dos Senhores do Conselho dos Dezenove, aprova a petição dos escabinos e declara que

---

58 *Ibidem.*

a jurisdição da Câmara da cidade Maurícia, tanto em causas criminais como em causas civis, será estendida por todo distrito que pertencia à cidade de Olinda, incluindo o Recife e suas regiões, sem contar o que pertence aos limites de outras Câmaras.[59]

A única considerável mudança na divisão político-administrativa do território realizada pelas autoridades flamengas foi a criação, pelo Alto e Secreto Conselho, em junho de 1642, da Câmara de Escabinos na Vila de Santo Antônio do Cabo, freguesia que sob a supremacia portuguesa e também neerlandesa até então, fazia parte da jurisdição da Câmara da Vila de Olinda e, depois, de Maurícia. São desmembradas também as freguesias de Muribeca e de Ipojuca da jurisdição de Maurícia, e passam a ser subordinadas à nova Câmara do Cabo.[60]

A jurisdição da Câmara de Igarassu, primeiro sob a supremacia portuguesa seguindo suas Ordenações e, depois, como Câmara de Escabinos, iniciava na fronteira da Capitania de Itamaracá e se estendia até o rio Jaguaribe. A jurisdição da Câmara de Serinhaém abrangia a área do rio Serinhaém até o rio Persinunga e sua sede funcionava desde o tempo da administração portuguesa na Vila Formosa. Sob o governo neerlandês ambas as câmaras foram transformadas em Câmaras de Escabinos, tendo seus primeiros oficiais escolhido pelo governador e pelos altos conselheiros no segundo semestre de 1637.[61]

---

59 *Nótula Diária* de 23 de dezembro de 1639.

60 Os primeiros escabinos portugueses nomeados para a Câmara de Santo Antônio do Cabo, em 1642, foram Felipe Paes Barreto e Amador de Araújo, senhores de engenho, e Francisco de Souza Bacelar. *Nótulas Diárias* de 26 de junho, 22 e 23 de junho de 1642. Os escabinos neerlandeses de Maurícia apresentaram uma petição datada de 25 de junho de 1642 contra a criação da Câmara do Cabo e o consequente desmembramento de parte de sua jurisdição.

61 Nas *Nótulas Diárias* de 1637 não aparecem as listas de escabinos eleitos para essas Câmaras, mas as *Nótulas* de 1638 fazem referências aos antigos escabinos que foram eleitos em 1637, quando o Alto Conselho recebe as listas de escabinos nomeados

130 Fernanda Trindade Luciani

Com relação às Câmaras de Porto Calvo, São Francisco e Alagoas, assim escreve Duarte Coelho, autor de *Memórias Diárias*:

> deixamos a povoação de Porto Calvo, que doravante trataremos por Vila do Bom Sucesso; que assim a titulou Duarte de Albuquerque, em 12 deste mês [abril], dando-lhe termo e jurisdição os poderes e privilégios que tinha El-Rei para criar as que lhe parecesse. O mesmo fez com as povoações de Alagoas do sul e do Rio São Francisco, chamando a primeira Vila da Madalena e a segunda de São Francisco.[62]

Dessa forma, a jurisdição da Vila de Bom Sucesso de Porto Calvo foi criada por Duarte de Albuquerque Coelho no ano de 1636, compreendendo o território entre o rio Persinunga e a Paripueira, assim como as jurisdições das Alagoas – que abrangia o litoral da Paripueira até o Rio São Miguel – e da Vila de São Francisco – com termo do Rio São Miguel ao rio São Francisco. Apesar de essas jurisdições haverem sido fundadas em 1636, suas câmaras não estavam representadas no tempo da administração portuguesa. Somente sob o domínio neerlandês é que serão efetivamente reunidos, a partir de 1638, os conselhos municipais, no caso a Câmara de Escabinos, nessas três jurisdições.[63] Temos poucas referências a respeito dessas Câmaras localizadas no sul da Capitania de Pernambuco; elas aparecem, por exemplo, nos tex-

---

pelos eleitores para aquele ano. Os primeiros escabinos portugueses nomeados para a Câmara de Igarassu foram Francisco Dias de Oliveira, André Dias de Figueiredo, senhores de engenho, e João Malheiros da Rocha; e para a Câmara de Serinhaém, Miguel Fernandes Sá e Jaques Pires, senhores de engenho. *Nótulas Diárias* de 22 de abril e 25 de junho de 1638.

62 Duarte de Albuquerque Coelho, *Memórias Diárias da Guerra do Brasil (1630-1638)*. Recife: Fundarpe, 1944, p. 236.

63 A sede da câmara de Alagoas, a Vila de Santa Maria Madalena, é hoje a cidade de Marechal Deodoro, a qual faz parte da região metropolitana de Maceió no Estado de Alagoas; e a sede da Câmara de São Francisco é atualmente a cidade de Penedo, localizada no extremo sul do Estado de Alagoas, às margens do Rio São Francisco.

tos de Barleus do ano de 1647, e no dos altos conselheiros Bullestrate, Bas e Hamel, escrito entre os anos de 1644 e 1646.[64] No "breve Discurso", o Conde Nassau, e os conselheiros Dussen e Ceullen relatam que em 1638 a Capitania de Pernambuco estava dividida em 4 jurisdições, e não seis: a da Câmara de Igarassu, a de Olinda, a de Vila Formosa, e

> a quarta, que nunca teve câmara, sendo dirigida *pro libitu* do mais poderoso do lugar, começa ao sul da jurisdição de Serinhaém e se estende até o Rio São Francisco [...] As suas principais povoações são: Penedo, Alagoa do Sul, Alagoa do Norte e Povoação do Porto do Calvo.[65]

Muito provavelmente, a Câmara de Escabinos de Porto Calvo iniciou suas atividades em 1638, não apenas pelo que foi relatado no "Breve Discurso", mas porque não há referência à sua eleição antes dessa data e

---

64 Gaspar Barleus, *História dos feitos recentes praticados durante oito anos no Brasil e noutras partes sob o governo do ilustríssimo João Maurício conde de Nassau.* São Paulo: Edusp, 1974 (1647), p. 103-104; "Relatório sobre a conquista do Brasil por H. Hamel, Adriaen van Bullestrate e P. Jansen Bas (1646)". *FHBH*, vol. II, p. 207. Nos documentos com os quais estamos trabalhando, anteriores a essas datas, as referidas Câmaras não são mencionadas: "Breve discurso sobre o estado das quatro capitanias conquistadas de Pernambuco, Itamaracá, Paraíba e Rio Grande, situadas na parte setentrional do Brasil, escrito por J. M. de Nassau, Adriaen van der Dussen e M. van Ceullen (1638)". *FHBH*, vol. I, p. 79-129; "Assembleia Geral de 1640". *RIAP*, 31, 1886, p. 173-238; Respostas das Câmaras de Maurícia, Serinhaém, Igarassu, Porto Calvo, Itamaracá, Paraíba e Rio Grande, ao Conde Maurício de Nassau datadas de 1641 (Cartas do Conde Maurício, documentação arrolada por José Hygino, catalogadas no seu "Relatório de Pesquisa – 1885-1886". In: Marcos Galindo e Hulsman Lodewijk (orgs.), *Guia de fontes para a história do Brasil Holandês: acervos de manuscritos em arquivos holandeses.* Brasília/ Recife: MinC/ Massangana, 2001, p. 277-278).

65 "Breve discurso sobre o estado das quatro capitanias conquistadas de Pernambuco, Itamaracá, Paraíba e Rio Grande, situadas na parte setentrional do Brasil, escrito por J. M. de Nassau, Adriaen van der Dussen e M. van Ceullen (1638)". *FHBH*, vol. I, p. 80.

tampouco aos escabinos reconduzidos na eleição desse mesmo ano.[66] A Câmara de Escabinos de Alagoas também é criada em 1638, depois que os senhores do Conselho Político escolheram os eleitores dessa jurisdição para que nomeassem os escabinos.[67] No caso da Câmara de Escabinos de São Francisco, o funcionário da Companhia Nunno Olferdi (ou Ulpherdij) anunciou em julho de 1639 ao Alto Conselho que seria necessário instalar um Conselho de Escabinos no Rio São Francisco. Sobre essa questão ficou decidido que o funcionário deveria escolher os eleitores que fariam a lista de nomeados para escabinos. Essa primeira lista chegou ao Conselho em novembro de 1639, quando foram eleitos os primeiros escabinos dessa jurisdição pelo Alto Conselho.[68]

Expusemos até aqui as Câmaras – de vereadores e de escabinos – da Capitania de Pernambuco, que totalizavam sete, considerando que três passam a ser representadas (Porto Calvo, São Francisco e Alagoas) e uma é criada (Santo Antônio do Cabo) somente sob o governo neerlandês, que manteve, em linhas gerais, a divisão político-administrativa do território, estabelecida no período de soberania portuguesa. Vejamos, então, as Câmaras, ou conselhos subalternos de justiça, como são referidas em algumas das fontes analisadas, das demais capitanias.

---

66 Os primeiros escabinos portugueses nomeados para a Câmara de Porto Calvo, em 1638, foram Rodrigo de Barros Pimentel e Manuel Camelo de Queiroga, senhores de engenho, Manuel Gonçalves Masagão, lavrador, Diogo Gonçalves da Costa e Miguel [Barbosa]. *Nótula Diária* de 12 de maio de 1638.

67 Lista de eleitores da jurisdição de Alagoas: François Cloet e Antônio Martins Ribeiro, senhores de engenho, Gonçalves Pereira, Rodrigo Pereira, Antônio da Silva do Vale e Domingos Pinto, lavradores, Gaspar Nunes, Francisco Vaz, Simão Correa e Manuel de Lemos (*Nótula Diária* de 30 de junho de 1638).

68 *Nótulas Diárias* de 13 de julho e 23 de novembro de 1639.

Munícipes e Escabinos 133

A Capitania de Itamaracá

A Capitania de Itamaracá compreendia apenas uma jurisdição que estava dividida em quatro freguesias: Goiana, Abiaí ou Taquara, São Lourenço e Araripe. Nela estavam presentes a Povoação de Goiana – no continente – e a Vila da Conceição – na Ilha de Itamaracá –, a qual, com a conquista da capitania em 1633, passa a ser chamada de Cidade de Schkoppe. Em julho de 1637 ficou decidido pelo Alto Conselho que deveriam ser escolhidos dezesseis eleitores dessa capitania que estariam encarregados de nomear os escabinos. Nesse mesmo ano, portanto, a Câmara de vereadores foi substituída pela nova instituição neerlandesa e seus oficiais foram eleitos pelo governador e pelos altos conselheiros.[69]

A sede da Câmara municipal da Capitania de Itamaracá, no período de soberania portuguesa, localizava-se na Vila da Conceição, como podemos constatar pelo relato acerca dessa Capitania no "Breve Discurso" (1638), escrito por Nassau, van der Dussen e van Ceullen: a "sua cidade, que foi sua antiga capital, onde a Câmara costumava reunir-se, está situada na Ilha de Itamaracá".[70] Com a dominação neerlandesa, mesmo antes da criação da câmara de escabinos, é provável que a câmara já se reunisse em Goiana, como indica a eleição dos seus vereadores em 1636.[71] A Câmara de Escabinos, quando criada, tinha sua sede em Goiana, mas o Diretor da Capitania sugeria ao Conselho, em maio de 1639, que a Ilha de Itamaracá e a cidade seriam

---

69 Os primeiros escabinos portugueses da Capitania de Itamaracá nomeados para a Câmara, em 1637, foram: Gonçalo Cabral de Caldas, lavrador, João Graces e Estevão Carneiro de Siqueira, senhores de engenho. *Nótulas Diárias* de 6 de julho de 1637 e 21 de julho de 1638.

70 "Breve discurso sobre o estado das quatro capitanias conquistadas de Pernambuco, Itamaracá, Paraíba e Rio Grande, situadas na parte setentrional do Brasil, escrito por J. M. de Nassau, Adriaen van der Dussen e M. van Ceullen (1638)". *FHBH*, vol. I, p. 90.

71 Oficiais da Câmara de vereadores eleitos nesse ano: Gonçalves Cabral de Caldas, Rui Vaz Pinto, Cosmo da Silva [Silveira], Agostinho Nunes e Conrado de Liz, e o procurador Antônio Pita. *Nótulas Diárias* de 21 de janeiro de 1636.

beneficiadas se os escabinos ali se reunissem.[72] Dois meses depois os altos conselheiros decidem acatar a opinião do Diretor, justificando da seguinte maneira que a sede da câmara deveria então ser transferida para a ilha:

> Visto que é necessário o senhor Pieter Mortamer do Conselho político e diretor da capitania de Itamaracá passar a morar em Recife, [...] e os casos de justiça estão mal cuidados, assim foi decidido que os Escabinos de Itamaracá deverão se reunir na ilha de Itamaracá na cidade de Schkoppe, de acordo com o antigo costume no tempo do governo espanhol, de maneira que o diretor mais facilmente lá possa ir de vez em quando, saindo de Recife, e possa resolver o que estiver acontecendo. Ao lado destas razões nós também decidimos, que por meio disto, nós iremos popular mais a cidade da ilha e no caso de necessidade teremos mais provisões e bens ao nosso dispor.[73]

Os documentos seguintes a essa decisão indicam, entretanto, que essa ordem não chegou a ser executada. Adrien van der Dussen, no seu relatório de 1640, descreve que a capitania tinha apenas um conselho de escabinos que se reunia "em Capiguaribe [de Goiana], uma vez que os portugueses abandonaram a cidadezinha da ilha pela má situação e para ali se transportaram, considerando a sua posição favorável".[74] Conforme aparece nas Atas da Assembleia de 1640, há outro indício de que naquele ano a câmara ainda se reunia no continente, uma vez que os escabinos portugueses de Itamaracá pediam que não fosse transferida a sede da câmara de Goiana para a Ilha.[75]

---

72 *Nótula Diária* de 20 de maio de 1639.

73 *Nótulas Diárias* de 15 de julho de 1639 e 24 de junho de 1641.

74 "Relatório sobre o estado das quatro capitanias conquistadas no Brasil; apresentado pelo Senhor Adriaen van der Dussen ao Conselho dos XIX na Câmara de Amsterdam, em 4 de abril de 1640". *FHBH*, vol. I, p. 164.

75 "Atas da Assembleia Geral de 1640". *RIAP*, 31, 1886, p. 230.

Apesar da resolução do Alto Conselho e do Conde Nassau a esse requerimento da Câmara não estar expressa nas Atas, por meio da decisão do Alto Conselho de 1641 anunciada nas *Nótulas*, temos a confirmação de que a câmara de Escabinos deveria ficar na "povoação de Capiguaribe", em razão da maior quantidade de população e engenho em Goiana, e não ser transferida para a Ilha de Itamaracá.[76] Assim deve ter permanecido, pois essa questão não é mais abordada pelas autoridades nas *Nótulas Diárias* e, conforme o "Relatório sobre a conquista do Brasil", a Câmara tinha sua sede em Goiana em 1646.[77] Sobre as transferências da sede da Câmara de Itamaracá, ainda podemos ler na *Memorável Viagem* narrada por Nieuhof:

> antigamente o tribunal de justiça da capitania [Itamaracá] tinha sua sede nesta ilha, mas, depois, transferiu-se para as cidades de Goiana e Capibaribe, no continente [...] Entretanto, o tribunal foi mais tarde transferido também de Goiana.[78]

Durante a guerra de restauração, período em que as Câmaras municipais vão sendo restabelecidas segundo o modelo português nos territórios reconquistados, sabemos que a Câmara da Capitania de Itamaracá já estava funcionando no ano de 1647, mas não na Vila da Conceição, e sim em Goiana, que, como vimos, não era a sede da câmara portuguesa antes da invasão, mas da Câmara de Escabinos.[79] Pode-se indicar, aqui, uma permanência entre as câmaras de vereadores e a de escabinos. Nos casos em que sua sede foi transferida, tomou-se como modelo a situação anterior. Sob do-

---

76 *Nótulas Diárias* de 20 de maio e 15 de julho de 1639, 24 de junho de 1641.

77 "Relatório sobre a conquista do Brasil por H. Hamel, Adriaen van Bullestrate e P. Jansen Bas (1646)". *FHBH*, vol. II, p. 209.

78 Johan Nieuhof, *Memorável Viagem Marítima e Terrestre ao Brasil (1682)*. São Paulo: Editora Itatiaia/ Edusp, 1981, p. 79-80.

79 Representação das câmaras e moradores das Capitanias do norte do Estado do Brasil ao Rei D. João IV, 20 de fevereiro de 1647. AHU, Documentos Avulsos, Pernambuco, caixa 5, doc. 535.

mínio da Companhia, considerou-se o funcionamento da câmara do tempo dos portugueses e, mais tarde, na guerra de Restauração, os vereadores pessam a se reunir na sede estabelecidade na período neerlandês. Mais do que rupturas, vê-se continuidades.

A Capitania da Paraíba

A Paraíba não estava dividida em freguesias e não havia "nesta capitania mais que uma cidade",[80] denominada Filipeia de Nossa Senhora das Neves, onde se localizava a sede do conselho da única Câmara de toda a capitania no tempo de soberania portuguesa. Essa cidade passou a ser chamada de Frederica ou *Friederickstadt* a partir de 1634 com a conquista flamenga, e continuou a ser a sede da Câmara da Paraíba. Assim como as demais câmaras de vereadores, a da Paraíba foi transformada em Câmara de Escabinos pela administração neerlandesa no ano de 1637, funcionando até essa data segundo as ordenações portuguesas.

Os oficiais da Câmara da Paraíba foram os primeiros a serem eleitos pelo Alto Conselho em agosto de 1637, logo após o Diretor Elias Herckmans elaborar a lista de eleitores da capitania, dentre os quais o governador e os altos conselheiros escolheram os escabinos.[81] Segundo informa o próprio Diretor, em 1639, "pouco mais ou menos ao meio da cidade e do lado do sul fica a casa da Câmara, com a praça ou terreiro do mercado", lugar no qual, e

---

80 "Breve discurso sobre o estado das quatro capitanias conquistadas de Pernambuco, Itamaracá, Paraíba e Rio Grande, situadas na parte setentrional do Brasil, escrito por J. M. de Nassau, Adriaen van der Dussen e M. van Ceullen (1638)". *FHBH*, vol. I, p. 93.

81 Lista de eleitores da Capitania da Paraíba, neerlandeses: Menno Fransen e Isaac de Rassière, senhores de engenho, Jack van der Neesen, lavrador, Eduart Munninckhoven, João van Pol, Pieter ter Wijden, Cornelis Lueijsen; portugueses: Jorge Homem Pinto e Francisco Camelo de Valcácer, senhores de engenho, Francisco de Arancedo, Bento Rego Bezerra, Manoel d'Almeida e Samuel Gerardo, lavradores, Gaspar Fernandes Dourado, Manoel de Azevedo. Os primeiros escabinos portugueses nomeados para a Câmara da Paraíba, em 1637, foram: Jorge Homem Pinto, senhor de engenho, Manuel de Almeida, lavrador, e Gaspar Fernandes Dourado. *Nótula Diária* de 07 de agosto de 1637.

isto é bem interessante de ser observado, estava o símbolo da fundação das vilas e cidade portuguesas, "o pelourinho, que representa a justiça da cidade". Mesmo sob a administração neerlandesa e sua nova instituição municipal, o pelourinho que representava o marco da administração portuguesa nas vilas e cidades permaneceu como símbolo da justiça, segundo informa o próprio funcionário da Companhia, autoridade máxima da Capitania.[82]

A Capitania do Rio Grande

Em dezembro de 1633 a Companhia conquistava a Capitania do Rio Grande, terras quase desabitadas e divididas em quatro freguesias – Cunhaú, Guaiana, Potigi e Mompabu. Lá encontraram apenas dois engenhos (Cunhaú e Potigi) e a edificação do Forte dos Reis Magos,[83] o qual mantinha forte ligação com a Cidade do Natal da qual se distanciava uma légua e meia. Apesar de não encontrarmos referência à câmara municipal portuguesa dessa Capitania no período de resistência, portanto antes da tomada da região, é bem provável que o conselho se reunisse em Natal. Já a Câmara de Escabinos do Rio Grande, criada em 1637 pela administração neerlandesa no Brasil, está presente em grande parte da documentação.[84]

---

82 Elias Herckmans, "Descrição Geral da Capitania da Paraíba, (1634)". *FHBH*, vol. II, p. 67.

83 Com o assalto ao Forte e a conquista do Rio Grande nos finais de 1633 e inícios de 1634, o nome da fortificação passa a ser Castelo Ceulen, em homenagem ao diretor da Companhia Marthias van Ceulen, que chegou ao Brasil em dezembro de 1632 como um dos Diretores Delegados.

84 Gaspar Barleus, *História dos feitos recentes praticados durante oito anos no Brasil e noutras partes sob o governo do ilustríssimo João Maurício conde de Nassau* (1647) (tradução). São Paulo: Edusp, 1974, p. 103-104; "Breve discurso sobre o estado das quatro capitanias conquistadas de Pernambuco, Itamaracá, Paraíba e Rio Grande, situadas na parte setentrional do Brasil, escrito por J. M. de Nassau, Adriaen van der Dussen e M. van Ceullen (1638)". *FHBH*, vol. I, p. 95; Respostas das Câmaras ao Conde Maurício de Nassau datadas de 1641, Fundo Documental do Brasil Holandês, Cartas do Conde Maurício, documentação arrolada por José Hygino. "Assembleia Geral de 1640". *RIAP*, 31, 1886, p. 173-238. As câmaras do Rio Grande, Alagoas e São Francisco não estavam representadas na Assembleia de 1640: "Atas da Assembleia Geral de 1640". *RIAP*, 31, 1886, p. 173-238.

138 Fernanda Trindade Luciani

Houve a nomeação de escabinos para essa mesma câmara desde o segundo semestre de 1637.[85] Sua sede, porém, não se localizaria na cidade do Natal, como justificou Nassau e os altos conselheiros:

> a Câmara [de Escabinos] desta capitania está em Potigi com licença de S. Ex.ª e dos Altos e Secretos Conselheiros, trabalhando por agregar aí uma população que dê começo a uma cidade; dará aí suas audiências, e para este fim levantará uma casa pública, com a contribuição dos moradores, cada um conforme suas posses.[86]

Também no "Relatório sobre o Estado das Capitanias" (1640), há referência às condições da Cidade do Natal e à implantação da sede da Câmara da Capitania do Rio Grande em Potigi:

> Já teve uma cidade chamada Cidade do Natal, situada a uma légua e meia do Castelo Ceulen, rio acima, mas está totalmente arruinada, pelo que foi consentido aos escabinos e moradores levantarem uma nova cidade em Potigi, pois o terreno é fértil e melhor situado para os seus habitantes.

---

85 Nas *Nótulas Diárias* de 1637 não aparece a lista de escabinos eleitos para a Câmara do Rio Grande, mas as *Nótulas* de 1638 fazem referência, quando o Alto Conselho recebe as listas de escabinos nomeados pelos eleitores, ao escabino reconduzido que deveria permanecer no cargo por mais um ano. *Nótulas Diárias* de 26 de julho de 1638.

86 "Breve discurso sobre o estado das quatro capitanias conquistadas de Pernambuco, Itamaracá, Paraíba e Rio Grande, situadas na parte setentrional do Brasil, escrito por J. M. de Nassau, Adriaen van der Dussen e M. van Ceullen (1638)". *FHBH*, vol. I, p. 95. Também no "Relatório sobre o Estado das Capitanias conquistadas no Brasil"(1640), aparece referência à implantação da sede da Câmara da Capitania do Rio Grande: "Já teve uma cidade chamada Cidade do Natal, situada há uma légua e meia do Castrlo Ceules, rio acima, mas está totalmente arruinada, pelo que foi consentido aos escabinos e moradores levantarem uma nova cidade em Potigi, pois o terreno é fértil e melhor situado para os seus habitantes. Deverão construir de início um Paço da Câmara para aí terem o seu tribunal de justiça.

> Deverão construir de início um Paço da Câmara para aí terem o seu tribunal de justiça.[87]

No relatório de 1646, os altos conselheiros Bullestrate, Hamel e Jansen Bas, entretanto, alertam que a capitania do Rio Grande estava quase desabitada. Segundo eles, havia poucos anos que sua população começara a "construir casebres a quatro léguas de distância do Castelo van Ceulen, perto de certa igreja, lugar que agora chamamos de Nova Amsterdam, para a qual os portugueses vinham do interior para missa", mas que até aquele ano não havia adiantado, pois a maioria da população conservava-se no interior, dedicada, sobretudo, à criação de gado e às plantações de farinha, tabaco e milho, e a administração neerlandesa não conseguia fazer com que a os habitantes morassem juntos na cidade.[88]

As câmaras após o levante

Bastante intrigante é o restabelecimento das Câmaras portuguesas ainda durante a guerra de restauração. Sabe-se que já em 1645 as câmaras de Olinda, Serinhaém e Igarassu estavam representadas, com seus vereadores e juízes ordinários, assim como a Câmara de Porto Calvo em 1646, e as Câmaras da Paraíba e de Goiana em 1647. Logo que iniciada a campanha restauradora, conforme relata Padre Manuel Calado, os oficiais da Câmara de Olinda se encontravam no Arraial Novo do Bom Jesus, onde aos sete dias de outubro de 1645 assinaram o termo de aclamação de João Fernandes

---

87 "Relatório sobre o estado das quatro capitanias conquistadas no Brasil; apresentado pelo Senhor Adriaen van der Dussen ao Conselho dos XIX na Câmara de Amsterdam, em 4 de abril de 1640". *FHBH*, vol. I, p. 164.

88 "Relatório sobre a conquista do Brasil por H. Hamel, Adriaen van Bullestrate e P. Jansen Bas (1646)" (tradução). *FHBH*, vol. II, p. 211.

140 Fernanda Trindade Luciani

Vieira como "chefe do partido independente".[89] Também as câmaras da Vila Formosa de Serinhaém e de Igarassu assinaram a aclamação da liberdade,

> com todos seus oficiais públicos, e com toda a nobreza e povo dos ditos distritos, e não ficou de fora a Cidade da Paraíba com todos os do governo, nobres e populares, pois viam que todo o remédio de sua liberdade, depois do da mão de Deus, que tudo governa, estava posto em João Fernandes Vieira.[90]

Pereira da Costa informa que em 1646 a Câmara de Olinda funcionava na Povoação da Várzea, como consta no título de confirmação de urnas nas terras em Pau Amarelo e, no decorrer da Campanha, na povoação do Pontal de Nazaré do Cabo de Santo Agostinho. Com a restauração, ainda segundo o autor, a Câmara passou a ter sede, por alguns anos, em Recife, uma vez que a Vila de Olinda estava inabitada pela devastação que sofreu com a guerra.[91] Os oficiais da Câmara que corresponderia à jurisdição de Olinda a ela se referem, em alguns requerimentos ao Rei, como "Câmara de Pernambuco", talvez um indício de que realmente o conselho não se reunia em Olinda ou em outra sede estabelecida.

---

89 Os oficiais da Câmara de Olinda nessa ocasião eram: Francisco Berenguer de Andrade e Brás Barbalho (senhores de engenho), juízes ordinários; Paulo de Azevedo de Araújo (lavrador), Gregório de Barros Pereira e Antônio Vieira Carneiro (senhores de engenho), vereadores; Francisco Gomes de Abreu, procurador. À exceção de Brás Barbalho, todos haviam anteriormente exercido o cargo de escabino.

90 Manuel Calado, *O Valeroso Lucideno e Triunfo da Liberdade* (1648). 2ª ed. São Paulo: Edições Cultura, 1945, vol. II, p. 104-105.

91 Ainda segundo o autor, é certo que em 1678 a Câmara já estava funcionando na Vila de Olinda: Pereira da Costa, *Anais Pernambucanos*. Recife: Arquivo Público Estadual, 1951-1958, vol. IX, p. 281-282.

Munícipes e Escabinos 141

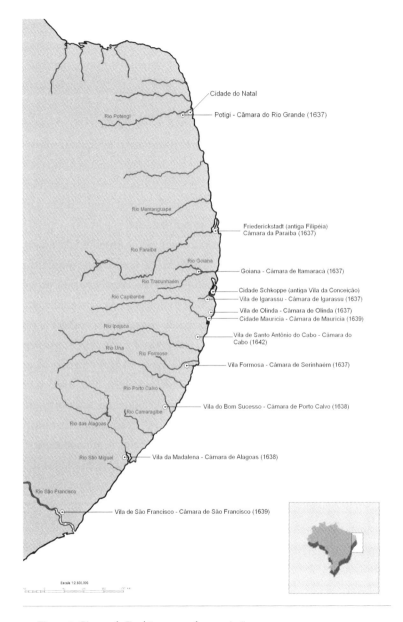

Figura 6. Câmara de Escabinos e ano de sua criação.

142   Fernanda Trindade Luciani

Se compararmos as Câmaras portuguesas restabelecidas ainda durante a guerra de restauração com as câmaras que deliberavam antes da invasão flamenga, notaremos que praticamente todas foram reativadas logo após o levante de 1645. E, no caso da Câmara de Olinda, já em 1645, quando passa a funcionar no modelo português, todos os seus oficiais tinham exercido o cargo de escabino. Além disso, no período de restauração, essas câmaras desempenharam relevante papel na guerra luso-neerlandesa, tema que será tratado no último capítulo. Não aparece na documentação as Câmaras de Alagoas, de Santo Antônio do Cabo e de São Francisco – todas na capitania de Pernambuco – que, como expusemos anteriormente, eram Câmaras que passaram a se reunir apenas no período neerlandês.[92]

Após a rendição neerlandesa, uma consulta do Conselho Ultramarino ao rei D. João IV, datada de 31 de março de 1654, acerca da administração e governo das capitanias do norte do Estado do Brasil que haviam sido restauradas há pouco, reafirmava a situação que já havia sido estabelecida pelos próprios moradores, pois as Câmaras de vereadores já vinham se reunindo desde o período de guerra de restauração. O documento considerava, entre outras importantes questões, que o governo civil e particular das vilas deveria ficar com a Câmara delas, "como sempre se fez", sendo restabelecido o sistema de poder local anterior ao período do Brasil Holandês.[93]

É possível notar, a partir do mapeamento das câmaras de vereadores e escabinos presentes nas capitanias conquistadas pelos neerlandeses, que a divisão político-administrativa do território foi mantida, com apenas algumas pequenas alterações. Isso é reforçado ao observarmos as datas de criação das câmaras, já que as primeiras criadas são aquelas que vieram substituir imediatamente as câmaras portuguesas, como Olinda, Serinhaém, Igarassu, Itamaracá, Paraíba e Rio Grande (todas criadas em 1637); as seguintes são

---

92   Cartas e representações das Câmaras a D. João IV. AHU, Documentos Avulsos, Pernambuco, sobretudo, caixas 4, 5 e 6, e Códices 13, 14 e 15; e Biblioteca da Ajuda, principalmente, código 51-IX-6.

93   Consulta do Conselho Ultramarino ao rei D. João IV, sobre a forma do governo político da Capitania de Pernambuco, 31-03-1654. AHU, Avulsos, Pco, cx. 6, doc. 466.

aquelas cujas jurisdições haviam sido estabelecidas sob a soberania portuguesa, mas cujas câmaras não estavam representadas, como Porto Calvo, Alagoas (ambas criadas em 1638) e São Francisco (1639). A última câmara de escabinos criada, alterando a organização territorial estabelecida pelos portugueses, é a da Vila de Santo Antônio do Cabo (1642). Parece claro que as autoridades flamengas se utilizaram dessa divisão política do território e se apropriaram da estrutura administrativa portuguesa pré-existente, especialmente no que diz respeito ao âmbito local.

Estrutura e Funcionamento
das Câmaras de Escabinos

Feita a exposição acerca da divisão político-administrativa do território conquistado pela Companhia do norte do Estado do Brasil, passemos ao funcionamento, composição e funções das Câmaras de Escabinos. Com relação à escolha dos oficiais camarários, os escabinos, luso-brasileiros ou neerlandeses, deveriam ser selecionados anualmente. Ficou estabelecido, a princípio, que o Conselho Político ou os Diretores iriam escolher de vinte a trinta homens entre as pessoas mais qualificadas de cada jurisdição para formarem o grupo dos eleitores que, durante toda sua vida, seriam os responsáveis por nomear os representantes civis. Os eleitores deveriam se reunir no mês de junho sob convocação do Conselho Político, na jurisdição de Olinda, ou dos Diretores, nas demais capitanias, e elaborar uma lista tríplice com 6 ou 9 nomes, dependendo da quantidade de membros da sua respectiva câmara, dentre os quais o governador e o Alto Conselho escolheriam os escabinos.[94]

A forma de escolha dos escabinos era feita em um sistema de eleição em três graus, que, conforme Elias Herckmans, estava na "conformidade das instruções emanadas de suas Altas Potências [das Províncias Unidas] e do Conselho dos XIX".[95] Encontramos apenas uma exceção, a primeira elei-

---

94 *Nótulas Diárias* de 7 de maio e 02 de julho de 1637.

95 Elias Herckmans, "Descrição Geral da Capitania da Paraíba (1634)". *RIAP*, 31, 1886, p. 248.

ção, em sistema de dois graus, da Câmara da Paraíba. Em agosto de 1637 o Diretor da Capitania apresentou diretamente ao Alto Conselho uma relação com os nomes que considerava mais aptos para ocuparem o cargo de escabino. Dentre estes, o Alto Conselho e o governador decidiram quais seriam os nomes escolhidos para compor a Câmara.[96]

Na eleição em três graus, primeiramente o Conselho Político ou os Diretores das capitanias selecionavam "dentre os habitantes mais qualificados, assim portugueses como neerlandeses, um determinado número de pessoas que servissem de eleitores".[97] Esse direito de voto não era estendido a todos os moradores que tinham posses ou habitassem ali, os quais podiam participar, anteriormente, das eleições das Câmaras Municipais da legislação portuguesa. Analisando as listas de eleitores da Câmara de Olinda, da Paraíba e de Alagoas, é possível verificar que eram constituídas, em grande parte, por senhores de engenho e lavradores de cana.[98] Em um segundo momento, esses eleitores organizavam as listas dos indivíduos que consideravam aptos para serem oficiais das Câmaras, os quais, conforme Herckmans, deveriam ser "os indivíduos mais religiosos, capazes e qualificados" da jurisdição.[99]

Essas listas, em número tríplice de indivíduos, eram então enviadas aos Diretores das capitanias e ao Conselho Político, os quais entregariam ao governador que, em acordo com o Alto Conselho, determinaria dentre os nomes apontados aqueles que iriam ocupar os cargos de escabinos. Assim como ocorria nas cidades neerlandesas, os escabinos permaneciam no cargo por um ano, quando uma nova seleção deveria ser feita, mas ao expirar o prazo e novos escabinos serem nomeados, deveriam permanecer dois dos antigos escabinos nos conselhos com cinco membros e um nos conselhos

---

96 *Nótulas Diárias* de 7 de agosto, 19 e 24 de setembro e 21 de outubro de 1637.

97 Elias Herckmans, "Descrição Geral da Capitania da Paraíba, (1634)". *RIAP*, 31, 1886, p. 248.

98 *Nótula Diária* de 07 de agosto e de 21 de setembro de 1637, e de 30 de junho de 1638.

99 Elias Herckmans, "Descrição Geral da Capitania da Paraíba, (1634)". *RIAP*, 31, 1886, p. 248.

com três membros.[100] Ainda, como informa Gaspar Barleus, "os escabinos desempenhavam função temporária e não remunerada".[101]

O Padre Manuel Calado, ao tratar da "Câmara de Justiça" da administração flamenga, descreve que esse colégio era composto por oito juízes, quatro holandeses e quatro portugueses, responsáveis por julgar as causas e demandas que se movessem entre os portugueses, flamengos e judeus. Calado talvez tivesse tomado como modelo a Câmara de Escabinos de Maurícia que, a partir de 1640, passa a contar com nove oficiais, pois, conforme o que ficou estabelecido pelo Alto Conselho, as câmaras deveriam ser compostas, a princípio, por três ou cinco escabinos. A mesma norma aparece no "Breve Discurso", no qual Nassau e os altos conselheiros informam que para os colégios subalternos de justiça, providos por eleição em todas as capitanias, deveriam ser eleitos, nas jurisdições de Olinda, Itamaracá e Paraíba, cinco escabinos, dois neerlandeses e três portugueses, e nas jurisdições de Igarassu, Serinhaém e Rio Grande, três escabinos, sendo dois portugueses e um neerlandês.[102]

Pelo que pode ser notado nos documentos, apesar das determinações iniciais do governo neerlandês no Brasil, o número de escabinos não permaneceu constante. As próprias autoridades do Brasil Holandês relatam que as instruções determinavam que servissem juntos três portugueses e dois neerlandeses nas câmaras, mas "noutros lugares temos que

---

100 *Idem*, p. 259; *Nótula Diária* de 07 de maio de 1637. As listas de escabinos da maioria das câmaras, contidas nas *Nótulas Diárias*, confirmam esta prática de reconduzir um ou dois escabinos do ano anterior. Quando há a transferência da sede para Maurícia e o número de escabinos passa de cinco para nove, os escabinos reconduzidos variam entre quatro e cinco ao ano.

101 Gaspar Barleus, *História dos feitos recentes praticados durante oito anos no Brasil e noutras partes sob o governo do ilustríssimo João Maurício conde de Nassau (1647)* (tradução). São Paulo: Edusp, 1974, p. 324.

102 Manuel Calado, *O Valeroso Lucideno e Triunfo da Liberdade* (1648). 2ª ed. São Paulo: Edições Cultura, 1945, vol. I, p. 146; *Nótulas Diárias* de 07 de maio de 1637; "Breve discurso sobre o Estado das quatro capitanias conquistadas (1638)", Maurício de Nassau, van Ceulen, van der Dussen. *FHBH*, 2ª ed. Recife: CEPE, 2004, vol. I, p. 97.

regular-nos conforme as circunstâncias".[103] Um exemplo do não cumprimento das instruções iniciais e dessa "adaptação" pode ser dado a partir da lista de escabinos portugueses participantes na Assembleia de 1640, na qual a Câmara de Maurícia aparece representada por três escabinos, as Câmaras de Igarassu, Porto Calvo, Paraíba e Itamaracá, por dois escabinos e a Câmara de Serinhaém, por um escabino.[104]

Ao observarmos a composição de algumas câmaras de escabinos ao longo dos anos, comprovaremos a diferença no número de seus oficiais em relação ao que foi descrito em 1638 no "Breve Discurso" e às determinações do Alto Conselho e do Governador nas Nótulas Diárias. Comecemos comparando algumas das Câmaras nesse mesmo ano de 1638, Paraíba, Porto Calvo e Rio Grande que, segundo as listas de escabinos eleitos pelo Alto Conselho, eram compostas, respectivamente, por dois portugueses e três neerlandeses, cinco portugueses e nenhum neerlandês, e três portugueses e dois neerlandeses. Percebemos, então, como o número de escabinos variava de uma câmara para outra em um mesmo ano.[105]

Se tomarmos o número de escabinos e a composição de uma mesma câmara, observamos como os números desses oficiais variavam não só de uma jurisdição para outra, mas até mesmo em uma mesma Câmara ao longo dos anos. Ao analisarmos as listas de escabinos de Olinda e, mais tarde, de Maurícia, é possível perceber, nos anos de 1637-1638 e 1638-1639, que o conselho era formado por três portugueses e dois neerlandeses, mas na eleição de 1639 foram escolhidos três neerlandeses e dois portugueses e, com o aumento do número de escabinos de cinco para nove – segundo a resolução do governador e do Alto Conselho de 14 de novembro de 1639 –, a câmara passou a ser composta por cinco neerlandeses e quatro portugueses. Durante a guerra de restauração, o tribunal de Maurícia passa a

---

103 "Breve discurso sobre o Estado das quatro capitanias conquistadas (1638)", Maurício de Nassau, van Ceulen, van der Dussen. *FHBH*, 2ª ed. Recife: CEPE, 2004, vol. I, p. 97.

104 "Atas da Assembleia Geral de 1640". *RIAP*, 31, 1886.

105 *Nótulas Diárias* de 12 de maio, 15 de junho, e 26 de julho de 1638.

funcionar somente com escabinos neerlandeses, variando de dois a sete o número desses oficiais.[106]

A tendência de se ampliar o número de membros nas Câmaras de Escabinos, assim como a participação de neerlandeses nesses colégios, é verificada também em outras câmaras. Após a decisão de aumentar para nove o número de membros da câmara de Olinda em 1639, o governador e o Alto Conselho comunicam que, a partir das eleições de 1641, dever-se-ia aumentar para sete o número de escabinos das Câmaras de Goiana, Paraíba, Itamaracá e Porto Calvo.[107]

Quando da eleição da câmara da Paraíba no ano de 1638, o Alto Conselho considerou que o melhor seria escolher três neerlandeses e dois portugueses no lugar de dois neerlandeses e três portugueses. A Câmara de Porto Calvo também passou por essa mudança em razão dos esforços do Alto Conselho em escolher maior número de neerlandeses para compor os conselhos. Na primeira eleição, em 1638, foram escolhidos cinco escabinos, todos portugueses; em 1639, a Câmara passa a ter um neerlandês e quatro portugueses; e em 1640, dois neerlandeses e três portugueses. A Câmara de Igarassu, em 1641, passou a ter maioria neerlandesa, assim como a do Rio Grande, para a qual foram eleitos três neerlandeses e dois portugueses.[108] Notamos, contudo, que essa proporção em favor dos escabinos flamengos não será mantida, apesar dos esforços do Alto Conselho e do governador para consolidar o poder neerlandês no âmbito local.

Esta variação do número de oficiais camarários na colônia não pode deixar de ser relacionada às particularidades de cada jurisdição. Daí a

---

106 A Câmara era composta por dois escabinos neerlandeses em 1646-1647; por três em 1647-1648, 1650-1651 e 1651-1652; e por sete em 1649-1650 e 1652-1653. *Nótulas Diárias* de 24 de setembro de 1637, 24 e 26 de novembro de 1639; e listas de escabinos após 1645 ver Apenso II. In: Antônio Gonsalves de Mello, *FHBH*, 2ª ed. Recife: CEPE, 2004, vol. II, p. 503-506.

107 *Nótula Diária* de 24 de junho de 1641.

108 *Nótulas Diárias* de 15 de junho de 1638, 12 de maio de 1638, 15 de junho de 1639, 20 e 26 de junho de 1641.

148   Fernanda Trindade Luciani

atenção que damos à dinâmica, no decorrer dos anos, destes tribunais. É preciso levar em consideração, por um lado, a composição da população local que seria escolhida para fazer parte da Câmara, se majoritariamente neerlandesa ou luso-brasileira; e, por outro lado, a importância de algumas câmaras em relação às demais. Nas jurisdições mais distantes do centro urbano e administrativo do Recife e Antônio Vaz, parece clara a dificuldade em se encontrar neerlandeses para compor as câmaras. A Câmara de São Francisco, por exemplo, segundos as listas de escabinos de 1639, 1640 e 1641, não seguia a norma de ser composta por neerlandeses e portugueses, já que era formada por cinco escabinos, todos portugueses. Nas Câmaras do Rio Grande, de Porto Calvo e de Alagoas, encontramos a mesma situação: os escabinos eleitos em 1638, 1639 e 1640 para Alagoas, em 1637 para o Rio Grande e em 1638 para Porto Calvo eram todos portugueses.[109]

Apenas considerando as leis, isto é, as Ordenações portuguesas ou as instruções neerlandesas, não é possível encontrar diferenças nas funções ou composição entre as câmaras que seguissem suas respectivas regras. Não podemos, contudo, incorrer no erro de observar apenas as fontes jurídicas e deixar de considerar que, na realidade, havia câmaras de maior importância política e econômica quando as comparamos entre si. No caso do Brasil Holandês, dentre as câmaras estudadas, é possível perceber por meio dos documentos a maior relevância da Câmara de Olinda e, depois, de Maurícia, para os governos centrais na colônia e, até, metropolitanos, seja das Repúblicas Unidas, seja do Reino de Portugal.

Pelo lado neerlandês, nota-se a importância da Câmara de Olinda (depois, Maurícia) pelo maior número de escabinos que a formava em comparação às demais. Além disso, Barleus deixa muito clara esta "hierarquia" entre as Câmaras de Escabinos, ao afirmar:

---

109 *Nótulas Diárias* de 8 de agosto, 28 de outubro e 16 de novembro de 1639, 21 e 29 de junho de 1641.

> o senado da Câmara de Pernambuco [Olinda], por ser o primeiro dentre todas as Câmaras das províncias, na dignidade, população, poder e comércio, conferiu solenemente a Nassau o título de 'Patrono', pela singular proteção que ele dispensa ao Brasil e à gente portuguesa, pelo apreço que mostrara àquela corporação.[110]

Pelo lado português, nas diversas cartas da Câmara de Olinda enviadas ao Rei – denominada por vezes de Câmara de Pernambuco, como aparece em certos documentos –, tanto aquelas cartas do período anterior à invasão quanto aquelas escritas durante a guerra de restauração, nota-se que seus oficiais tratam de assuntos referentes à Capitania como um todo e não apenas a sua jurisdição e, algumas vezes, escrevem a representação em nome das demais capitanias do Norte do Estado do Brasil.[111]

Mais complicado do que definir a composição das câmaras é delimitar as atribuições e funções exercidas pelas Câmaras de Escabinos. Os altos conselheiros, ao responderem as indagações da Câmara da Paraíba sobre se esta poderia proceder segundo as leis e costumes portugueses, determinam que escabinos deveriam seguir instruções específicas, conforme "o modo de proceder determinado em 1580 pelos Senhores dos Estados na Holanda sobre as cidades e o interior do país". Criadas como tribunais de justiça, ou colégios subalternos de justiça, como eram também conhecidos, às câmaras ficou estabelecido que lhes cabia julgar as causas cíveis e criminais de primeira instância

---

110 Gaspar Barleus, *História dos feitos recentes praticados durante oito anos no Brasil e noutras partes sob o governo do ilustríssimo João Maurício conde de Nassau (1647)* (tradução). São Paulo: Edusp, 1974, p. 163.

111 "Cartas e Representações dos moradores de Pernambuco e das Câmaras a D. João IV", Arquivo Histórico Ultramarino, Documentos Avulsos, Pernambuco, caixas 4, 5 e 6; e Códices 13, 14 e 15.

de sua jurisdição, até a soma de 100 florins.[112] Às decisões de seus oficiais, só cabia recurso para o Conselho Político (mais tarde, Conselho de Justiça).[113]

Evaldo Cabral afirmou que "aqui [no Brasil] como nos Países Baixos, a função dos escabinos foi exclusivamente judiciária, correspondendo a um tribunal civil e criminal de primeira instância".[114] Em 1637, quando as primeiras normas de funcionamento dos colégios de escabinos foram pronunciadas pelo alto Conselho, seus oficiais foram claramente denominados por "*richters*", ou seja, juízes,[115] reforçando a intenção inicial de se criar um órgão judicial inferior.[116] O próprio nome de Colégio de Escabinos indica a intenção da administração neerlandesa ao criar esse órgão no Brasil, uma vez que os escabinos (*Schepenen*) no República eram responsáveis pela justiça de primeira instância. Observando-se mais atentamente, contudo, a dinâmica dessas instituições e suas atribuições no decorrer do período de dominação flamenga, chaga-se à conclusão de que as funções das Câmaras de Escabinos no quadro da organização administrativa ultrapassaram as obrigações de um simples tribunal de justiça, como havia sido estabelecido a princípio. Ainda que houvesse regras básicas para sua composição e funcionamento, é possível afirmar que as normas de funcionamento e as funções desses conselhos locais foram sendo estabelecidas e modificadas ao longo do tempo.

Vale ressaltar, ainda, que a própria denominação *câmara – câmera* ou *camers* – para a nova instituição neerlandesa criada no Brasil, no lugar de conselho (*raad*) ou colégio (*collegie*), palavra que aparece inicialmente nos documentos neerlandeses, não é derivada da estrutura administrativa das cidades das Províncias Unidas, onde os conselhos municipais eram compostos por escabinos e burgomestres. Ao que parece, até mesmo no nome,

---

112 Um Florim continha 20 *stuivers* e um *schellingen* continha 6 *stuivers*. Um Florim, no período do Brasil Holandês, equivalia a aproximadamente 140 Réis.

113 *Nótulas Diárias* de 02 de julho e 27 de outubro de 1637.

114 Evaldo Cabral de Mello, *Um Imenso Portugal. História e Historiografia*. São Paulo: Editora 34, 2002, p. 151.

115 Na língua neerlandesa contemporânea, a grafia para juiz é *rechter*.

116 *Nótula diária* de 2 de julho de 1637.

a Câmara de escabinos revela-se como uma "tradução" ou "aproximação" do modelo administrativo português vigente naquelas terras conquistadas. Essa terminologia foi ganhando espaço na documentação neerlandesa.

Com funções que iam muito além das de um tribunal de justiça, as Câmaras de escabinos acabaram por exercer, entre outros, papel consultivo fundamental para a administração central neerlandesa, principalmente a Câmara de Olinda (depois Maurícia). Por diversas vezes e sobre vários assuntos o governador Nassau e o Alto Conselho convocaram os escabinos ou escreveram às Câmaras para que os aconselhassem a respeito das dúvidas diante daquela sociedade e das dificuldades que enfrentavam para sua organização. Dentre as questões que demandaram consultas aos escabinos portugueses estavam: o problema da falta de farinha, as regras que deveriam ser aplicadas aos capitães e seus soldados, qual a melhor maneira de se pegar os negros do mato, o que fazer com os pedidos dos habitantes pelo adiamento das dívidas contraídas antes da invasão e qual era o funcionamento e os ganhos da Casa de Misericórdia. Em 1640, por exemplo, frente à difícil situação financeira pela qual passava o Brasil Holandês, "porque sem dinheiro não é possível deixar os engenhos em funcionamento", questão fundamental para a Companhia, foi decidido pelo Alto Conselho que "os Escabinos deliberassem sobre este assunto, permitindo-lhes que dessem seu conselho sobre o mesmo".[117]

Em decorrência da oferta deficiente de farinha, problema que esteve presente ao longo de todo o período do Brasil Holandês, já que este era principal alimento de sustento dos moradores e das tropas dessas capitanias,[118] Nassau mandou expedir um edital em 1638 obrigando todos os senhores que possuíssem escravos empregados no cultivo das terras, a plantar mandioca. Em 13 de abril de 1638, Carpentier, por ordem de Sua Excelência e do Alto Conselho, manda

---

117 *Nótulas Diárias* de 4 e 5 de maio, 27 de outubro, 14 e 30 de dezembro de 1637, e 18 de janeiro de 1640.

118 Em diversas *Nótulas Diárias* aparece esta questão da falta de farinha para abastecimento das capitanias, principalmente da capitania de Pernambuco.

Fernanda Trindade Luciani

> saber como para prevenir faltas de mantimento de farinha
> que causasse alguma fome entre os moradores, especialmen-
> te os pobres [...] a todos quaisquer moradores assim senho-
> res de engenho e lavradores de cana e roças, sem alguma
> falta façam plantar por cada peça de trabalho que tiver, du-
> zentas covas no mês de agosto, sob pena de quem negligen-
> ciar plantar as ditas obrigações de duzentas covas pagará por
> (amenda) o valor da falta que nisso houver.[119]

A quota foi, mais tarde, aumentada, como anuncia o Edital de julho de
1639, assinado por Nassau e Carpentier, em que fazem

> saber como para boa economia deste Estado não somente
> será necessário prover de presente sobejem mantimentos e
> farinhas para os moradores e nossas guarnições [...]; por-
> tanto mandamos que todos os senhores de engenho e seus
> lavradores de canaviais, assim flamengos como portugueses,
> plantem neste mês de agosto e setembro que vem, por cada
> negro e negra de trabalho, duzentas e cinquenta covas de
> mandioca e outras tantas no mês de janeiro de 1640, e os
> outros moradores, assim portugueses como flamengos que
> não tiverem engenho nem canavial que plantem por cada
> negro ou negra de trabalho que tiverem quinhentas covas
> de mandioca no mês de agosto e setembro e outras tantas no
> mês de janeiro próximo.[120]

---

119 Edital feito por Carpentier, Recife, 13 de abril de 1638, "Documentos pela maior
parte em português sobre vários assuntos" (transcrição dos Documentos do
Arquivo Real de Haya e do Arquivo Particular do Rei da Holanda). *RIAP*, 34 (1887),
vol. 6, p. 181-183.

120 Edital assinado pelo Conde de Nassau e Carpentier, Recife, 25 de julho de 1639,
"Documentos pela maior parte em português sobre vários assuntos" (transcri-
ção dos Documentos do Arquivo Real de Haya e do Arquivo Particular do Rei da
Holanda). *RIAP*, 34 (1887), vol. 6, p. 183-184.

Os encarregados de fixar a repartição dos trabalhos, indicar a medida de farinha exigida de cada morador pela autoridade pública e controlar sua entrega, "para que este nosso edital alcance seu pleno efeito", seriam os escoltetos e os escabinos. A eles foi ordenado "publicar este edital por todas as partes, praças e lugares públicos e igrejas, donde é uso e costume, para que venha à notícia de todos".[121]

Os senhores de engenho e lavradores de cana não estavam satisfeitos com tal medida e, em alguns requerimentos ao Alto Conselho, queixaram-se da obrigação de plantar mandioca e da quantidade de covas que havia sido estipulada. Os escabinos também são cobrados pelos altos conselheiros em razão da pouca quantidade de mandioca fornecida por algumas jurisdições. Esse descontentamento dos senhores de engenho e lavradores que estavam então obrigados a ocupar parte de sua mão de obra com a plantação de mandioca, aparece nas petições de algumas das Câmaras na Assembleia de 1640. Nelas, requerem que a obrigação de plantar roças de mandiocas não se estendesse aos negros de serviço doméstico e propõem, indo mais além, a revogação total de tal obrigatoriedade.[122]

Em reunião com a Câmara de São Francisco, Bullestrate, em 1642, trata com os escabinos o fornecimento de farinha e de gado e o plantio de roças de mandioca. Diante do pedido, os oficiais prometem fazer o fornecimento e dar ordens para que as roças fossem convenientemente plantadas. Já em Alagoas, o alto conselheiro encarrega Gabriel Soares, como escabino, de construir pontes em todas as passagens. Essa questão da arrecadação de dinheiro para a construção de pontes, que acabava por recair, em parte, sobre as câmaras e seus oficiais, também aparece nas Atas da Assembleia de 1640.

---

121 *Idem.* Outras referências às obrigações de se plantar covas de mandiocas e o papel dos escabinos no cumprimento dessas regras encontram-se em: *Nótulas Diárias* de 9 de fevereiro, 23 de agosto e 8 de novembro de 1639, e 6 de maio de 1641; e Gaspar Barleus, *História dos feitos recentes praticados durante oito anos no Brasil e noutras partes sob o governo do ilustríssimo João Maurício conde de Nassau (1647)* (tradução). São Paulo: Edusp, 1974, p. 162.

122 *Nótula Diária* de 10 de setembro de 1639; "Atas da Assembleia Geral de 1640". *RIAP*, n. 31, 1886.

Nelas, os escabinos e deputados do povo da Cidade de Maurícia pedem ao Alto Conselho e ao governador Nassau uma resolução sobre o valor que cada câmara deveria contribuir para a construção das pontes.[123]

A partir da análise das proposições da Câmara da cidade de Maurícia, assim como dos requerimentos das outras cidades na Assembleia de 1640, convocada por Nassau, encontramos pedidos dos escabinos no sentido de ampliar os encargos das Câmaras. Nos artigos sobre a polícia, ou seja, referentes aos assuntos do governo civil das cidades, aparece um requerimento para que se ampliasse a intervenção das Câmaras de Escabinos nos negócios de administração pública. Assim requerem os oficiais de Maurícia no 11º artigo:

> Não devendo o Supremo Conselho envolver-se com cousas miúdas de polícia e administração do povo, as quais presentemente são descuradas e não providas, como cumpre, dignem-se S. Ex.ª e o Supremo Conselho conceder às câmaras dos escabinos alguma autoridade, como burgomestres para tratarem dessas minudencias, ou se nomeiem vice-burgomestres para intervirem nesses negócios de polícia municipal que não são resolvidos.[124]

A resposta de Nassau e dos altos conselheiros a esse artigo elucida como as atribuições da Câmara eram maiores do que as que haviam sido estabelecidas pelo próprio governo neerlandês. Conforme anunciam as maiores autoridades da colônia: "os senhores escabinos já se acham no gozo do que pedem, mas o título nós não podemos dar-lhes por força das nossas instruções".[125] Ainda assim, os escabinos da Câmara de Maurícia,

---

123 "Atas da Assembleia Geral de 1640". *RIAP*, n. 31, 1886, p. 221; "Notas do que se passou na minha viagem, desde 15 de dezembro de 1641 até 24 de janeiro do ano seguinte de 1642, por A. van Bullestrate". *FHBH*, vol. II, p. 176.

124 "Atas da Assembleia Geral de 1640". *RIAP*, n. 31, 1886, p. 224.

125 *Idem*, p. 224-225

descontentes com o poder que lhes era atribuído, encaminham esse mesmo pedido no ano seguinte, requerendo que

> Sua Excelência e os Nobres Senhores escolham de dentro da comunidade, duas pessoas honestas e capazes para exercerem a função de burgomestre e para que eles possam acompanhar todos os assuntos da cidade e tudo que a isto esteja relacionado. Ou que os Escabinos, que não tem nenhum outro proveito a não ser honra e reputação, possam receber o poder de um Burgomestre.[126]

As considerações das principais autoridades neerlandesas, os senhores do Alto Conselho e o governador, vão no mesmo sentido das respostas que haviam sido dadas no ano anterior na Assembleia de 1640. Ao responderem que "os Senhores Escabinos são na verdade o mesmo que Burgomestres", mas não lhes poderiam "conceder este título sem ordens da pátria", estavam entendendo que as atribuições das câmaras de Escabinos se distanciavam das funções que lhes cabiam conforme as instruções iniciais e que, dessa forma, haviam adquirido funções administrativas e não apenas judiciais.

Os escabinos luso-brasileiros, ao solicitarem para a câmara uma autoridade semelhante à do burgomestre, cargo existente nos conselhos municipais da República e responsável pela gestão citadina, estavam demandando funções administrativas para aquele órgão, que havia sido criado, a princípio, como um tribunal inferior de justiça, daí o cargo de escabinos, magistrados encarregados da justiça nas cidades neerlandesas. Esses oficiais locais no Brasil estavam pedindo, portanto, maior autoridade para a Câmara de Escabinos, ou seja, a instituição de poder local que estava, naquele momento, diante deles. Não consta em nenhum dos documentos trabalhados pedidos de extinção da Câmara, a intenção é sempre ampliar as atribuições

---

126 *Nótula Diária* de 7 de julho de 1641.

e rendas do órgão, talvez para aproximá-lo do modelo de administração local que esses oficiais luso-brasileiros conheciam.

Mais uma vez, é possível perceber como esse novo modelo de governo local não estava, segundo a concepção dos moradores luso-brasileiros, de acordo com as funções que deveriam ser exercidas pelos órgãos municipais e, também, com os privilégios e honras que deveriam ser atribuídas a seus oficiais. Ao demandarem maiores atribuições para a câmara, especialmente no que se referia à intervenção nos "negócios de polícia municipal", os escabinos portugueses remetem, algumas vezes, às atribuições que a Câmara de Vereadores possuía na gestão da vida municipal até 1637, quando foram substituídas pelos colégios de Escabinos.

Outros dois pedidos da Câmara e povo da Cidade de Maurícia que aparecem nos artigos sobre o governo civil das Atas da Assembleia remetem também a outras características das câmaras de vereadores portuguesas, quais sejam, escolha de um procurador e autonomia financeira. Na Assembleia, os escabinos portugueses solicitam ao Alto Conselho que as câmaras pudessem escolher um "procurador para o povo português, o qual sirva de porta-voz do povo perante os colégios a que tocar e procure o que seja útil ao seu povo, com sujeição às mesmas Câmaras".[127] Da mesma forma que algumas câmaras de Portugal, a Câmara de Olinda sob o governo português podia nomear um procurador do povo que representava os moradores perante as autoridades, direito que os luso-brasileiros estavam solicitando às autoridades neerlandesas.

Ainda conforme o documento, considerando que "todas as Câmaras destas capitanias nada têm de próprio e sem rendas não podem subsistir", os representantes de Maurícia solicitavam ao governador e aos altos conselheiros que estes concedessem à Câmara da cidade a metade do rendimento da balança do Recife ou uma parte igual a que tem a cidade de Amsterdam na sua balança pública, ou ainda concedessem o arrendamento do imposto sobre as bebidas que pagavam os taverneiros. Para as demais Câmaras, pedem

---

127 "Atas da Assembleia Geral de 1640". *RIAP*, n. 31, 1886, p. 221.

"o arrendamento do mesmo imposto das bebidas como se paga no Recife e que os taverneiros que habitam fora, nas freguesias, também o paguem".[128]

Petições semelhantes já haviam sido feitas pelos escabinos ao Alto Conselho. Em 1638, a Câmara de Olinda havia pedido, por duas vezes, fazendo alusão aos rendimentos das antigas câmaras de vereadores, os recursos que a cidade sempre teve, a saber, o imposto de todas as bebidas e de todo o gado, para que seus custos fossem rebaixados. Em resposta, o Alto Conselho concedeu algum recurso: a câmara passaria a receber 5 *Stuivers* para tarar as caixas de açúcar. Apesar dessa concessão, ainda naquele ano, os escabinos informaram ao Alto Conselho que já estavam cobrando "uma peça de oitava para cada processo" e o mesmo valor para quem fizesse discurso.[129]

Ainda que tivessem conseguido algum recurso para a Câmara, os escabinos de Maurícia reforçaram, três anos depois, a necessidade de maiores rendimentos, pedindo permissão para que a Câmara arrendasse os bens líquidos e da balança, que haviam pertencido "antigamente à Câmara" portuguesa. Esse pedido lhes é negado pelo Alto Conselho, com a justificativa de que em razão "dos grandes gastos da Companhia, nós não podemos aprovar este requerimento, e como a Câmara já foi beneficiada com a tara das caixas e da pesca, assim nós iremos continuar estudando de onde o resto dos custos poderá ser reivindicado".[130]

Alguns documentos explicitam as dificuldades enfrentadas pelas Câmaras no seu funcionamento, especialmente pelas mais distantes do centro da administração neerlandesa no Brasil. O conhecido relatório elaborado pelas autoridades do governo central do Brasil Holandês ao Conselho dos Dezenove, de 1638, informava que

---

128   *Idem*, p. 220

129   *Nótulas Diárias* de 2 de março, 12 de maio e 20 de setembro de 1638. Coleção José Hygino. Com relação aos valores, ficou estabelecido pelo Alto Conselho que o "real de oito" (*realen van achten*) ou uma "peça de oitava" (*een stuch van achten*) equivaleria a, no máximo, 56 *stuivers* (1 Florim continha 20 *stuivers*). *Nótula Diária* de 22 de janeiro de 1638.

130   *Nótula Diária* de 7 de junho de 1641.

até o presente não tem sido possível que procedam [as câmaras] conforme as ordenações e o estilo da Holanda e Frísia Ocidental, primeiro porque é coisa muito grave fazer com que o povo inteiro mude de leis, ordem e estilo, e aprenda um novo estilo; e segundo, por causa da diferença da língua, e por ser difícil verter as nossas ordenações do holandês para o português.[131]

Especialmente interessante nessa questão que foi apontada com perspicácia por Nassau e os altos conselheiros sobre os problemas que envolviam o funcionamento das câmaras, e não a sua criação, é a dificuldade encontrada pelas autoridades neerlandesas em implantar leis e um "novo estilo" em uma sociedade já estabelecida com uma prática institucional e com leis e "estilo" próprios. O problema enfrentado pela diferença da língua aparece em outras fontes, em especial porque os portugueses não se esforçaram em aprender a língua neerlandesas. Os escabinos neerlandeses de Maurícia, por exemplo, reclamaram ao Conselho dos Dezenove que não era possível trabalhar com os escabinos portugueses que não queriam se dar ao trabalho de aprender a língua e não conheciam nada do direito processual neerlandês.[132] Como notou Gonsalves de Mello, não só os portugueses não aprenderam a língua dos conquistadores, como muitos termos portugueses passaram a fazer parte do vocabulário das autoridades neerlandesas: do Alto Conselho, do conde de Nassau e até mesmo do Conselho dos Dezenove.[133]

---

131 "Breve discurso sobre o Estado das quatro capitanias conquistadas (1638)". *FHBH*, Recife, CEPE, 2004, vol. I, p. 97.

132 "Escabinos ao Conselho dos Dezenove, 11 de junho de 1643" *apud* Hermann Wätjen, *O Domínio Colonial Holandês no Brasil* (tradução). 3ª ed. São Paulo: Companhia Editora de Pernambuco, 2004 (1921), p. 202. Sobre a dificuldade em fazer com que os portugueses aprendessem a língua neerlandesa e a religião reformada ver também "Relatório sobre a conquista do Brasil por H. Hamel, Adriaen van Bullestrate e P. Jansen Bas (1646)" (tradução). *FHBH*, vol. II, p. 272-273.

133 O autor demonstra como todo o vocabulário português referente à lavoura canavieira e outras lavouras e à fabricação do açúcar permaneceu dominando a língua dos

Manuel Calado aponta para algumas dessas questões acerca do funcionamento das Câmaras de Escabinos. O padre destaca como obstáculos para o bom desempenho de suas atividades, por um lado, o problema da comunicação entre seus oficiais em razão da diferença da língua, e, por outro, a dificuldade que os escabinos luso-brasileiros tinham de se reunirem em conselho:

> e como os escabinos portugueses poucas vezes se ajuntavam todos quatro, por morarem em lugares distantes, e os flamengos estavam ao pé da obra, [...] e quando os escabinos portugueses se juntavam todos, se punham os flamengos a falar uns com os outros na sua língua, e davam os despachos como lhes parecia.[134]

O alto conselheiro Bullestrate, ao convocar reuniões dos escabinos nas regiões que visitava ao longo da sua viagem, também constatou que não era fácil fazer com que todos se reunissem e se dedicassem às questões judiciais. Conforme relata,

> fui certificado que os escabinos [de Porto Calvo] há alguns meses não vinham atendendo às questões judiciais [...] Exortei-os a pôr de lado todas as diferenças pessoais e que deviam se dedicar aos procedimentos judiciais que por certo tempo tinham deixado de atender. Ouvidas as razões das divergências foram elas abandonadas, prometendo eles

---

conquistadores. José Antônio Gonsalves de Mello, *Tempo dos Flamengos. Influência da Ocupação holandesa na vida e na cultura do norte do Brasil.* 4ª ed. Rio de Janeiro: Topbooks, 2001, p. 142.

134 Manuel Calado, *O Valeroso Lucideno e Triunfo da Liberdade* (1648). 2ª ed. São Paulo: Edições Cultura, 1945, vol. I, p. 147.

encarregar-se da justiça convenientemente, não dando motivos a que a comunidade tivesse queixas.[135]

Os maiores obstáculos às reuniões dos conselhos estavam nas jurisdições mais distantes, com menores recursos, menor população, menor números de escabinos, mais difícil acesso à sede da câmara. Situação bastante diferente é observada no funcionamento da câmara de Olinda e, mais tarde, de Maurícia, cujas reuniões parecem ser mais frequentes, seus escabinos têm maior participação nas questões de administração e seus requerimentos ao Alto Conselho aparecem em maior número.

Bullestrate encontrou nas Câmaras de Alagoas e Serinhaém as mesmas dificuldades das de Porto Calvo. O escolteto de Alagoas queixou-se de que os escabinos ainda não haviam formado tribunal, pois muitos estavam ausentes e outros se mostravam pouco dispostos a servir. Em Serinhaém, como os escabinos portugueses também estavam ausentes, Bullestrate convocou o escabino neerlandês Matheus Vos, que lhe disse cumprir "inteiramente a sua obrigação, mas que não obtém a menor coadjuvação, no caso, dos seus confrades portugueses". Logo em seguida o alto conselheiro, tentando resolver essas dificuldades de acesso dos escabinos à Câmara, assinalou que seria preciso substituir dois escabinos neerlandeses, Daniel de Haen, por ter se mudado para a Paraíba, e Roelant Carpentier, por morar a grande distância da sede da câmara.[136]

Se levarmos em consideração, até aqui, todas essas mudanças pelas quais as câmaras de Escabinos passaram desde sua implantação em 1637 e todos os obstáculos à sua organização, segundo o modelo neerlandês, impostos pela sociedade que a recebeu e pelos seus próprios oficiais, não é difícil concluir que o órgão de poder local instituído no Brasil Holandês não foi simplesmente transplantado da República para as capitanias do nordeste

---

135 "Notas do que se passou na minha viagem, desde 15 de dezembro de 1641 até 24 de janeiro do ano seguinte de 1642, por A. van Bullestrate". *FHBH*, vol. II, p. 160 e 162.

136 *Idem*, p. 175 e 156, respectivamente.

açucareiro e escravocrata. Ainda, partindo da descrição da estrutura dessas Câmaras de Escabinos, ao estabelecermos uma rápida comparação com a estrutura dos conselhos das cidades nas Províncias, questão abordada no início do trabalho, podemos afirmar que muitos elementos do poder local do modelo neerlandês, como encontrado na metrópole, não estavam presentes na colônia.

Considerada a questão, já abordada, da diferença existente entre a organização das cidades da República, podemos partir para uma breve comparação entre os conselhos de administração local das Províncias Unidas e das capitanias conquistadas do Brasil Holandês. Um dos cargos municipais que existia na maioria das cidades das Províncias Unidas, em cujo sistema de governo estava baseada a Câmara de Escabinos da administração local no Brasil, era o *schepen,* responsável pela administração da justiça da cidade, e que no Brasil deu origem ao termo escabino. Contudo, seu papel nos dois conselhos era bastante distinto, considerando as funções que foram sendo atribuídas a esses oficiais no Brasil. Além dos *schepenen,* outras autoridades compartilhavam do poder administrativo das cidades neerlandesas, diferentemente do sistema implantado nas capitanias conquistadas, onde seus únicos membros, além do seu presidente, eram os escabinos. Os burgomestres, encarregados da gestão citadina nos conselhos das cidades das Províncias Unidas, não faziam parte do sistema administrativo na colônia.

Outra diferença entre as câmaras municipais na colônia e na República é que, enquanto nos Países Baixos os membros dos conselhos das cidades – denominados de *vroedschap* na Holanda, *raad* nas províncias do nordeste e *magistraat* ou *wet* em Brabant – eram os *regenten,* os quais elegiam os burgomestres e os escabinos; no Brasil Holandês, os oficiais que compunham o tribunal inferior de justiça eram nomeados pelos eleitores para depois serem escolhidos pelo governo central da conquista no Recife.

Nas cidades do nordeste das Províncias, havia ainda, além do *raad,* os grêmios que também exerciam grande influência na administração da cidade, formando, muitas vezes, um segundo conselho. Esse outro órgão de poder local, que não estava presente em todas as províncias, demonstra mais uma vez como não havia uma uniformidade institucional no âmbito municipal das Províncias Unidas. Quanto às eleições, podemos concluir que estas, tanto nas capitanias do norte do Estado do Brasil quanto nas Províncias Unidas, sofriam interferências de outras autoridades ou instituições não municipais. Na Holanda, por exemplo, o *Stathouder* selecionava os escabinos e, em algumas cidades, ainda nomeava os novos membros do conselho da cidade. No Brasil Holandês, como vimos, quem possuía a decisão final na escolha dos escabinos era o governador, que também nomeava o escolteto, em acordo com os altos conselheiros.

Partindo destas observações a respeito da organização do poder local no Brasil Holandês, esse novo conselho ou tribunal, formado apenas por escabinos que acabaram desempenhando funções administrativas, pode remeter à estrutura das Câmaras portuguesas, cujos oficiais eram os vereadores. Essa proximidade entre as estruturas, e não necessariamente entre as atribuições e funções dos dois modelos de administração local, leva-nos a pensar em outra questão, qual seja, o colégio de Escabinos pode aparecer, assim, como uma tentativa de "tradução" do órgão de poder municipal há tempos instituído no nordeste brasileiro em uma linguagem mais próxima do mundo neerlandês. A própria Câmara ou Colégio de Escabinos não existia nas Províncias Unidas, é uma criação na colônia para que fossem implantadas nas vilas e cidades, no lugar das Câmaras da legislação portuguesa.

Também não encontramos a Câmara de Escabinos, nesse formato, nas demais conquistas neerlandesas. Na *Nieuw Nederland*, por exemplo, nas cidades criadas pelos neerlandeses, encontramos semelhanças com a organização local do Brasil Holandês. Nessas cidades foram instituídos colégios subalternos de justiça, cujos oficiais eram nomeados pelos homens mais qualificados em uma lista tríplice, dentre os quais o diretor-geral e os conselheiros escolheriam as pessoas que ocupariam os cargos. Entretanto, o conselho municipal criado naquela colônia, sem a presença de uma sociedade anteriormente consolidada, era formado por escabinos e burgomestres, estrutura próxima ao que se encontrava nas cidades das Províncias Unidas. Já nas cidades inglesas ali conquistadas, os neerlandeses permitiram que o conselho local fosse mantido segundo o modelo inglês, ainda que sob a autoridade do diretor-geral.

Talvez o novo conselho no Brasil Holandês, quando foi elaborado e instalado, não estivesse baseado somente nas "leis holandesas" ou de outras províncias, mas também na realidade da colônia e na instituição já em funcionamento nessas capitanias conquistadas, buscando adaptar o conselho e os cargos municipais da administração dos Países Baixos às condições locais do Brasil Holandês. Os neerlandeses tinham amplo conhecimento da administração portuguesa nessas terras; em alguns relatos são expostos até mesmo o funcionamento e composição das câmaras de vereadores. Isso nos ajudaria, portanto, a entender o porquê da criação de um colégio municipal formado apenas por escabinos – distanciando-se da estrutura dos conselhos das cidades nas Províncias Unidas e aproximando-se da estrutura das Câmaras da legislação portuguesa – e que era, ao mesmo tempo, um órgão com menor autoridade, autonomia e atribuições em relação às antigas Câmaras de Vereadores, sofrendo constante influência de autoridades externas a ele nas eleições de seus oficiais camarários.

As Câmaras de Escabinos devem ser consideradas, ainda, como um órgão pensado e criado para ser instalado em uma região de conquista, o que já o diferia, de antemão, das instituições metropolitanas. Os conselhos das cidades na República eram fundamentais para o sistema administrativo neerlandês e possuíam enorme poder, pois, entre outras funções, escolhiam os representantes que formavam os Conselhos das Províncias. Em uma queixa do Conselho de Justiça ao Conselho dos Dezenove contra os escabinos neerlandeses da Câmara de Maurícia, ainda que considerando as disputas entre esses dois órgãos, é possível constatar como a Câmara, na colônia, não deveria ter o mesmo poder do que os conselhos municipais na República. Aqueles conselheiros recriminavam os escabinos por quererem "ser iguais à magistratura de suas respectivas cidades na Holanda" e, assim, "assegurar nas suas mãos não apenas as matérias de justiça, mas ainda as de polícia, e consequentemente, todo o governo."[137]

Outro exemplo da preocupação das autoridades neerlandesas com o poder das câmaras na colônia, em um contexto de conquista e de guerra, foi a recusa do pedido dos escabinos de Maurícia que requeriam a criação do cargo de burgomestre,[138] oficial que junto aos escabinos formava o conselho municipal das cidades neerlandesas e era responsável pela gestão citadina. O Alto Conselho justificou sua posição afirmando que com o título de burgomestres os oficiais da câmara "julgar-se-ão qualificados e autorizados a se opor às resoluções de Vossas Nobrezas e às nossas".[139]

A administração local do Brasil Holandês não foi uma novidade da prática neerlandesa de se utilizar, em suas conquistas, da experiência portuguesa precedente. Vimos como no Ceilão, a Companhia das Índias Orientais manteve, da mesma maneira que haviam feito os portugueses no tempo do seu domínio, a hierarquia administrativa nativa subordinada ao governo central naquela conquista. Charles Boxer aponta essa prática neerlandesa de se apropriar da experiência colonial portuguesa em diferentes áreas, como na construção de fortes e feitorias nas conquistas ultramarinas, na demonstração de pompa e riqueza para impressionar as populações nativas, no regime de trabalho escravo adotado, e na miscigenação dos colonos com a população nativa como forma de povoar e colonizar.[140]

Nas demais conquistas neerlandesas, além do Brasil Holandês, seja no Oriente, seja no Atlântico, houve sempre uma adequação do modelo de administração local às condições de cada uma delas. A estrutura administrativa colonial ao longo do século XVII não seguiu uma fórmula

---

137 Carta do Conselho de Justiça aos XIX. Recife, 10 de maio e 1º de outubro de 1644. *Apud* José Antônio Gonsalves de Mello, *FHBH*, vol. II, p. 27-28.

138 *Nótula Diária* de 23 de dezembro de 1639.

139 *Generale Missive*. Recife, 10 de maio de 1644. *Apud* José Antônio Gonsalves de Mello, *FHBH*, vol. II, p. 29.

140 Charles Boxer, *The Dutch Seaborne Empire*. Londres: Penguin Books, 1990, p. 209-211, 237, 246-260, 268-270.

definida, é possível encontrar variações na organização política das conquistas, especialmente em relação ao poder local. Apesar de os agentes das duas Companhias, e mesmo os colonos, terem como base o modelo administrativo que encontravam nas Províncias Unidas, as diferentes situações coloniais impediam a simples reprodução desse sistema metropolitano.

Esses funcionários neerlandeses acabavam, portanto, adaptando o modelo administrativo às necessidades específicas com as quais se defrontavam nos mais diversos territórios coloniais, como no caso do Ceilão, no qual foi mantida toda uma hierarquia nativa abaixo do governador e do Conselho Político pela necessidade do apoio e do conhecimento dessa elite nativa, ou ainda na *Nieuw Nederland,* onde as cidades neerlandesas, criadas em grande parte pelos esforços da Companhia e dos diretores-gerais, passam a ter uma instituição de poder local bem próxima à que se via nos Países Baixos, mas onde as cidades inglesas permaneceram com seu sistema de poder local.[141] Essa situação, assim entendemos, aparece com bastante clareza no período do Brasil Holandês quando atentamos para a administração local, especialmente, para as Câmaras de Escabinos, cujas atribuições foram sendo modeladas ao longo do domínio neerlandês e adaptadas às condições e demandas coloniais.

Voltamos a reforçar que não existia uma rigidez administrativa ou uma fórmula pronta para ser aplicada em todos aos territórios conquistados. As autoridades metropolitanas elaboraram diversas instruções e regimentos

---

141 Sobre Ceilão ver: Sinnappah Arasaratnam, "The Dutch Administrative Structure in Siri Lanka". In: *An Expending World: The European Impact on World History, 1450-1800.* Hampshire: Ashgate, 1999, vol. 23 [A. J. Russell-Wood (org), *Local Government in European Overseas Empires, 1450-1800,* parte II], p. 532-535. E sobre *Nieuw Nederland* ver: James Sullivan, "The Bench and Bar: Dutch Period, 1609-1664". In: *History of New York State: 1523-1927.* Nova York: Lewis Historical Publishing Company, 1927, vol. V, p. 22; e Langdon G Wright, "Local Government and Central Authority in New Netherland". In: *An Expending World: The European Impact on World History, 1450-1800.* Hampshire: Ashgate, 1999, vol. 23 [A. J. Russell-Wood (org), *Local Government in European Overseas Empires, 1450-1800,* parte II], p. 476, 479, 480 e 486.

para o Brasil ou para a *Nieuw Nederland* de acordo com as conjunturas históricas. No Brasil Holandês, são muito evidentes os três momentos administrativos que corresponderam aos períodos de conquista/resistência, paz e guerra de restauração. Esse processo de aprendizagem da colonização, no qual as ordens e regras podiam se alterar conforme as necessidades, pode ser percebido pelas ações das autoridades neerlandesas em relação à organização do poder local no Brasil. Aqui, não apenas as atribuições das Câmaras de Escabinos foram sendo modificadas ao longo de sua existência, como também, ao darem início aos seus trabalhos, seus oficiais não tinham definidas as normas que deveriam seguir.

Em 24 de setembro de 1637, os escabinos de Olinda pediram ao governo central do Brasil Holandês que lhes fossem apresentadas as normas de direito segundo as quais deveriam administrar "a justiça e a política". As autoridades resolveram que o conselheiro político Hendrick Schilt, o advogado fiscal Willen van der Horn e o assessor do Alto Conselho Servaes Carpentier, com base nas ordens e decretos dos Estados da Província da Holanda, fizessem excertos daquilo que fosse útil à manutenção da justiça e da ordem civil, acomodando a matéria à natureza e condições do país, e submetessem a redação final à aprovação dos altos conselheiros e do governador. Tais instruções não foram elaboradas tão logo e, em março de 1638, um novo requerimento da Câmara de Olinda pede instruções de acordo com as quais deveriam proceder e, assim, nova comissão foi formada em 25 de julho de 1638. Mas ainda em 13 de maio de 1642, permanecia a incerteza com relação às regras que regeriam o órgão de administração local, pois a versão em português ainda não estava pronta, sendo o encargo transferido para o conselheiro político Daniel Alberti.[142]

Dessa maneira, por meio de diversos documentos que não regimentos e instruções, como relatos, requerimentos e cartas das Câmaras, textos dos cronistas da época, e resoluções de Nassau e do Alto Conselho, temos acesso ao funcionamento daquele sistema de poder político local. Entendemos

---

142 *Nótulas Diárias* de 24 de setembro de 1637, 2 de março e 25 de julho de 1638, e 13 de maio de 1642.

que esses documentos e crônicas nos permitem trabalhar com a dinâmica, e não apenas com a estrutura dos dois modelos de administração municipal vigente durante o período de dominação flamenga e, a partir daí, compreender como essa substituição veio alterar a estrutura da administração colonial local nas capitanias conquistadas. Não há dúvidas de que houve a implantação das Câmaras de Escabinos a partir do segundo semestre de 1637, com uma estrutura de poder inserida em uma lógica político-administrativa diferente da anterior, nos moldes das *Ordenações* portuguesas. Substituição essa que, de alguma forma, foi sentida pelos moradores e, sobretudo, pelos senhores de engenho e lavradores dessas capitanias, tema que será tratado no capítulo seguinte.

CAPÍTULO III

Brasil Holandês: confronto de diferentes lógicas de dominação colonial

Neste último capítulo, trabalharemos com os oficiais camarários, tanto das câmaras portuguesas quanto neerlandesas, e com a elite ligada à produção do açúcar – "açucarocracia" como bem definiu Evaldo Cabral de Mello –, os quais, na maior parte das vezes, confundem-se ao longo desses 24 anos de dominação flamenga, como pudemos observar. Procuramos, ainda, identificar a que atividade econômica estavam ligados estes homens, aos quais denominaremos de "elite administrativa local". Em outras palavras, essa "elite" era composta pelos homens que participaram de alguma forma da administração local, como oficiais das câmaras, juízes de órfãos, eleitores, representantes do povo na Assembleia de 1640, ou cujas assinaturas aparecem nas petições das câmaras portuguesas a D. João IV e nas cartas ao Governador Teles da Silva.[1]

---

1 Foram utilizadas como principais fontes: Gaspar Barleus, *História dos feitos recentes praticados durante oito anos no Brasil e noutras partes sob o governo do ilustríssimo João Maurício conde de Nassau* (1647) (tradução). São Paulo: Edusp, 1974; "Atas, Resoluções e Pessoal da Assembleia Geral de 1640". *RIAP*, 31, 1886, p. 173-238; "Listas de escabinos de Olinda e, depois, Maurícia". *FHBH*, vol. II, p. 503-506; *Nótulas Diárias, Monumenta Hyginia*: Projeto de Preservação e Acesso da Coleção José Hygino. Instituo Arqueológico, Histórico e Geográfico de Pernambuco/Projeto Ultramar da Universidade Federal de Pernambuco e manuscritos da Coleção José Hygino – Instituto Arqueológico Histórico e Geográfico Pernambucano; "Breve discurso sobre o estado das quatro capitanias conquistadas de Pernambuco, Itamaracá, Paraíba e Rio Grande, situadas na parte setentrional do Brasil, escrito por J. M. de Nassau, Adriaen van der Dussen e M. van Ceullen (1638)". *FHBH*, vol. I, p. 77-129; "Relatório sobre o estado das quatro capitanias conquistadas no Brasil; apresentado pelo Senhor Adriaen van der Dussen ao Conselho dos XIX na Câmara de Amsterdã, em 4 de abril de 1640". *FHBH*, vol. I, p. 137-232; "Açúcares que fizeram os engenhos de Pernambuco, Ilha de Itamaracá e Paraíba – ano 1623". *FHBH*, vol. I, p. 28-32; Duarte de Albuquerque Coelho, *Memórias Diárias da Guerra do Brasil (1630-1638)*. Recife: Fundarpe, 1944; "Inventário, na medida do possível, de todos os engenhos situados ao sul do rio da Jangada até o rio Una, feito pelo Conselheiro Schott".

Partindo da análise da dinâmica e da estrutura das Câmaras de Escabinos, tentaremos demonstrar como a realidade colonial impôs limites ao funcionamento dessas instituições neerlandesas. Escrito de outra forma, buscamos entender como esse novo órgão de poder local, apesar de seguir o modelo administrativo que se encontrava nas cidades das Províncias Unidas, sofreu adaptações no Brasil Holandês frente às particularidades e à situação aqui encontradas. Nesse contexto, é possível considerar que a estrutura administrativa anterior, ou seja, as Câmaras da legislação portuguesa, fundamentais para a vida política, econômica e social da colônia, exerceram grande influência na definição do funcionamento das novas câmaras.

Por fim, abordaremos questões mais amplas que podem ser suscitadas, e já adianto aqui, não resolvidas, a partir do estudo do poder local no Brasil Holandês. O confronto entre as duas formas de organização administrativa e suas respectivas instituições implantadas nas terras do Nordeste brasileiro refletem as distintas lógicas de dominação colonial de que fizeram parte. Essa consideração permite demonstrar que a lógica imperial portuguesa divergia da neerlandesa, cujo sistema é tomado muitas vezes como mais moderno,

---

FHBH, vol. I, p. 51-57; Manuel Calado, *O Valeroso Lucideno e Triunfo da Liberdade* (1648). 2ª ed. São Paulo: Edições Cultura, 2 vols., 1945; Antonio José Vitorino Borges da Fonseca, "Nobiliarquia Pernambucana". *Anais da Biblioteca Nacional*, vol. 47 e 48, 1935; "Relação dos engenhos confiscados que foram vendidos em 1637" e "Relação (incompleta) dos engenhos vendidos em 1638". *RIAP*, 34 (1887), vol. 6, p. 179 (Anexos); "Relação das Praças Fortes do Brasil de Diogo de Campos Moreno" (1609). *RIAP*, vol. 57, 1984; "Carta dos moradores de Pernambuco ao governador do Estado do Brasil, Antônio Teles da Silva, em 15 de maio de 1645", "Carta que escreveram os moradores de Pernambuco aos holandeses do Conselho em 22 de junho de 1645" e "Traslado do abaixo assinado em serviço da liberdade [...] em restauração de nossa pátria de 23 de maio de 1645". *RIAP*, vol. 6, n. 35 (1888), p. 120-126; Cartas e representações das Câmaras a D. João IV, Arquivo Histórico Ultramarino (AHU), Documentos Avulsos, Pernambuco, caixas 4, 5 e 6; e Registro de Consultas de Mercês Gerais, do Conselho Ultramarino, AHU, Códices 13, 14, 15, 78, 79, 80, 81, 82, 83, 84, 85 e 86; e "Representação da Câmara de Pernambuco ao rei", Biblioteca da Ajuda, código 51-IX-6.

mas que no Brasil mostrou-se pouco eficiente. O episódio do Brasil Holandês pode revelar, portanto, as estruturas do Antigo Sistema Colonial.

Poderes locais e "açucarocracia"

Quando a Companhia das Índias Ocidentais invadiu as capitanias do norte do Estado do Brasil, grandes produtoras de açúcar, eram sobretudo os senhores de engenho que detinham o poder político, social e econômico local. Nesse contexto, as Câmaras Municipais eram o órgão por meio do qual as elites coloniais ligadas à produção açucareira exerciam seu poder, ao mesmo tempo em que desempenhavam um papel de destaque no processo colonizador português, como organismos de colonização junto a outros agentes e instituições coloniais. Destaca-se, então, a importância desses órgãos de administração municipal para a vida dos colonos assim como para a metrópole, nos dois primeiros séculos de colonização portuguesa.

Como temos reforçado, não podemos perder de vista as especificidades das mais diversas conquistas ultramarinas, sejam portuguesas ou neerlandeses, e a maneira como as instituições, que tinham por base o modelo metropolitano, foram sendo reconfiguradas, e as leis e ordens emanadas dos países europeus acabavam sendo flexibilizadas nesses diferentes contextos coloniais e conjunturas históricas específicas. A análise das câmaras ao longo do período do Brasil Holandês permite perceber esses "ajustes" e mesmo "recriações" das instituições diante dos limites e realidades administrativas da colônia. E não apenas isso, mas também entender como seus oficiais lidavam com as normas que recebiam das autoridades metropolitanas para aplicá-las à sua realidade, recriando-as na prática do exercício do poder.

Retomemos, aqui, as discussões desenvolvidas no primeiro capítulo acerca do relevante papel das Câmaras de Vereadores durante o período colonial. Isso porque suas atribuições de âmbito municipal e mesmo sua esfera de ação dentro da vila ou cidade e sua respectiva jurisdição eram muito mais amplas se comparadas com as dos séculos seguintes. Eram responsáveis por diversos assuntos, não importando que fossem de ordem administrativa, policial ou judiciária. As Câmaras, por exemplo, denunciavam crimes e abusos aos

174   Fernanda Trindade Luciani

juízes, desempenhavam funções de polícia rural e de inspeção da higiene pública e auxiliavam os alcaides no policiamento da terra.

Além destas atribuições, os conselhos municipais podem ser considerados órgãos essenciais da vida da colônia, pois eram também responsáveis pelo gerenciamento de considerável parcela do comércio e, o que vem a ser fundamental para garantir sua autonomia e poder, cabia a essas instituições a administração da defesa e das rendas locais. Diversas vezes a Coroa, como não conseguia arcar com todos os gastos para a manutenção e proteção de determinados municípios, ou da colônia como um todo, transferia aos moradores as despesas com sua própria defesa. Outras vezes, ainda, a metrópole lançava tributos e impostos em conjunturas especiais, cujo gerenciamento ficava a cargo das câmaras municipais.

Evaldo Cabral de Mello demonstra, na obra *Olinda Restaurada*, a tendência, no começo do século XVII, de se transferir da metrópole para a colônia os custos de defesa globais. Um exemplo claro, e que nos interessa, é o período das guerras de Resistência e de Restauração empreendidas contra os invasores durante o período das invasões flamengas nas capitanias do Norte. Apesar da tentativa de combinar poder naval – da metrópole – com defesa local – da colônia –, os custos das duas guerras, tanto humanos quanto materiais, sobretudo no que diz respeito à guerra de Restauração, recaíram, na maior parte, sobre a sociedade colonial.[2]

É a partir dessa prévia avaliação sobre a grande importância das Câmaras municipais portuguesas anteriormente à invasão neerlandesa e mesmo durante a guerra de Restauração (1645-54), que pretendemos pensar o impacto ocasionado pela implantação, nas terras conquistadas no Norte do Estado do Brasil, da nova organização local neerlandesa. Ainda que essa estrutura estivesse, a princípio, baseada no modelo político-institucional das cidades das Províncias Unidas, em particular nas instruções da Holanda, Zelândia e Frísia Ocidental, não seria possível desconsiderar que as autoridades neerlandesas

---

2   Evaldo Cabral de Mello, *Olinda Restaurada: guerra e açúcar no nordeste, 1630-1654*. 2ª ed. Rio de Janeiro: TopBooks, 1998, p. 29.

se depararam, nessas terras, com uma sociedade já formada e que trazia uma experiência política municipal instituída há tempos.

Essa estrutura política municipal portuguesa estabelecida nas suas conquistas, com a qual os flamengos se depararam nas capitanias do Norte, permitia a comunicação direta dos colonos com o Rei, por meio, principalmente, das Câmaras Municipais. Tal prática interessava não só aos moradores, que exerciam certa autonomia política local e podiam negociar seus pedidos e apresentar suas reclamações à metrópole, mas também à Coroa, que mantinha, constantemente, um canal de informações sobre o que se passava na colônia, o que possibilitava melhor administração de suas conquistas ultramarinas.

O vínculo entre a colônia e a metrópole, que reservava um importante papel às instituições municipais, acabava por fazer com que o colono estivesse ligado, de alguma forma, a Portugal, como vassalo do Rei, que lhes cedia privilégios através dos cargos municipais. Privilégios como, além do prestígio próprio e o de família, de não poderem ser presos, processados ou suspensos, a não ser por ordem do próprio Rei. E, apesar do cargo de vereador não ser remunerado, seu exercício trazia vantagens econômicas por meio dos interesses particulares defendidos nesse órgão de poder local. Claro está que essas vantagens dependiam também da câmara da qual fazia parte, pois como observamos anteriormente, havia certa diferenciação política, econômica e mesmo simbólica entre as diversas câmaras coloniais.

Essa situação da administração municipal foi interrompida ou, pelo menos, modificada nas capitanias conquistadas pelos neerlandeses, em razão da implantação das Câmaras de Escabinos, a partir do segundo semestre de 1637. Considerando que por intermédio das Câmaras Municipais a "açucarocracia" exercia seu poder político, econômico e social nos primeiros séculos do Brasil Colônia, é possível questionar se, quando esse órgão municipal foi substituído por outro com menor raio de ação e autonomia limitada, instituído como tribunal subalterno de justiça e com forte influência do governo central neerlandês do Recife no sistema de eleição dos escabinos, esses senhores de engenho e lavradores sofreram abalo considerável no seu poder local e de negociação; ou ainda se, como detentores dos meios materiais de produção do açúcar e como oficiais das novas Câmaras, essa elite conseguiu manter seu poder no âmbito local negociando com o governo neerlandês.

Alguns autores apontaram para a relação entre a forma segundo a qual as câmaras de escabinos foram organizadas, e seu consequente impacto sobre os moradores, com o movimento restaurador. O pesquisador da metade do século XIX José Hygino, ao abordar a ação dos funcionários neerlandeses no Brasil Holandês, faz referência aos abusos cometidos pelos escoltetos. Ele afirma que essas atitudes foram sentidas pela população colonial e que esses funcionários "eram o terror dos moradores portugueses".[3]

José Antônio Gonsalves de Mello dedica algumas páginas do seu célebre livro *Tempo dos Flamengos* a uma breve exposição da estrutura e composição das Câmaras de Escabinos. O autor entende que essa nova instituição foi também responsável pelo abalo da força política da aristocracia da casa grande, pois, com sua instalação, os senhores de engenho vieram a perder seu poder político, que havia lhes escapado para as mãos dos moradores das cidades, dos ricos comerciantes, dos agentes de firmas da Holanda, dos judeus. Dessa maneira, conclui que "devemos ver na revolução restauradora, também, um movimento tendente a retomá-lo, como de fato aconteceu".[4]

Apesar de dedicar pouco espaço de sua obra às câmaras de escabinos, Charles Boxer segue o mesmo caminho de José Hygino e de Gonsalves de Mello em sua interpretação da administração local neerlandesa no Brasil. Boxer comenta que os escoltetos, que presidiam as Câmaras de Escabinos e deveriam ser obrigatoriamente de nacionalidade neerlandesa, eram "detestados cordialmente pelos moradores, que se queixam de que eles só faziam uso de sua autoridade para extorquir dinheiro, mediante ameaça e chantagem". A partir disso, afirma também que o procedimento desses oficiais

---

3   José Hygino Pereira, *Revista do Instituto Arqueológico e Geográfico Pernambucano.* Recife, vol. 5, n. 31 (1887), p. 36.

4   José Antônio Gonsalves de Mello, *Tempo dos Flamengos. Influência da Ocupação holandesa na vida e na cultura do norte do Brasil.* 4ª ed. Rio de Janeiro: Topbooks, 2001, (1947), p. 123.

neerlandeses constituiu uma das principais causas do levante dos luso-brasileiros em 1645 contra os invasores.[5]

Em *Fórmulas Políticas do Brasil Holandês*, Mário Neme dialoga com autores que defendiam ser a forma de governo implantada pelos neerlandeses no Brasil um regime de liberdade. Como aponta no prefácio, "é inegável que a noção de liberdade, ou liberdades, surge como uma constante nos autores nacionais, desde a segunda metade do século passado [século XIX]".[6] Defende, ao contrário, que a estrutura do governo do Brasil Holandês "revela-nos uma completa falta de orientação em matéria de organização político-administrativa", apontando como causa do malogro da agregação social, além das desfavoráveis contingências e circunstâncias adversas em razão da conquista e do contato forçado de duas condições inconciliáveis, o fato de a autoridade proceder de em uma companhia de comércio que visava somente o lucro e os benefícios materiais.

Para Neme, a Câmara de escabinos seria, nesses termos, o único órgão de governo de cunho institucional e "somente desta forma de governo se pode dizer que foi transplantada das Províncias Unidas para a sua colônia brasileira [...] É a única instituição, portanto, e somente ela, que poderá exprimir, se bem que por um aspecto restrito, o pensamento político do povo que acabava de conquistar vastos territórios no Nordeste brasileiro". Logo em seguida, entretanto, o autor afirma que, em sua estrutura e funcionamento, a câmara neerlandesa apresentava-se como "uma réplica da antiga câmara dos vereadores" e que, como a instituição portuguesa, a ela cabia julgar as causas cíveis e

---

5 Charles Ralph Boxer, *Os Holandeses no Brasil, 1624-1654*. Recife: CEPE, 2004, p. 183-184.

6 Mário Neme refere-se aqui a Manuel de Oliveira Lima, *Pernambuco: Seu Desenvolvimento Histórico*. Recife: Massangana, 1997 (edição fac-similar da primeira edição de 1895, Leipzig, F. A. Brockhaus.); João Ribeiro, *História do Brasil*. 16ª ed. Rio de Janeiro: Livraria São José, 1957 (1900); Joaquim Nabuco, "Fronteiras do Brasil e da Guiana Inglesa". In: *O Direito do Brasil*. São Paulo/ Rio de Janeiro: Companhia Editora Nacional/ Civilização Brasileira, 1941 (1903); e Gilberto Freyre, Prefácio à obra *Tempo dos Flamengos. Influência da Ocupação holandesa na vida e na cultura do norte do Brasil*, de José Antônio Gonsalves de Mello. 4ª ed. Rio de Janeiro: Topbooks, 2001 (1947).

criminais em primeira instância. Em comparação com as câmaras portuguesas, Neme acredita que no período neerlandês não houve "um avanço, mas um considerável recuo na marcha das conquistas democráticas", pois os conselhos da administração flamenga tinham esfera de ação restrita, possuíam menor autonomia e sofriam interferência do poder central em sua eleição.[7]

Em relação aos escoltetos, parece não haver dúvidas da insatisfação dos moradores diante de suas ações. É recorrente encontrarmos na documentação queixas dos colonos luso-brasileiros referentes aos abusos desses funcionários neerlandeses. Até mesmo o conde João Maurício, um dos responsáveis por sua nomeação, admitia que eles abusavam de seus poderes em suas respectivas jurisdições. No que se refere às câmaras de escabinos, entretanto, não seria correto afirmar que estas eram compostas por "burgueses" ou que os senhores de engenho perderam seu poder com a nova instituição local, sobretudo se considerarmos os conselhos que não o de Olinda (mais tarde Maurícia). Isto porque, como veremos, a partir de uma análise mais detalhada da composição das Câmaras de Escabinos, é possível notar que muitos senhores de engenho e lavradores faziam parte de seus quadros de membros e, dentre esses, os escabinos luso-brasileiros constituíam a maioria.

Dessa forma, para a problemática que abordamos, outros documentos, que não somente ordenações, regimentos e instruções dos governos centrais são de grande relevância. Também as listas com os nomes dos eleitores, as listas de escabinos eleitos, as reclamações e reivindicações dos moradores e oficiais camarários, e as respostas das autoridades neerlandesas a essas demandas se fazem fundamentais para a compreensão da dinâmica da administração no Brasil Holandês. Uma demonstração bastante enfática do descontentamento, por parte dos luso-brasileiros, com a nova instituição local e com o escolteto, está na obra do Padre Manuel Calado. Ao descrever o funcionamento da Câmara de Escabinos, o frei afirma que

---

7 Mário Neme, *Fórmulas Políticas do Brasil Holandês*. São Paulo: Difusão Europeia do Livro/ Edusp, 1971, p. 60-61 e 219-233.

os Escabinos portugueses poucas vezes se ajuntavam todos quatro, por morarem em lugares distantes, e os Flamengos estavam ao pé da obra, sempre eram mais os votos dos Flamengos, e assim sempre a justiça, ou injustiça, pendia para a parte dos Flamengos, e quando os escabinos portugueses se ajuntavam todos, se punham os Flamengos a falar uns com os outros na sua língua, e davam o despacho como lhes parecia.[8]

O padre português vai mais além e denuncia a tirania, os abusos, as traições e os roubos dos funcionários neerlandeses em Pernambuco, o que no seu entender levou a população a "dar em desesperação" e, consequentemente, tentar defender suas vidas das mãos desses "tiranos", juntando-se a João Fernandes Vieira. Para Calado, foi a partir desses descontentamentos que "começou a principiar a facção da aclamação da liberdade",[9] ou seja, a Insurreição contra os invasores flamengos.

Ainda que pesem os possíveis exageros de Manuel Calado, partidário da Coroa portuguesa e escrevendo no calor das lutas, entre 1645 e 1646, o *Valeroso Lucideno* – onde talvez se basearam Gonsalvesde Mello e Boxer –, não se pode deixar de observar a insatisfação de parte da população frente ao funcionamento e às ações das Câmaras de Escabinos e de ressaltar como Calado relaciona os problemas causados à população por esse novo órgão local com a reação luso-brasileira. Daí, contudo, é preciso considerar como se deu o impacto desse novo modelo administrativo e por quem foi preparado o movimento que ficou conhecido como Insurreição Pernambucana. Não estamos defendendo que a reação luso-brasileira surgiu e se sustentou por um "sentimento anti-holandês" ou por um "sentimento nativista" de resistência aos valores e instituições que os invasores desejavam impor, como defendia a historiografia do século XIX ao propor uma relação direta entre o levante de 1645 contra os neerlandeses e "sentimento nacional".

---

8   Manuel Calado, *O Valeroso Lucideno e Triunfo da Liberdade (1648).* 2ª ed. São Paulo: Edições Cultura, 2 vols., 1945, p. 147.

9   *Idem*, p. 304 e 305.

Longe de aceitar tal tese nativista ou desconsiderar os fatores econômicos conjunturais e estruturais que explicam o movimento restaurador, estamos propondo um novo ângulo, olhado pelo viés político ou administrativo, a partir do qual é possível, juntamente às motivações de ordem econômica, entender o levante luso-brasileiro que foi preparado por proprietários de terra, ou seja, senhores de engenho, e apoiado pela maior parte das "pessoas principais" da terra, os quais estavam também ligados à produção açucareira. Essas questões políticas que possibilitam uma melhor compreensão do levante de 1645 e da efemeridade do domínio neerlandês estão relacionadas, por um lado, à implantação de uma nova organização administrativa que seguia uma lógica distinta daquela portuguesa já tão familiar aos colonos com as Câmaras Municipais, e, por outro, à estrutura e dinâmica que essas novas instituições foram moldando na colônia.

Uma fonte bastante importante para discutir essa problemática e que possibilita a reflexão tanto acerca da reação dos moradores diante da nova organização burocrática e institucional, quanto dos pedidos feitos pelos representantes do povo e pelos oficiais das Câmaras de Escabinos, é as *Atas da Assembleia Geral de 1640*. Nelas estão registrados os pedidos dos oficiais camarários ao governador e aos altos conselheiros referentes ao funcionamento e funções das câmaras de escabinos, assim como os descontentamentos da população para com os funcionário neerlandeses, sobretudo com relação aos escoltetos.[10]

O governador Maurício de Nassau, juntamente com os membros do Alto e Secreto Conselho, convocou para se reunir no dia 27 de Agosto de 1640 e nos dias seguintes, na cidade de Maurícia, uma Assembleia "composta de todas as câmaras ou tribunais de justiça representados pelos escabinos e moradores portugueses de suas jurisdições, para tratarem de coisas que são necessárias ao bem público e à direção do governo deste estado". A assembleia, composta por 55 membros, que deliberariam sobre os negócios peculiares ao Brasil Holandês, funcionou até 4 de setembro daquele ano.

---

10 "Atas da Assembleia Geral de 1640". *RIAP*, 31, 1886, p. 173-238.

Foram cinco as proposições que o conde e o Alto Conselho apresentaram aos participantes e "a todo o povo deste Estado representado" por eles; "todas tendentes ao bem da República e proveito dos moradores do Brasil".[11]

Essas propostas das autoridades neerlandesas versavam sobre a defesa contra os salteadores das matas e contra os ladrões domésticos, a distribuição de armas aos moradores, a pouca afeição dos moradores para com a nação neerlandesa, a administração da justiça e o governo da milícia. A quinta proposição, que nos interessa mais de perto, visava remediar "as desordens da justiça, os abusos e transgressões dos escoltetos e oficiais da milícia, a fim de que não traspassem os limites de suas instruções, nem pratiquem insolências e delitos contra freguesias."[12] Depreende-se daí que o Alto Conselho e o Governador estavam cientes das "muitas faltas, e às vezes extorsões, causadas umas principalmente por oficiais mal dispostos, e outras por cobiça dos escoltetos", o que causava grande dano à administração da colônia.[13] As ações abusivas desses oficiais locais não eram, portanto, exceções e nem estavam restritas a determinadas jurisdições.

Diante dessa situação, o Conde de Nassau, em acordo com os altos conselheiros, delibera aos escabinos a tarefa de, sob juramento, escrever em um livro tudo o que ocorresse em sua jurisdição e as culpas que nisso tivessem os escoltetos e os oficiais da milícia, além das injustiças, roubos, violações às instruções e casos de morte. A cada três meses, os escabinos deveriam enviar um relatório extraído de tal livro, denominado *Livro dos Delitos*, ao governador e ao Alto Conselho, para que os culpados pudessem ser punidos.

Os requerimentos das Câmaras de escabinos e dos representantes do povo das jurisdições de Maurícia, Itamaracá, Serinhaém, Igarassu, Porto Calvo e Paraíba, contidas nas *Atas da Assembleia*, referem-se à religião, à guerra, à justiça e, principalmente, ao governo civil. Nelas encontram-se, entre outros assuntos, pedidos pela coibição dos abusos de poder dos

---

11 *Idem*, p. 173 e 179, respectivamente.

12 *Idem*, p. 180.

13 *Idem*, p. 202-203.

182   Fernanda Trindade Luciani

escoltetos e demais oficiais e por maior autoridade e autonomia das câmaras. O quarto artigo, entre os sete acerca dos negócios da justiça propostos pela cidade de Maurícia, por exemplo, versa sobre as conhecidas "violências e extorsões que praticam os escoltetos e oficiais de justiça". Parece claro que essas ações abusivas eram sentidas nas diversas regiões, já que tais queixas aparecem nas proposições das seis jurisdições.

Diante dessas atitudes que os moradores consideravam abusivas, os deputados do povo e escabinos de Maurícia propõem, então, um maior controle sobre esses oficiais, em especial os escoltetos, por parte das Câmaras de Escabinos. Solicitam que a esta instituição fosse permitido despachar as requisições dos escoltetos, sem ordem prévia do Alto Conselho, e "proceder por informação, sentença e multas contra tais oficiais e escolteto", fazendo com que se suspendesse logo do seu ofício o escolteto ou outro oficial que violasse as suas instruções. Eles requeriam, ainda, que o escolteto ou qualquer outro oficial que insultasse algum escabino ou que prendesse alguma pessoa sem dar parte disso à Câmara, dentro de 24 horas, e não cumprisse o que lhe foi por esta ordenado, ficasse privado de sua função. Os altos conselheiros e o governador deliberam que todos esses pedidos fossem concedidos à Câmara de escabinos.[14]

Outro ponto interessante pode ser depreendido a partir das proposições dos deputados do povo da Paraíba, quando estes pedem que

> se confirmem honras e privilégios aos escabinos a fim de serem eles respeitados, como convém, porquanto o povo não os considera muito; ao contrário, ninguém desejará ser escabino, evitar-se-á o cargo, e não tomarão os serviços na devida consideração, com o que a justiça há de ser mal administrada.[15]

---

14   *Idem*, p. 213-216.

15   *Idem*, p. 224 e 228.

Nesse trecho são reivindicadas honras e privilégios aos membros do novo órgão de poder local criado pela administração flamenga, pois, talvez, naquele momento, esses oficiais camarários não estivessem sendo considerados e respeitados pelo povo da maneira como eles próprios acreditavam que deviam ser. Pode-se notar ainda como era muito forte a ideia de que os oficiais do conselho devessem ter privilégios e honras, e merecessem respeito e consideração, como tinham os vereadores das Câmaras Municipais da legislação portuguesa, privilégios que lhes tinham sido concedidos pelo Rei.

As reclamações sobre um escolteto em particular são também frequentes nas *Atas*. A Câmara de Serinhaém, por exemplo, requer do Alto Conselho a retirada do seu então escolteto, por ser este incômodo ao distrito, e a sua substituição. Os representantes da Capitania da Paraíba vão mais além ao pedirem, no lugar da substituição de um oficial, a supressão do cargo de escolteto por avaliar ser este supérfluo e nocivo aos moradores; esta proposição não é aceita pelos altos conselheiros por entenderem que o cargo era necessário à administração.[16]

Aparecem, assim, nos requerimentos dos deputados do povo e oficiais das Câmaras participantes da Assembleia de 1640, além das constantes queixas dos moradores frente aos abusos dos escoltetos e de outros oficiais, pedidos de maiores atribuições ao novo órgão de poder local, isto é, as Câmaras de Escabinos. É interessante observar, contudo, que, diferentemente da reação dos moradores frente ao cargo de escolteto, que sofria constantes queixas e chegou a ser considerado desnecessário, em nenhuma das proposições foi pedido que se criasse uma nova instituição local ou um novo conselho, nem mesmo que se suprimissem as Câmaras.

É possível afirmar que os escabinos luso-brasileiros buscaram aproximar, por meio de seus pedidos às autoridades neerlandesas, a Câmara de Escabinos à antiga Câmara portuguesa, cuja estrutura lhes era familiar. Eles solicitavam que fossem ampliados a esfera de ação daquela instituição e os seus próprios privilégios, além de requererem que os abusos dos escoltetos

---

16 *Idem*, p. 232 e 228.

na sua jurisdição fossem restringidos; isto, na tentativa de resgatar o importante papel que o conselho municipal e seus oficiais possuíam para a vida colonial, antes da reorganização administrativa empreendida pelas autoridades neerlandesas e da substituição, no ano 1637, das antigas câmaras.

Pouco antes da mudança efetiva de um sistema administrativo local para outro, em 1637 – até quando os conselhos municipais foram mantidos em funcionamento conforme a estrutura política portuguesa, mesmo após a invasão neerlandesa –, os oficiais da Câmara Municipal de Olinda enviaram um requerimento ao Alto Conselho no qual, entre outras questões, indagavam ao então governador Nassau e aos altos conselheiros se seriam mantidos os seus privilégios concedidos pelo Rei de Portugal e se continuariam a vigorar as ordenações do Reino de Portugal.[17]

Antes de deliberar sobre o assunto, o Alto Conselho ordenou que os oficiais da Câmara lhes mostrassem "primeiramente uma especificação e uma prova de seus privilégios" e acrescentou que, com relação à forma de sua justiça e leis, os "poderosos dos Estados Gerais e Sua Alteza, o príncipe de Orange, dão ordens para que eles sejam governados seguindo as leis do Imperador, ordens e costumes da Holanda, Zelândia, e Frísia oriental".[18] Similar petição foi enviada ao Alto Conselho pela Câmara Municipal da Paraíba com as mesmas indagações; e, sobre o pedido de manutenção das ordenações do Reino, foi respondido pelas autoridades neerlandesas "que pelos os Todos Poderosos e pelo Conselho dos XIX, uma forma de governo muito efetiva havia sido criada", isto é, a Câmara de Escabinos em substituição às antigas câmaras portuguesas.[19]

É possível perceber nesses documentos, por um lado, a preocupação dos oficiais camarários em perder seu poder, autoridade e prestígio que possuíam até o momento da substituição do órgão administrativo vigente no âmbito municipal, executada com a criação da Câmara de Escabinos nesse mesmo ano de

---

17 *Nótula Diária* de 4 de maio de 1637.

18 *Ibidem.*

19 *Nótula Diária* de 2 de julho de 1637.

1637, pelo governo neerlandês. Por outro lado, essa consulta nos chama a atenção no momento em que esses oficiais se referem aos seus privilégios, que lhes haviam sido concedidos pelo Rei de Portugal. Isto assinala para duas questões colocadas anteriormente, a primeira relativa aos cargos municipais que vinculavam os moradores, como vassalos do rei, à metrópole, e a segunda, acerca das câmaras como espaços de negociação e instrumentos de colonização.[20]

As deliberações do Alto Conselho a esses pedidos de manutenção dos privilégios são elucidativos da maneira que os governantes neerlandeses entenderam ou atentaram para tais questões. As únicas referências feitas pelas autoridades neerlandesas às cartas das câmaras de Olinda e da Paraíba nas *Nótulas Diárias* dizem respeito aos privilégios concedidos em troca do trabalho e investimento despendido pelos moradores, isto é, quanto ao "privilégio de não cobrar mais tributos aos moradores" e "às liberdades e isenções que os engenhos e lavradores receberam do Rei de Portugal". Sobre isso afirmam compreender a "intenção do Rei de dar privilégios aos senhores que tinham construído novos engenhos a partir do nada e plantado cana onde nunca houve cultivo, para assim incentivar outras pessoas e fazer com que as terras sejam mais cultivadas com cana e que mais engenhos sejam construídos". Apenas sob estas circunstâncias, as pessoas que tivessem maiores pretensões poderiam "se apresentar perante sua Excelência e o Alto Conselho".[21]

Outro requerimento da Câmara de Olinda, recebido pelo Alto Conselho e pelo governador em 23 de julho de 1639, contribui para a discussão. Depreende-se nesse documento que os portugueses demandavam um vínculo com o poder ou com a pessoa que incorporasse esse poder, além dos benefícios econômicos imediatos que poderiam receber em troca de se produzir

---

20 Evaldo Cabral observa, ainda, com relação ao repúdio dos luso-brasileiros para com os neerlandeses, a ausência de monarca na cúpula do sistema, já que a administração do Brasil Holandês respondia ao Conselho do XIX, ou seja, à Companhia. Como ele escreve: "Mais do que súditos de uma república, doía-lhes a de vassalos de uma empresa particular e mercantil". *Um Imenso Portugal. História e Historiografia*. São Paulo: Editora 34, 2002, p. 149.

21 *Nótula Diária* de 25 de maio de 1637.

açúcar. Os escabinos, para tranquilizar seus habitantes e para melhor proveito e serviço da Companhia, fizeram um pedido perante Sua Excelência, no qual deixam saber que eles, na posição de câmara mais importante dessas conquistas, desejavam ver um refúgio na sua pessoa de maneira que eles tivessem em todas as suas necessidades, negócios e fiéis intenções, um "patrono" (*patronum*) que os protegesse tanto no Brasil como na Holanda. Assim notificaram os altos conselheiros a respeito do dito requerimento:

> Eles esperam que S. Exª não negue este título, mas receba o município e seus habitantes debaixo de suas asas; e pedem a sua Excelência que os receba como seus amados e se denomine como seu patrono quando os muitos poderosos Senhores e sua Majestade estiverem a par deste comunicado, requerendo a confirmação de sua Excelência caso esteja de acordo. De modo que os habitantes possam viver mais contentes com esta segurança e este refúgio e possam ficar tranquilos e o Estado possa ser mantido da melhor forma possível.[22]

Em seguida, um segundo requerimento é enviado pela mesma Câmara aos Nobres Senhores do Supremo e Secreto Conselho "para proveito e quietação do povo e por utilidade da Ilustríssima Companhia". Seus oficiais pedem aos conselheiros que os fizessem "mercê de querer aceitar também a sociedade em este patrocínio", o qual havia sido oferecido a Nassau, para que os moradores passassem a se sentirem seguros e contentes, pois entendiam que naquela ocasião isto era questão de grande importância pelo receio de que o inimigo pudesse lhes causar grandes danos.[23]

Nassau, nas instruções que escreveu antes de sua partida, em 1644, e que deixou aos conselheiros que o sucederiam no governo, partindo da

---

22 *Nótula Diária* de 23 de julho de 1639.

23 Treslado da carta da Câmara de Olinda aos Nobres Senhores do Alto e Secreto Conselho, e do respectivo Despacho de julho de 1639 do Alto Conselho. Maurícia, 28 de abril de 1640. Manuscrito do Instituto Arqueológico, Histórico e Geográfico Pernambucano.

experiência que havia adquirido naqueles quase oito anos no Brasil e pensando na melhor forma de administrar a conquista, apresenta sua visão a respeito dos neerlandeses e portugueses e, consequentemente, a maneira como seus sucessores deveriam tratá-los. Com relação aos primeiros, avisa que os conselheiros não deveriam tocar-lhes os bens, pois "eles sentem nisso maior dano do que o da própria vida e facilmente esquecem por isso o respeito para com todo o mundo." Diferentemente dos neerlandeses, segundo o Conde, o tratamento para com os portugueses deveria estar baseado na "benevolência e cortesia", pois dessa maneira as autoridades obteriam deles maior proveito e obediência, até mesmo em comparação a seus próprios naturais. Afirmava saber "por experiência que se trata de um povo que faz mais caso de bom acolhimento e cortesia do que de bens."[24]

Apesar de Nassau ter conseguido perceber, já no final de sua estadia no Brasil, algumas diferenças fundamentais entre portugueses e neerlandeses e, a partir disso, ter escrito como as autoridades deveriam agir para com esses dois povos, sua resposta aos requerimentos das Câmaras sobre a concessão do título de patrono e o pedido de proteção, feitos no ano de 1639, é bastante interessante. O conde parece não ter compreendido, cinco anos antes de escrever as instruções a seus sucessores, o que aqueles luso-brasileiros tentavam transmitir por meio de seu texto e a importância que davam àquelas questões. Dessa forma, aquelas demandas pareciam não lhe fazer muito sentido naquele momento.

Maurício de Nassau, então, respondeu que entendia que os escabinos fizeram aquele pedido de "bom coração", mas que ele não considerava o caso importante. Apesar disso, como aqueles moradores haviam lhe confirmado que esse tipo de "patronato" era muito comum e que por costume do tempo da soberania espanhola "se dá e se recebe títulos por uma questão de honra", ordenou que se "mandasse redigir um comunicado cortês", aceitando o título e garantindo fidelidade aos portugueses:

---

24 "Memória e Instrução de João Maurício, Conde de Nassau, acerca do seu governo do Brasil (1644)". *FHBH*, vol. II, p. 401-403.

sua Excelência e o Alto Conselho sempre serão afetivos e fiéis para com os habitantes e lhes amam como seus próprios filhos e lhes honram, e prometem continuar desta forma, e sempre protegerão os habitantes e sempre zelarão para o seu bem estar e sempre tentarão evitar prejuízos ou desvantagens, o que eles, não somente aqui como também na pátria mãe, procuram conseguir com perseverança; mas isto tem que ser compreendido dentro dos limites do que se é exigido ou se é permitido pela Companhia.[25]

O Conde aparece, mais uma vez, como um personagem bastante interessante. Ainda que tenha sido o funcionário da Companhia e do governo neerlandês, de que temos notícia, que melhor compreendeu o funcionamento da colônia e mais se esforçou em buscar formas de conciliação com os colonos portugueses, seria possível dizer que Nassau não pôde compreender por completo as demandas dos escabinos luso-brasileiros por privilégios e mercês e por uma ligação direta com poder por meio de uma relação pessoal e de fidelidade naquele ano. Mais tarde, antes de deixar o Brasil, vai destacar essa prática dos portugueses e como as novas autoridades deveriam tratá-los.

Esta questão da "tradução" entre aquelas duas culturas distintas, do choque entre esses dois sistemas sociais, o português e o neerlandês, o primeiro baseado na honra – uma sociedade predominantemente estamental – e o segundo baseado no mérito ou valor pessoal – uma sociedade predominantemente de classes –, torna-se explícita quando observamos a dinâmica da administração local ao longo do período do Brasil Holandês. Os escabinos portugueses estavam habituados ao processo de distribuição de terras, títulos, cargos e outras mercês pela Coroa como forma de vincular os vassalos aos seus projetos, o que, por um lado, reforçava a autoridade Real e, por outro, fortalecia o poder das elites locais na colônia.

Daí a emblemática figura do governador e Conde Maurício de Nassau, que no Brasil passa a ser conhecido como "Príncipe de Nassau". Um nobre

---

25 *Nótula Diária* de 23 de julho de 1639.

em quem os luso-brasileiros depositaram toda a sua expectativa de estabelecimento de vínculo com o poder, demandando-lhe privilégios e concedendo-lhe o título de "patrono", em substituição ao desconforto anterior de se sentirem governados por uma Companhia de Comércio. Como assinalou Evaldo Cabral, "doía-lhes a [condição] de vassalos de uma empresa particular e mercantil, a qual, salvo Nassau, que soube tirar partido de seu rango aristocrático para tornar-se popular, achava-se representada, nos vários níveis institucionais, por indivíduos de extração popular".[26]

A relação estabelecida entre os colonos luso-brasileiros e o Conde Maurício é bastante notória nas atitudes dos próprios oficiais das câmaras de Escabinos. Diante das notícias que circulavam pelas capitanias conquistadas sobre a possibilidade do Conde deixar o Brasil, já que o prazo inicial que havia sido acordado com a Companhia era de cinco anos, várias Câmaras de Escabinos escreveram diretamente aos Estados Gerais pedindo sua permanência e elencando seus valores. A Carta da Câmara de Maurícia, datada de 14 de setembro de 1642 e assinada pelos escabinos luso-brasileiros João Fernandes Vieira, Antonio Cavalcanti, Antônio de Bulhões e Francisco Berenguer de Andrade – os principais líderes da insurreição três anos depois –, é emblemática do desejo dos portugueses de que Nassau permanecesse no Brasil. Assim escreveram esses escabinos:

> afirmamos a Vossas Serenidades, pela experiência e notícia que temos desta terra do Brasil, da natureza e inclinação dos moradores, das necessidades e circunstâncias do governo que aqui se requer, e da disposição, modo de viver, entendimento e afabilidade e mais partes do dito Sr.[o Conde de Nassau] no governar, que se ele se ausenta deste Estado muito em breve se há de tornar a aniquilar tudo que com sua presença floresceu e se alcançou, e temos por tão infalível e evidente esta matéria, que escusamos propor a Vossas

---

26 Evaldo Cabral de Mello, *Um imenso Portugal. História e historiografia.* São Paulo: Editora 34, 2002, p. 149.

Serenidades mais esclarecimento nela, pedindo-lhes que...
mandem que o dito Sr. continue no seu governo...[27]

Pouco antes de deixar o Brasil, em abril de 1644, os escabinos de Maurícia, Santo Antônio do Cabo e Serinhaém pedem, mais uma vez, que Nassau adiasse sua partida. Entre eles estavam Felipe Paes Barreto, cuja assinatura aparece no "termo de aclamação de João Fernandes Vieira" de 1645, entre as "pessoas principais" da terra, e que vai exercer o cargo de vereador da Câmara de Olinda em 1647; Francisco Berenguer de Andrade e Arnau de Olanda Barreto, o primeiro, juiz ordinário em 1645, e o segundo, vereador em 1647, ambos oficiais da Câmara de Olinda e cujas assinaturas estarão na carta enviada ao governador Teles da Silva e no "abaixo-assinado pela Liberdade", de 1645; e Gil Lopes Figueira, que mais tarde, em 1647, ocupará o cargo de vereador da Câmara de Serinhaém.[28]

Esses escabinos reforçavam que a presença do Conde, em razão de sua autoridade e prestígio nessas terras, era indispensável. Propõem, em nomes dos moradores, enviar um representante à Holanda e oferecem custear as despesas de Nassau, "sem encargos para a Companhia", até que as autoridades decidissem sobre sua permanência no Brasil. O altos conselheiros deliberaram, com consentimento do próprio Nassau, que não podiam fazer mais nada sobre o assunto, pois há muito tempo vinham tentando e

---

27 *Apud* José Antonio Gonsalves de Mello, *FHBH*, vol. II, p. 387. O autor cita ainda cartas das Câmaras de Escabinos de Itamaracá, Paraíba, Igarassu, Serinhaém, Porto Calvo e Santo Antônio do Cabo, nas quais os escabinos portugueses ressaltam as qualidades do Conde e pedem por sua permanência no Brasil.

28 "Termo de aclamação de João Fernandes Vieira" [Real Novo do Bom Jesus, 7 de outubro de 1645]. In: Manuel Calado, *O Valeroso Lucideno e Triunfo da Liberdade* (1648). 2ª ed. São Paulo: Edições Cultura, 1945, vol. II, p. 103-108; "Carta dos moradores de Pernambuco ao governador do Estado do Brasil, Antônio Teles da Silva. 15 de maio de 1645". *RIAP*, vol. 6 (1888), n. 35, p. 120-122; "Carta que escreveram os moradores de Pernambuco aos holandeses do Conselho, datada de 22 de junho de 1645". [em anexo o "Abaixo-assinado em nome da liberdade de 23 de maio de 1645"]. *RIAP*, vol. 6 (1888), n. 35, p. 122-128.

escrevendo ao Conselho dos Dezenove em favor da sua permanência.[29] Assim, o Conde deixou o Brasil em 11 de maio daquele mesmo ano.

Dentro dessa perspectiva, as *Atas da Assembleia de 1640* e as *Nótulas Diárias* explicitam não apenas certa insatisfação dos colonos diante da nova estrutura de governo municipal, em diferentes níveis e por diferentes causas, mas, sobretudo, demonstram como esses agentes sociais estavam inseridos, mesmo anos após a conquista e a instalação das Câmaras de Escabinos, em uma tradição de poder local com todas aquelas características que lhes eram particulares; em especial se levarmos em consideração que muitos escabinos haviam sido, no tempo da soberania portuguesa, vereadores ou juízes ordinários. Como discutido no capítulo anterior, vale destacar que essa determinada concepção do funcionamento dos conselhos municipais, por parte dos colonos luso-brasileiros, influenciou nos pedidos e reclamações dos moradores e oficiais camarários das capitanias conquistadas pelas Províncias Unidas, e que a prática institucional anterior, exercida até aquele momento por meio das câmaras portuguesas, serviu de base para o estabelecimento e para a dinâmica da nova instituição.

Tal transformação na administração local, com a substituição de um órgão fundamental para a vida da colônia, as Câmaras Municipais, é constatada, também, em outros documentos analisados. Devemos nos questionar se essa mudança causou, mais do que uma insatisfação por parte dos moradores, uma mudança ou um certo abalo no poder da açucarocracia. Esta questão nos interessa bem de perto, pois estudar o levante de 1645 é, ao mesmo tempo, entender a reação e os interesses desse grupo, muitos dos quais responsáveis pelo movimento de restauração.

Guerra de Restauração e os limites do domínio neerlandês

Muito já se falou sobre os motivos que levaram à restauração de Pernambuco, com destaque para os fatores econômicos. É sabido que, com

---

29 *Nótula Diária* de 13 de abril de 1644.

a saída de Nassau da administração do Brasil Holandês em 1644, uma das primeiras medidas tomadas pela Companhia foi a cobrança das dívidas dos moradores, o que recaiu especialmente sobre os senhores de engenho. Este procedimento teria sido uma das principais motivações que levou alguns senhores de engenhos, incluindo João Fernandes Vieira, Antônio de Bulhões e Francisco Berenguer de Andrade, a se rebelarem contra o domínio neerlandês, assim como fez com que grande parte da "açucarocracia" os apoiasse.

As motivações econômicas que influenciaram na reação da "açucarocracia" são expostas com detalhes por Evaldo Cabral de Mello, que se questiona justamente sobre quais teriam sido os interesses dos senhores de engenho na restauração. Primeiro, o autor analisa a situação dos senhores de engenho expropriados emigrados para a Bahia, num segundo momento, os senhores que receberam os engenhos confiscados e, por último, a situação da maioria dos senhores de engenho e lavradores de cana que haviam permanecido sob a administração dos Países Baixos e da WIC, no controle das suas fábricas e canaviais. Observa, também, a necessidade da Bahia em aliviar a carga fiscal que era derivada do sustento da gente de guerra, remediada, então, com a abertura de uma frente em Pernambuco com o objetivo de reconquistar as terras de origem, aliviando os gastos com a manutenção de soldados das capitanias conquistadas.[30]

Os interesses dos primeiros, de seus herdeiros e familiares, são compreensíveis, uma vez que queriam recuperar as suas propriedades confiscadas pelo governo neerlandês. Segundo Evaldo Cabral, muitos "emigrados influenciaram a preparação do levante ou dela participaram, graças às suas relações em Lisboa ou ao seu prestígio na Bahia",[31] e vários filhos e parentes destes senhores de engenho seguiram carreira militar, regressando a Pernambuco como oficiais do exército restaurador. Mas qual seria o interesse dos senhores de engenhos que haviam sido confiscados pela WIC das mãos de outros proprietários, cujos engenhos só foram reativados de-

---

30 Evaldo Cabral de Mello, *Olinda Restaurada: guerra e açúcar no nordeste, 1630-1654*. 2ª ed. Rio de Janeiro: TopBooks, 1998, p. 403.

31 *Idem*, p. 400-401.

vido ao incentivo do governo central do Brasil Holandês e por meio dos financiamentos da Companhia, como era o caso de João Fernandes Vieira? Para o autor, se os invasores fossem expulsos, esse grupo de senhores de engenhos confiscados, que segundo ele era pequeno, livrar-se-iam das dívidas e, sobretudo, garantiriam a posse dos engenhos dos antigos proprietários. Nesse sentido, é possível afirmar que "o levante de 1645 teria constituído não apenas uma revolta de devedores mas também uma rebelião de colaboracionistas dispostos a matarem dois coelhos de uma só cajadada".[32]

Por último, o interesse da grande maioria dos senhores de engenho e lavradores que ficaram no Brasil Holandês relaciona-se, ainda, ao seu endividamento com a Companhia. Dívidas que haviam sido contraídas, sobretudo, com a compra financiada de escravos e advinda da queda do preço do açúcar a partir de 1638 no marcado de Amsterdam, a qual afetaria o preço do produto no Brasil no ano seguinte. Evaldo defende, portanto, que a crise econômica que se originou com a queda do preço do açúcar no mercado europeu, e não com as dificuldades puramente regionais da produção da cana, serviu como pano de fundo à revolta pernambucana de 1645.[33]

É possível identificar nas diversas cartas e representações das Câmaras portuguesas de Pernambuco e demais capitanias do norte do Estado do Brasil – reativadas logo após o início do levante em 1645 ,– enviadas ao Rei D. João IV, diferentes assuntos relacionados à guerra contra os neerlandeses. Nesses documentos, que muitas vezes estão assinados por outros membros da elite local que não apenas os vereadores e juízes ordinários, os oficiais das Câmaras tratam de assuntos relacionados à reivindicação de cargos e ofícios para os moradores da terra, pedidos de reforços marítimos para a guerra e de isenção de impostos, queixas do miserável estado em que se achavam os moradores, e pedidos de socorro de alimentos, armamentos, munições e gente de guerra, que os "leais vassalos" esperavam da sua Majestade.[34]

---

32 *Idem*, p. 405.

33 *Idem*, p. 411.

34 Cartas e representações das Câmaras a D. João IV. AHU, Documentos Avulsos, Pernambuco, caixas 4, 5 e 6, e Códices 13, 14 e 15; Biblioteca da Ajuda, principalmente,

As câmaras, ao escreverem ao Rei D. João IV em nome dos moradores, acabavam incorporando o papel de intermediários entre a colônia e o Reino, além de informarem à Coroa sobre os acontecimentos, a situação do povo e os sucessos da guerra. Os pareceres do Conselho Ultramarino constantemente chamam a atenção do Rei para a necessidade de atender aos pedidos das Câmaras e atentar para a situação que elas descrevem, como nessa consulta de 1646:

> E pede o Conselho à Vossa Majestade se sirva de mandar com toda atenção a carta da Câmara de Porto Calvo, Vila de Bom Sucesso, e o oferecimento que nela fazem de suas fazendas para a recuperação de suas liberdades e a resolução com que estão quanto Vossa Majestade lhes não acuda, de buscarem remédio de outro príncipe cristão, razões muito forçosas para a Vossa Majestade mandar com todo o calor possível acudir este povo, antes que chegue com desesperação a tomar o caminho que aponta.[35]

Diferentemente do período de guerra de resistência (1630-37), tais representações e cartas aparecem em número considerável durante a restauração. Nelas, os oficiais camarários reforçam a participação direta tanto dos moradores da colônia no sustento dessa guerra, ao oferecerem suas "fazendas e vidas" pela recuperação das capitanias, quanto das Câmaras, que afirmavam oferecer "suas fazendas para a recuperação de suas liberdades". Como já havia escrito Evaldo Cabral de Mello, as guerras travadas contra os Países Baixos foram guerras que se utilizaram dos recursos humanos e materiais locais. E essa transferência dos custos com as guerras para os moradores da colônia só foi possível devido às riquezas advindas da produção do açúcar. Sabemos que a maior parte das tropas que formavam o exército

---

códice 51-IX-6.

35 Consulta do Conselho Ultramarino de 18 de julho de 1646. AHU, Documentos Avulsos, Pernambuco, caixa 5, doc.338.

restaurador era recrutada na colônia e os seus comandantes eram oficiais de experiência militar exclusiva ou predominantemente brasileira.[36]

As petições das câmaras municipais portuguesas, além das assinaturas dos juízes ordinários e dos vereadores, vinham normalmente acompanhadas de assinaturas dos moradores da sua respectiva jurisdição. É possível verificar que a maior parte destas assinaturas é de senhores de engenho e lavradores de cana. Claro está que muitas das atribuições camarárias incluíam questões de interesse dessa elite açucareira, como, por exemplo, fixação de preços, construção de estradas e controle dos escravos. As câmaras, nesses termos, acabavam por expressar e defender os interesses dessa elite açucareira e, no período de guerra de restauração, não seria diferente. Os requerimentos das câmaras dirigidos a D. João IV nesse momento demonstram não apenas que essas instituições foram fundamentais nas articulações locais da guerra, mas também que os seus pedidos estavam diretamente relacionados com os interesses dos produtores de açúcar.

São recorrentes nessas cartas e representações escritas durante a guerra de restauração tanto os pedidos de socorro e demonstrações de que a guerra estava sendo sustentada pelos moradores, como questões relativas às perdas econômicas sofridas em decorrência da guerra e da falta de navios que carregassem o açúcar, especialmente após a criação da Companhia Geral de Comércio em 1649.[37] Os oficiais da Câmara de Pernambuco, representando também as mais Capitanias do Norte do Estado do Brasil, manifestaram em carta de 1651 a carestia de mantimentos pela qual passavam e a perda dos açúcares e mais frutos da terra "por se não navegarem estes anos em razão

---

36 Evaldo Cabral de Mello, *Rubro Veio. O imaginário da restauração pernambucana.* 2ª ed. Rio de Janeiro: Topbooks, 1997, p. 145-147.

37 Sobre a Companhia Geral de Comércio e a nova dinâmica do transporte por frotas ver: Leonor Freire Costa, *Império e Grupos Mercantis entre o Oriente e o Atlântico (século XVII).* Lisboa: Livros Horizonte, 2002; e *O transporte no Atlântico e a Companhia Geral do Comércio do Brasil (1580-1663).* Lisboa: Comissão Nacional para as Comemorações dos Descobrimentos Portugueses, 2002.

da falta de navios". Como remédio para a situação, os oficiais da câmara propõem fazer

> uma taxa e postura geral no preço do açúcar e que tenha esta respeito ao custo que se faz aos lavradores que o cultivam e o valor que tiver a tempo nesse Reino, para onde os mercadores carregam, com o desconto de fretes, direitos e mais custos ordinários [...] E esta postura se deve fazer os oficiais desta Câmara ao tempo que servirem, que são aqueles a quem toca pôr taxa nos frutos que a terra dá e aqui fizeram já todas as vezes que a necessidade comum o requereu e nós assim agora o temos feitos.[38]

Dessa forma, como não afirmar que as guerras luso-neerlandesas foram "guerras do açúcar", não só sustentadas por este produto, mas sim pelo "sistema econômico e social que se desenvolvera no Nordeste com o fim de produzi-lo e exportá-lo para o mercado europeu"?[39] Foram os impostos sobre a exportação do açúcar que financiaram as despesas locais para a manutenção da guerra, em especial o "donativo dos açúcares", taxa instituída em 1647. Houve, portanto, uma utilização crescente dos recursos locais na guerra contra os neerlandeses e, nesse contexto, atentamos para a articulação das Câmaras com o movimento de restauração, buscando compreender sua atuação no gerenciamento das rendas e mantimentos e seu papel no contato entre a colônia e o Reino.

Ainda por meio dessa documentação portuguesa, em especial as cartas das câmaras municipais enviadas a D. João IV, temos acesso às assinaturas dos oficiais camarários e também das "pessoas principais" da terra, forma como se autodenominava essa elite local. Essas assinaturas foram fundamentais

---

38 Representação da Câmara de Pernambuco ao rei D. João IV. 10 de março de 1651. Arquivo da Biblioteca da Ajuda, Códice 51-IX-6.

39 Evaldo Cabral de Mello, *Olinda Restaurada: guerra e açúcar no nordeste, 1630-1654.* 2ª ed. Rio de Janeiro: TopBooks, 1998, p. 14.

para trabalharmos com os oficiais camarários e a elite que havia participado da administração neerlandesa por meio dos cargos de escabinos e que, no período de restauração, foram fundamentais para a vitória luso-brasileira na guerra de restauração. Cruzando os nomes desses oficiais, membros das Câmaras, com outras fontes, em especial os relatórios dos engenhos presentes nas capitanias estudadas e os pedidos de mercês ao Rei, pudemos definir a que atividade econômica a maior parte deles estava ligada.

Foram listados 147 nomes entre oficiais das Câmaras portuguesas, escabinos luso-brasileiros, delegados do povo da Assembleia de 1640, eleitores da Câmara de Escabinos e, por fim, as "pessoas principais" daquelas capitanias que assinaram as cartas e representações a D. João IV no período da guerra de restauração, o "termo de aclamação da liberdade de 1645", a "Carta dos moradores de Pernambuco ao governador do Estado do Brasil, Antônio Teles da Silva, de 15 de maio de 1645" e o "abaixo assinado em serviço da liberdade [...] em restauração de nossa pátria de 23 de maio de 1645".[40] Esta lista, composta pelo que consideramos uma "elite administrativa local", já que participa das decisões administrativas no âmbito municipal, é constituída por 67 senhores de engenho e 43 lavradores[41] (veja o gráfico 1).

---

40 "Termo de aclamação de João Fernandes Vieira" [Real Novo do Bom Jesus, 7 de outubro de 1645]. In: Manuel Calado, *O Valeroso Lucideno e Triunfo da Liberdade* (1648). 2ª ed. São Paulo: Edições Cultura, 1945, vol. II, p. 103-108; "Carta dos moradores de Pernambuco ao governador do Estado do Brasil, Antônio Teles da Silva. 15 de maio de 1645". *RIAP*, vol. 6 (1888), n. 35, p. 120-122; "Carta que escreveram os moradores de Pernambuco aos holandeses do Conselho, datada de 22 de junho de 1645". [em anexo o "abaixo-assinado em nome da liberdade de 23 de maio de 1645"]. *RIAP*, vol. 6 (1888), n. 35, p. 122-128.

41 Com relação aos oficiais camarários e a essa elite administrativa local, ver anexo.

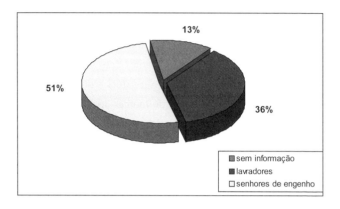

Gráfico 1. Composição da elite administrativa local – por atividade

Destas 147 pessoas listadas, 114 são oficiais camarários, tanto da Câmara de vereadores como da de Escabinos; e, apesar de não possuirmos informações seguras acerca da atividade econômica de aproximadamente 1/6 desses oficiais, sabemos que todos os demais foram senhores de engenho ou lavradores – 53 senhores de engenho (49,1%) e 37 lavradores (31,5%). É possível notar que a maioria destes nomes coincide nas listas de escabinos, na lista de eleitores para a Câmara de Escabinos, nas listas de participantes da Assembleia de 1640, e nas assinaturas das Cartas a D. João e do termo de aclamação, seja como oficiais camarários, seja como "pessoas principais" da terra. Por exemplo, dos 45 deputados do povo na Assembleia de 1640, pudemos constatar que a metade participaria da guerra de restauração pelo lado português, sendo que 13 assinaram o termo de aclamação e 14 assinaram as cartas a D. João IV (5 assinaram ambos). E dos 79 escabinos listados, pudemos verificar que pelo menos 31 aparecem nas Cartas a D. João IV do período da restauração ou no Termo de Aclamação de 1645, ou receberam mercê pelos serviços prestados na "guerra holandesa". Interessante notar que, dos cinco oficiais da câmara municipal de Olinda recém restaurada em 1645, quatro haviam ocupado o cargo de escabino. São eles: Francisco Berenguer de Andrade (juiz ordinário e escabino); Brás Barbalho (juiz ordinário); Paulo de Azevedo de Araújo (vereador mais velho e escabino); Gregório de Barros Pereira (vereador e escabino); e Antônio Vieira Carneiro (vereador e escabino).

Com relação à composição da Câmara de escabinos, podemos perceber que a maior parte dos seus oficiais luso-brasileiros estava ligada à produção do açúcar, já que dos 75 escabinos listados, 36 são senhores de engenho, 25 são lavradores (14 não temos informação), ou seja, pelo menos 81% desses escabinos luso-brasileiros fizeram parte da elite açucareira. É interessante destacar que encontramos praticamente a mesma porcentagem ao observamos os oficiais das Câmaras portuguesas (considerando juízes ordinários, vereadores e procuradores da câmara). Dos 36 oficiais listados, 80,5% pertencem a essa elite ligada à produção do açúcar; encontramos 18 senhores de engenho e 11 lavradores (ver gráfico 2).

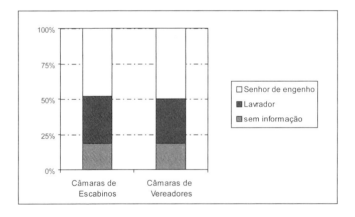

Gráfico 2. Comparação da composição das câmaras de escabinos e de Vereadores

Tomando separadamente as capitanias, e também as câmaras, verificaremos diferenças nas suas respectivas composições. Isto não é difícil de ser explicado, pois cada uma das regiões possuía características econômicas e sociais próprias. Além disso, as elites locais coloniais, nesses dois primeiros séculos, formaram-se a partir da posse da terra e de cabedais, por meio dos quais conseguiam mão de obra indígena ou escrava. Claro está que não se pode comparar e entender da mesma maneira, por exemplo, a Capitania de Pernambuco e a do Rio Grande; ou, ainda dentro de uma mesma capitania, a Câmara de Olinda e a do Rio São Francisco.

A Capitania de Pernambuco apresenta a maior diferença entre a porcentagem de senhores de engenho (52,6%) e lavradores (35%) em relação à composição de suas respectivas elites administrativas locais. Essa superioridade de senhores de engenhos (50%) sobre os lavradores (42,8%) aparece também na Capitania de Itamaracá, mas menos acentuada. Por meio dos dados coletados, a Paraíba já não segue esse mesmo padrão, apresentando praticamente a mesma porcentagem de senhores de engenho e lavradores. Já no que diz respeito à Capitania do Rio Grande, ainda que considerando a escassa documentação a seu respeito, não encontramos nenhum senhor de engenho como oficial camarário (ver gráfico 3).

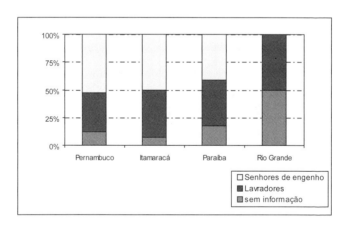

Gráfico 3. Atividade da elite administrativa local – por Capitania

A composição – pensando aqui na atividade econômica exercida por seus membros – da elite administrativa local de cada uma das capitanias, está diretamente ligada à sua realidade econômica e, portanto, à quantidade de engenhos existentes e de açúcar produzido. Como foi exposto logo acima e pode se perceber no gráfico 3, há uma diminuição da diferença entre a porcentagem de senhores de engenho e lavradores desde a Capitania de Pernambuco até a do Rio Grande, o que coincide com a maior quantidade de engenhos da primeira, número que vai diminuindo nas capitanias ao norte.

O mesmo se passa com as Câmaras, pois sua composição está estreitamente ligada às terras que fazem parte da sua jurisdição e, portanto, à atividade e prosperidade econômica ali encontrada. Se compararmos, por exemplo, a Câmara de Olinda (depois Maurícia) – a mais importante política e economicamente do Brasil Holandês – com a de Alagoas – região mais distante e com menor número de engenhos – veremos como a primeira é formada por pelo menos 68% de senhores de engenho, enquanto a segunda por pelo menos 63% de lavradores. E assim podemos comparar uma a uma as câmaras, considerando sempre o contexto social e econômico que ajuda a explicar sua composição (ver gráfico 4).

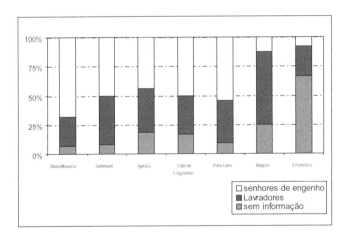

Gráfico 4. Atividade da elite administrativa local na Capitania de Pernambuco por câmara.

As trajetórias de algumas dessas pessoas que listamos, além de tornar esses números e porcentagens mais palpáveis e concretos, possibilitam demonstrar como a açucarocracia das capitanias conquistadas pelos flamengos foi atuante nos órgãos de poder português e neerlandês, assim como o foi no movimento de restauração. Os percursos políticos traçados por esses personagens não têm interesse em si, mas são bastante relevantes quando observados em um enquadramento mais amplo em virtude das questões que suscitam. É bastante interessante notar que, como vimos anteriormente, muitos desses homens que participaram da Assembleia de 1640 e que ocuparam o cargo de escabino durante a dominação neerlandesa e que pediram pela permanência de Nassau vão, posteriormente, aparecer como membros das câmaras portuguesas ou como outros oficiais reais. Além disso, suas assinaturas serão encontradas nas diversas cartas enviadas pelas Câmaras de vereadores ao Rei D. João IV no período da guerra de restauração.

O português natural de Viseu, Antônio de Bulhões, é um exemplo dessas interessantes trajetórias. Casado com Maria de Figueiroa – natural de Olinda –, cavalheiro da Ordem de Cristo e senhor de engenho na freguesia de Santo Amaro de Jaboatão, Antônio de Bulhões participou ativamente da administração local no período holandês, como eleitor, escabino da Câmara de Olinda em 1639, juiz de órfãos (*weesmeester*) de Olinda nos anos de 1637-38 e 1641-42, e representante do povo na Assembleia de 1640. Contudo, seu nome aparece entre "as pessoas principais de Pernambuco" no "Termo de Aclamação da Liberdade" de 7 de outubro de 1645 e na representação dos moradores da capitania de Pernambuco ao Rei D. João IV de 1647, na qual pediam munições, armas e mantimentos para combater os inimigos. Domingos Gonsalves Masagão, senhor do engenho Buenos Aires na jurisdição de Porto Calvo, cujo nome também está entre "as pessoas principais de Pernambuco" no "Termo de Aclamação da Liberdade" e recebeu mercê de lançamento do hábito de São Bento de Avis em 1657, pelos serviços prestados em Pernambuco e outros lugares na "guerra holandesa", participou da Assembleia de 1640 como representante do povo e serviu como escabino na Câmara de Porto Calvo em 1641.[42]

---

42 "Atas, Resoluções e Pessoal da Assembleia Geral de 1640". *RIAP*, 31, 1886, p. 173-238; Manuel Calado, *O Valeroso Lucideno e Triunfo da Liberdade* (1648). 2ª ed. São Paulo: Edições Cultura, 1945, vol. II, p. 104-108; Antonio José Vitorino Borges da Fonseca, "Nobiliarquia Pernambucana". *Anais da Biblioteca Nacional*, 1935, vol. 47, p. 67, 205, 401 e 477 e vol. 48, p. 301; "Representação dos moradores de Pernambuco a D. João

O Coronel Francisco Berenguer de Andrade, natural da Ilha da Madeira, senhor de engenho, filho de Cristóvão Berenguer de Andrade – que consta entre "as pessoas principais de Pernambuco" no "Termo de Aclamação da Liberdade" – e sogro de João Fernandes Vieira – que participou da Assembleia de 1640 e exerceu o cargo de escabino de Maurícia nos anos de 1641 e 1642 –, serviu como oficial de ambas as câmaras, a de Vereadores e a de Escabino. Ele foi eleito como escabino da Câmara de Maurícia por dois anos seguidos (1642 e 1643), e participou dos pedidos feitos em 1642 e 1644 às autoridades neerlandesas para que Nassau permanecesse no Brasil. Logo no ano seguinte, em março de 1645, assinou o abaixo assinado em serviço da liberdade. Quando do início do movimento restaurador, em outubro desse mesmo ano, já estava no cargo de juiz ordinário da câmara de Olinda.[43]

Não apenas em Pernambuco encontramos oficiais camarários que serviram às duas câmaras. Rui Vaz Pinto, natural de Portugal e senhor do engenho Tracunhaém de Baixo na Capitania de Itamaracá, foi vereador da Câmara de Goiana em 1636, já sob domínio neerlandês e, mais tarde, participou da Assembleia de 1640 como representante do povo, sendo escolhido, no ano seguinte, para escabino de Goiana. Também Gonçalves Cabral de Caldas, lavrador da freguesia de Abiaí, eleito vereador em 1636 para câmara de Goiana, já sob domínio neerlandês, passou a servir como escabino no ano seguinte com a primeira eleição da câmara da Capitania. Em 1639 voltou a ser escolhido para a Câmara de Escabinos; mas, em 1645, seu nome

---

IV", AHU, Documentos Avulsos, Pernambuco, caixa 5, doc. 353; *Nótulas Diárias* de 24 de setembro de 1637, 23 de junho de 1639, 18 de março e 24 de junho de 1641.

43 Antonio José Vitorino Borges da Fonseca, "Nobiliarquia Pernambucana". *Anais da Biblioteca Nacional*, 1935, vol. 47, p. 134, 152, 420 e 465; Manuel Calado, *O Valeroso Lucideno e Triunfo da Liberdade* (1648). 2ª ed. São Paulo: Edições Cultura, 1945, vol. II, p. 104-108; "Traslado do abaixo assinado em serviço da liberdade [...] em restauração de nossa pátria, de 23 de maio de 1645". *RIAP*, vol. 6, n. 35 (1888), p. 120-126; *Nótula Diária* de 04 de junho de 1644; "Açúcares que fizeram os engenhos de Pernambuco, Ilha de Itamaracá e Paraíba – ano 1623". *FHBH*, vol. I, p. 28-32.

aparece entre os moradores insurretos que assinaram o "abaixo assinado em serviço da liberdade".[44]

Um último exemplo, entre tantos que poderíamos apresentar, é Paulo de Araújo de Azevedo, filho de Gaspar de Araújo de Azevedo. Lavrador de Muribeca, jurisdição da Olinda, foi representante do povo na Assembleia de 1640, juiz de órfãos (*weesmeester*) de Maurícia em 1641 e escolhido escabino por duas vezes, em 1639 (Câmara de Olinda) e 1644 (Câmara de Maurícia). Mas, logo no ano seguinte, em 1645, passou a servir como vereador da Câmara de Olinda e, em 1647, sua assinatura aparece na representação dos moradores da capitania de Pernambuco ao Rei D. João IV. Paulo de Araújo também recebeu a mercê do hábito da ordem de Cristo pelos serviços prestados em Pernambuco e Salvador na "guerra holandesa".[45]

Partindo de tais constatações, o estudo dessa elite camarária que, por um lado, fez parte tanto das Câmaras de Vereadores quanto das Câmaras de Escabinos e, por outro, esteve diretamente ligada à produção açucareira, contribui também para pensarmos como a nova instituição local neerlandesa sofreu influência do modelo administrativo presente no mundo

---

44 "Treslado do abaixo assinado em serviço da liberdade [...] em restauração de nossa pátria, de 23 de maio de 1645". *RIAP*, vol. 6, n. 35 (1888), p. 120-126; "Atas, Resoluções e Pessoal da Assembleia Geral de 1640". *RIAP*, 31, 1886, p. 173-238; *Nótulas Diárias* de 20 de janeiro de 1636, 21 de julho de 1638, 26 de junho de 1639, e 24 de junho de 1641; "Breve discurso sobre o estado das quatro capitanias conquistadas de Pernambuco, Itamaracá, Paraíba e Rio Grande, situadas na parte setentrional do Brasil, escrito por J. M. de Nassau, Adriaen van der Dussen e M. van Ceullen (1638)". *FHBH*, vol. I, p. 77-129; "Relatório sobre o estado das quatro capitanias conquistadas no Brasil; apresentado pelo Senhor Adriaen van der Dussen ao Conselho dos XIX na Câmara de Amsterdam, em 4 de abril de 1640". *FHBH*, vol. I, p. 137-232.

45 "Atas, Resoluções e Pessoal da Assembleia Geral de 1640". *RIAP*, 31, 1886, p. 173-238; Manuel Calado, *O Valeroso Lucideno e Triunfo da Liberdade* (1648). 2ª ed. São Paulo: Edições Cultura, 1945, vol. II, p. 104-108; *Nótulas Diárias* de 23 de junho de 1639 e 18 de março de 1641; "Relatório sobre o estado das quatro capitanias conquistadas no Brasil; apresentado pelo Senhor Adriaen van der Dussen ao Conselho dos XIX na Câmara de Amsterdam, em 4 de abril de 1640". *FHBH*, vol. I, p. 137-232; "Representação dos moradores de Pernambuco a D. João IV", Arquivo Histórico Ultramarino, Documentos Avulsos, Pernambuco, caixa 5, doc. 353.

português e como o poder flamengo da colônia não estava calcado em bases fortes, principalmente fora do Recife. Isto porque os neerlandeses não conseguiram ter, de fato, em suas mãos, o poder local, nem mesmo através de sua própria instituição, as Câmaras de Escabinos, já que estas eram compostas e administradas em grande parte por portugueses.

Até mesmo a Casa de Misericórdia (ou *gasthuis*), instituição considerada por Charles Boxer como o segundo pilar do Império Português juntamente às Câmaras,[46] continuou a funcionar durante o domínio neerlandês também com membros portugueses. A Misericórdia de Olinda permaneceu com seus procuradores do tempo português até 1637 e, ainda com a nova organização governamental naquele ano, foi mantida sem consideráveis mudanças em seu funcionamento. Em petição da Câmara de Olinda ao Alto Conselho, os escabinos requerem, no 13º artigo, que as casas de aluguel, até então pertencentes à Casa da Misericórdia, continuassem sob a posse da instituição, assim como os 10% das criações (*criaçoins*) doadas à Casa pelo Rei. Conforme a resposta dos altos conselheiros:

> Foi decidido manter a casa como propriedade da Casa de Misericórdia, mas isto deverá ser especificado. Quanto aos 10% das criações, eles deverão nos informar mais detalhadamente o que entendem como um décimo e até que ponto isto continua. Em seguida eles deverão explicar os outros meios e ganhos da Casa de Misericórdia.[47]

Nesse mesmo ano, os altos conselheiros convocaram Paulo de Araújo de Azevedo, lavrador e morador de Muribeca, Francisco Monteiro Bezerra, senhor de engenho e morador da Várzea, e Manuel João, procurador da Casa de Misericórdia, para que estes lhes informassem sobre as condições e

---

46 Charles Boxer, "Conselheiros Municipais e irmãos de caridade". In: *O Império Marítimo Português: 1415-1825* (tradução). São Paulo: Companhia das Letras, 2002, p. 286-308.

47 *Nótula Diária* de 05 de maio de 1637.

sobre os ganhos e costumes mantidos pela Misericórdia. Com essas informações, o Alto Conselho decide manter a instituição.[48] Conforme relatado no "Breve Discurso" (1638), a Misericórdia tinha, sob o domínio flamengo, a função de "reger e administrar o patrimônio dos [seus] bens, casas, terras e negros", sendo composta por sete membros, três neerlandeses e quatro portugueses, escolhidos dentre os irmãos da confraria.[49]

Em cada distrito havia, além das câmaras, o colégio dos "juízes de órfãos" ou "diretores do orfanato" (*weesmeester*), ofício que já existia na colônia sob a administração portuguesa, mas também nas cidades dos Países Baixos. Os mesmos eleitores que nomeavam os escabinos eram também responsáveis por elaborar uma lista com os nomeados para juízes de órfãos, dentre os quais os altos conselheiros e o governador escolheriam os que assumiriam o cargo. Em setembro de 1637, quando foi elaborada a primeira lista para juízes de órfãos da jurisdição de Olinda, foram escolhidos, dentre os nomes selecionados, dois portugueses e um neerlandês. Não apenas nesta jurisdição havia maioria de luso-brasileiros entre esses oficiais; em regiões mais distantes ao centro administrativo neerlandês, a proporção era ainda maior. Além disso, é possível constatar que muitos dos que ocuparam o cargo de juiz de órfão foram também eleitores das câmaras ou exerceram a função de escabinos.[50]

Portugueses no interior: antes dominantes que dominados

É bastante conhecido o fato de que a migração neerlandesa para o Brasil não se deu em grande escala e de que a população portuguesa permaneceu,

---

48 *Nótulas Diárias* de 8 e 21 de julho de 1637.

49 "Breve discurso sobre o estado das quatro capitanias conquistadas de Pernambuco, Itamaracá, Paraíba e Rio Grande, situadas na parte setentrional do Brasil, escrito por J. M. de Nassau, Adriaen van der Dussen e M. van Ceullen (1638)". *FHBH*, vol. I, p. 98.

50 *Nótulas Diárias* de 05 de maio, 8 e 21 de julho de 1637, 24 de setembro de 1637, 22 de abril e 13 de agosto de 1638, 22 de junho, 1 de julho de 1639, e 18 de março e 24 e junho de 1641.

assim, consideravelmente maior. No seu relatório de 1646, os altos conselheiros Bullestrate, Hamel e Jansen Bas relatam que os portugueses excediam em muito o número de holandeses e brasilianos "na proporção de dez e talvez mais", e possuíam "também a maior parte dos engenhos, casas e imóveis".[51] Sobretudo fora do Recife e Antônio Vaz, no meio rural, a população de portugueses era consideravelmente maior do que a de neerlandeses.

Muitas fontes neerlandesas explicitam a necessidade e as vantagens que eram observadas pelas autoridades no Brasil em se povoar as terras já conquistadas pela Companhia, assim como as dificuldades para que isso se realizasse. Os pedidos do governador Nassau ao Conselho dos Dezenove nesse sentido são bastante conhecidos, como, por exemplo, a carta do Conde ao príncipe de Orange, na qual justifica seu pedido por pessoas provenientes da República, afirmando que "sem colonos nem podem as terras ser úteis à Companhia, nem aptas para impedir as irrupções dos inimigos".[52] Não há, infelizmente, informações suficientes para calcular a quantidade de pessoas que vieram dos Países Baixos nesses anos de domínio neerlandês. Segundo Gonsalves de Mello há apenas um recenseamento feito em 1645, o qual apresenta o número de 6.549 pessoas, entre milícia, funcionários da Companhia e particulares; é possível estimar, então, que a população de neerlandeses e de pessoas provenientes da República, incluindo os judeus, totalizasse 10.000 habitantes nos anos de maior prosperidade do Brasil Holandês (1639-43).[53]

Apenas algumas tentativas isoladas de colonizar e, consequentemente, povoar o território conquistado foram engendradas pelos diretores da Companhia, ainda que as autoridades neerlandesas no Brasil, entre elas Nassau, advertissem sobre a necessidade de atrair pessoas provenientes

---

51 "Relatório sobre a conquista do Brasil por H. Hamel, Adriaen van Bullestrate e P. Jansen Bas (1646)" (tradução). *FHBH*, vol. II, p. 217.

52 Gaspar Barleus, *História dos feitos recentes praticados durante oito anos no Brasil e noutras partes sob o governo do ilustríssimo João Maurício conde de Nassau* (1647) (tradução). São Paulo: Edusp, 1974, p. 44-45.

53 José Antônio Gonsalves de Mello, *FHBH*, vol. II, p. 203.

dos Países Baixos para consolidar o domínio na colônia. O *Regulamento de 1634,* elaborado pelo Conselho dos Dezenove e aprovado pelos Estados Gerais, incentivava a migração para o Brasil por meio, por exemplo, conforme o artigo 7º, da garantia de isenção de pagamento de terreno ou casa quando os imigrantes chegassem, pelo período de dois anos. Além disso, segundo o artigo 6º, deveriam

> os da citada Companhia [das Índias Ocidentais] a toda e qualquer pessoa que se dispuser a partir para o Brasil, para ali se fixar e estabelecer (depois de ter dado aqui no país prova suficiente de sua situação e de uma honrada vida e costumes), conceder passagem livre para o dito país, fazendo conduzir as ditas pessoas, com seus dependentes e móveis nos seus navios, pagando elas, porém, as despesas de alimentação.[54]

Outro incentivo veio no ano seguinte ao *Regulamento de 1634,* através de uma resolução da Câmara de Amsterdam datada de 29 de março, a qual concedia os mesmos benefícios de passagem dados aos empregados da Companhia a quem cruzasse o Atlântico e se estabelecesse no Brasil. Até os fins de 1635, contudo, apenas alguns pedidos haviam sido feitos. Não é difícil de imaginar, como assinalou o historiador alemão Hermann Wätjen, a dificuldade de fazer com que neerlandeses ou estrangeiros vivendo na República se interessassem em deixar a próspera metrópole e se aventurar no Brasil.[55]

---

54 *Ordem e Regulamento aprovados pelos muito Poderosos Senhores Estados Gerais dos Países Baixos Unidos com o parecer e decisão dos Diretores da Companhia Privilegiada das Índias Ocidentais no conselho dos XIX, sobre o povoamento e cultivo das terras e lugares conquistados no Brasil pela referida Companhia,* publicados em Haia, pelos Impressos dos Estados Gerais, em 1634. *Apud* José Antônio Gonsalves de Mello, *Gente da Nação. Cristãos-novos e judeus em Pernambuco, 1542-1654.* Recife: Fundação Joaquim Nabuco/ Massangana, 1996, p. 221-222.

55 Hermann Wätjen, *O Domínio Colonial Holandês no Brasil* (tradução). 3ª ed. São Paulo: Companhia Editora de Pernambuco, 2004 (1921), p. 378-379.

Outras iniciativas de colonização das conquistas foram tentadas, em conjunto com particulares, pelas autoridades no Brasil, como pelo próprio Nassau, que insistia constantemente na importância de fixar neerlandeses nas terras coloniais. A primeira destas foi a proposta de Nunno Olferdi, no ano de 1642, que acordou com o conde povoar o Sergipe, região que havia sido abandonada pelos portugueses em razão das guerras. Olferdi, que já havia sido funcionário da WIC e exercido o cargo de conselheiro de justiça, comprometia-se a transportar para Sergipe oitenta famílias neerlandesas em troca de certas facilidades no cultivo e exploração da terra. Em uma segunda proposta, Nassau estimularia o povoamento de Alagoas por meio da concessão de vários benefícios às pessoas que quisessem cultivar terras naquela região. Ambos os projetos, entretanto, foram também fracassados por serem vetados pela Companhia que, segundo Gonsalves de Mello, não fazia concessões que visassem a facilitar uma iniciativa de moradores particulares.[56]

Não somente o governador Nassau chamou a atenção dos dirigentes da Companhia e dos membros dos Estados Gerais para a importância de colonizar o Brasil por meio do povoamento, em especial nas terras rurais. Em 1636, os conselheiros políticos enviaram uma proposta ao Conselho dos Dezenove solicitando que fossem trazidos para a colônia entre mil e três mil camponeses das Províncias, o que, contudo, também não se concretizou.[57] Johannes de Laet, que havia sido diretor da WIC, escreve que, apesar de nada ter sido feito até o corrente ano de 1644, o povoamento dessas terras traria benefícios para as conquistas e, dessa forma, também para a Companhia. Assim, ele entende que

---

56 José Antônio Gonsalves de Mello, *Tempo dos Flamengos. Influência da Ocupação holandesa na vida e na cultura do norte do Brasil*. 4ª ed. Rio de Janeiro: Topbooks, 2001, p. 127. Sobre a proposta de Nunno Olferdi ver também "Relatório sobre a conquista do Brasil por H. Hamel, Adriaen van Bullestrate e P. Jansen Bas (1646)" (tradução). *FHBH*, vol. II, p. 215.

57 Conselho Político à Direção da Companhia, 11 de junho de 1636. *Apud* Hermann Wätjen, *O Domínio Colonial Holandês no Brasil* (tradução). 3ª ed. São Paulo: Companhia Editora de Pernambuco, 2004 (1921), p. 380.

> para fazer com que o território conquistado no Brasil dê maiores resultados para este país e adquira um estado florescente, é especialmente necessário que seja povoado com gente que dedique o seu trabalho e indústria para cultivá-lo. Não havendo dúvida alguma de que todos que se aplicarem a isso poderão tirar daí grandes benefícios. Pois a região das quatro capitanias é tão vasta que pode alimentar e ocupar milhões de habitantes, [...] e que antes disso pouco ou nada se tem feito.[58]

Os altos conselheiros Hamel, van Bullestrate e Jansen Bas, no relatório escrito logo após a partida de Nassau e apresentado ao Conselho dos Dezenove em 1647, apontam para a necessidade de povoar as capitanias conquistadas e reforçam a ideia, já defendida por Nassau, de que isso poderia ser realizado com o incentivo de particulares mediante a concessão de benefícios. Em relação ao Rio Grande, afirmam que a "nação holandesa está disposta a cultivar essa terra, criar novamente gado e fazer tudo que os portugueses faziam", mas que para isso seria "necessário mais gente, a qual com alguns benefícios e privilégios poderia ser atraída para ali".[59]

Adriaen van der Dussen, que também ocupou o cargo de alto conselheiro no Brasil, dedica uma das partes de seu relatório de 1639 aos "colonos", onde expõe as vantagens de se "incrementar o povoamento do país" e a necessidade de se "encontrar meios para atrair maior número de habitantes da Pátria para cá e dispersá-los por todo o país e aí se multiplicarem". Destaca que não adiantaria, contudo, mandar para o Brasil "colonos de mãos vazias", conforme as instruções do *Regulamento de 1634*, pois isso não contribuía para o povoamento, já que não seria possível obter terras com facilidade e a Companhia teria, então, que "alimentá-los e fazer despesas com eles, as

---

58 Johannes de Laet, *História ou Anais dos feitos da Companhia Privilegiada das Índias Ocidentais até 1636* (1644) (tradução). ABN, Rio de Janeiro, Biblioteca Nacional, vols. 41-42, 1919-1920, p. 221-222.

59 "Relatório sobre a conquista do Brasil por H. Hamel, Adriaen van Bullestrate e P. Jansen Bas (1646)" (tradução). *FHBH*, vol. II, p. 213.

quais nunca serão ressarcidas". Era preciso, ainda, encontrar uma maneira de conceder aos neerlandeses alguns privilégios, principalmente àqueles que construíssem novos engenhos ou plantassem novos canaviais, da mesma forma que "procedeu o Rei da Espanha com o fim de incrementar o povoamento e o cultivo". Isso porque Dussen entendia que o privilégio da isenção do imposto do dízimo dos açúcares havia feito "com que as terras fossem ocupadas, provocando interesse".[60]

A Companhia das Índias Ocidentais, contudo, diferentemente do "Rei de Espanha", ou dos Impérios Ibéricos, sendo uma empresa comercial, queria um retorno rápido de seus altos investimentos na colônia. Enquanto Portugal deixava a cargo de particulares tarefas que caberiam à sua esfera de ação, como administração de territórios e cobrança de impostos, e concedia privilégios em troca de serviços que interessavam ao seu projeto de colonização, como incentivar a produção agrícola de determinados produtos e expandir e consolidar a conquista do território,[61] os diretores da WIC não permitiram a concessão de privilégios e investimentos a nenhuma daquelas propostas em que particulares pudessem empreender de alguma forma a colonização.

Com o número reduzido de imigrantes que chegaram a essas terras, provenientes dos Países Baixos, os portugueses continuaram a dominar o meio rural; poucos foram os neerlandeses que abandonaram a vida urbana e se aventuraram como senhores de engenho ou lavradores na colônia. A reorganização administrativa empreendida pela Companhia a partir de 1636 foi acompanhada pela reorganização da produção açucareira que havia sido bastante afetada pela guerra no período de resistência. É bastante conhecida a estratégia da WIC de confisco e venda dos engenhos abandonados ou

---

60 "Relatório sobre o estado das quatro capitanias conquistadas no Brasil, apresentado pelo Senhor Adriaen van der Dussen ao Conselho dos XIX na Câmara de Amsterdam, em 4 de abril de 1640. (1639)". *FHBH*, vol. I, p. 178-179.

61 Sobre a formação da colônia e a prática da Coroa em integrar os vassalos à empresa colonial, ver: Ilana Blaj, *A Trama das Tensões. O Processo de Mercantilização de São Paulo Colonial (1681-1721)*. São Paulo: Humanitas, 2002; e Rodrigo Ricupero, *A formação da elite colonial: Brasil c. 1530- c. 1630*. São Paulo: Alameda, 2009.

dos pertencentes aos "inimigos", assim como a de oferecer financiamento, sobretudo para a compra de escravos, aos produtores de açúcar que se comprometiam a colocar seus engenhos novamente em atividade.

Esses engenhos confiscados foram imediatamente colocados à venda e comprados, já em 1637, tanto por luso-brasileiros, incluindo os judeus provenientes das Províncias Unidas, quanto por neerlandeses. Entre os anos de 1637 e 1638, dos 135 engenhos elencados por Nassau e pelos altos conselheiros no "Breve Discurso", o primeiro relatório geral escrito no governo de Nassau, concluído em janeiro de 1638, 56 aparecem como engenhos que haviam sido confiscados, ou seja, 41,5% do total. Destes, 44 já haviam sido vendidos (78,6%) naquele mesmo ano, na sua maioria a luso-brasileiros, seja a antigos senhores de engenhos que permaneceram sob o domínio neerlandês, a judeus portugueses vindos dos Países Baixos, ou a luso-brasileiros que conseguiram ascender nesse período, como João Fernandes Vieira.

Contudo, ainda com essas mudanças, é notável que foi mantida a superioridade do número de senhores de engenhos e lavradores portugueses, em comparação aos neerlandeses. No "Breve Discurso", são contabilizados os seguintes números: dos 93 engenhos de Pernambuco, 84 (90,3%) eram de proprietários luso-brasileiros e apenas 9 (9,7%) de neerlandeses.[62] No ano seguinte, a situação não é muito diferente. Segundo Adriaen van der Dussen, no seu relatório de dezembro de 1639, dos 107 engenhos da capitania de Pernambuco cujos proprietários estão descritos, 86 (80,4%) pertenciam a

---

62 Em razão da imprecisão dos dados referentes aos 15 engenhos localizados em Porto Calvo, Alagoas e rio de São Miguel, já que não aparece no documento quais destes engenhos haviam sido confiscados e a quem pertenciam naquele momento, eles não foram considerados nos cálculos. Assim, os autores do relatório apresentam ao todo 108 engenhos para a capitania de Pernambuco. Para as quatro capitanias, Pernambuco, Itamaracá, Paraíba e Rio Grande, dos 133 engenhos cujos proprietários estão descritos, 108 (81,2%) pertenciam a luso-brasileiros e 25 (18,8%) a neerlandeses. "Breve discurso sobre o estado das quatro capitanias conquistadas de Pernambuco, Itamaracá, Paraíba e Rio Grande, situadas na parte setentrional do Brasil, escrito por João Maurício de Nassau, Adriaen van der Dussen e M. van Ceullen (1638)" (tradução). *FHBH*, vol. I, p. 80-95.

luso-brasileiros e 21 (19,6%) a neerlandeses; em relação aos lavradores, dos 245 listados, 221 (90,2%) eram luso-brasileiros e 24 (9,8%) neerlandeses.[63]

Percebe-se que não apenas a estrutura administrativa local portuguesa pré-existente foi apropriada pelas autoridades flamengas; também a estrutura produtiva na fabricação do açúcar foi utilizada por elas nessa tentativa de reorganização econômica das conquistas. Alguns exemplos podem facilmente justificar tal afirmação. Primeiramente, a manutenção da mão de obra escrava negra, e daí a importância da conquista de Angola no início da década de 1640. O Alto Conselho chega a colocar em pauta a questão do trabalho escravo, sobre o que delibera:

> achamos que seria melhor que os engenhos fossem cultivados por brancos, mas como não pode se esperar que trabalhadores venham da Holanda, como acontecia com Portugal, devemos usar a mão de obra negra; e, para satisfazê-los e fazer com que cumpram com seus deveres e possam contar com sua obediência, o Alto Conselho e Sua Excelência compreendem que seus senhores devem receber autoridade e liberdade para castigá-los.[64]

A cobrança do dízimo do açúcar, assim como de outros produtos, foi também mantida, e por meio de contratadores, tanto portugueses quanto neerlandeses, conforme se praticava no tempo da supremacia portuguesa. As técnicas de cultivo da cana e de produção do açúcar nos engenhos

---

63 Porcentagens semelhantes aparecem para as demais capitanias. Para as quatro capitanias, Pernambuco, Itamaracá, Paraíba e Rio Grande, dos 149 engenhos cujos proprietários estão listados, 110 (73,8%) pertenciam a luso-brasileiros e 39 (26,2%) a neerlandeses, e dos 355 lavradores, 301 (84,8%) eram luso-brasileiros e 54 (15,2%) neerlandeses. "Relatório sobre o estado das quatro capitanias conquistadas no Brasil, apresentado pelo Senhor Adriaen van der Dussen ao Conselho dos XIX na Câmara de Amsterdam, em 4 de abril de 1640 (1639)". *FHBH*, vol. I, p. 137-232.

64 *Nótula Diária* de 25 de maio de 1637.

permaneceram sem alterações, assim como o transporte do açúcar, que, segundo ficou estabelecido, devia ser conduzido pelos rios até os armazéns para, depois, ser levado ao Recife, de onde seria exportado. A princípio, havia se estabelecido que o açúcar devia ser levado diretamente para o Recife, sem passar pelos armazéns, mas as autoridades neerlandesas voltam atrás e aceitam os pedidos dos produtores para que se mantivesse a maneira que se fazia anteriormente. A Câmara de Olinda, em um de seus requerimentos, por exemplo, solicita ao Alto Conselho que

> sua Excelência e os nobres senhores lhes permitissem que eles pudessem dar ordens para que as caixas de açúcar não mais pudessem ser trazidas com carroças para o Recife; mas, como antigamente, fossem levadas ao passo e de lá fossem transportadas ao Recife com barcos. Desta maneira, os senhores de engenho e os moradores do país poderiam empregar de maneira melhor suas carroças e evitar que as ruas do Recife fossem obstruídas sempre com as mesmas carroças.[65]

Pelo que se pode depreender das deliberações dos altos conselheiros, os pedidos dos moradores luso-brasileiros são aceitos e a prática de se transportar o açúcar por rios é mantida. Como assinalam tais autoridades a respeito da cobrança do açúcar que havia passado por Barreta e Afogados e que, com carroças, havia sido levado ao Recife:

> com isto fica comprovado que é melhor para a Companhia se fosse usado o mesmo sistema como durante o governo espanhol, a saber, que raramente vinham carroças para o Recife, mas que o açúcar e o pau-brasil sejam transportados pelos rios, usando barcos; desta maneira, a Companhia pode cobrar por cada caixa uma peça de 8, o que renderia milhares

---

65 *Nótula Diária* de 2 de março de 1638.

de Florins. E as carroças que então estariam livres, poderiam ser mais bem empregadas nos trabalhos dos engenhos.[66]

Dominando, portanto, o meio rural, econômica e politicamente, os portugueses ou luso-brasileiros ocupavam os cargos locais, como escabinos e juízes de órfãos, e detinham a fonte da principal riqueza da terra, o açúcar, que sustentava o Brasil Holandês e a própria Companhia. Como já observava Sérgio Buarque, indicando a diferença entre os processos colonizadores dos neerlandeses e dos portugueses,

> o zelo animador dos holandeses na sua notável empresa colonial só muito dificilmente transpunha os muros das cidades e não podia implantar-se na vida rural de nosso Nordeste, sem desnaturá-la e perverter-se. Assim, a Nova Holanda exibia dois mundos distintos, duas zonas artificiosamente agregadas.[67]

A transformação na organização da administração local no período do Brasil Holandês foi, de alguma forma, sentida pelos senhores de engenhos e lavradores, que experimentaram relativa mudança no modo de exercício do poder, já que antes da invasão eram eles, principalmente, que dominavam a vida política, econômica e social da colônia em parte por meio de uma instituição que já conheciam, a Câmaras de Vereadores, e foi sentida também pelos demais moradores das capitanias do Norte, em razão dos abusos e "tirania" dos funcionários neerlandeses, especialmente dos escoltetos.

Diante das considerações feitas, é possível estabelecer alguma relação entre a mudança no sistema político local e o levante luso-brasileiro contra a dominação flamenga. Não entendemos, contudo, que essa relação esteja baseada apenas naquela ideia já suscitada por Gonsalves de Mello, segundo a qual,

---

66 *Nótula Diária* de 11 de novembro de 1640.

67 Sérgio Buarque de Holanda, *Raízes do Brasil*. 26ª ed. São Paulo: Companhia das Letras, 1995, p. 62-66.

o poder dos senhores de engenho tinha lhes escapado durante o domínio neerlandês com a criação da nova câmara, quando sofreram a primeira quebra de seu prestígio e autoridade, já que esse órgão local passou a representar uma nova classe, a burguesa. Como afirma Mello, é "a voz do povo, dos burgueses e dos artesãos, que se sente através dos senhores da Câmara de Escabinos".[68]

O estudo mais profundo das estruturas políticas no Brasil Holandês permite estabelecer uma relação entre a administração local e o processo de restauração, ligada à própria forma como foram organizadas administrativamente as capitanias conquistadas e aos limites do domínio neerlandês. O poder local permaneceu, como visto anteriormente, em grande parte, por meio das Câmaras de Escabinos, com os portugueses ligados à produção açucareira, sobretudo fora da zona urbana do Recife e Antônio Vaz. Os senhores de engenho e lavradores, enquanto escabinos ou representados por eles, esperavam um vínculo com o governo flamengo instituído; vínculo com o poder que vivenciavam antes da invasão, mas que as autoridades neerlandesas não conseguiram ou não puderam compreender; ou, ainda, à exceção do conde, não quiseram estabelecer.

O governador Nassau procurou criar uma colônia viável, colocando em prática a organização e o financiamento da produção através de empréstimos concedidos pela Companhia, aproximando-se dos senhores de engenho e lavradores e defendendo a necessidade de povoar as terras com imigrantes neerlandeses. Essa tentativa de colonização, como qualquer empreendimento colonial, imprescindível de produção e povoamento, teve, contudo, um alto custo para a Companhia, seja com as constantes guerras, seja com os financiamentos aos produtores de açúcar.

Cabia às Câmaras da Companhia o empreendimento colonizador, projeto que necessitava de povoamento, guerra e organização, ou reorganização, da produção. Diferentemente do que os neerlandeses encontraram no Oriente, entrepostos comerciais portugueses, a WIC deparou-se na América com uma colônia constituída e uma sociedade formada. A expansão ultramarina

---

68　José Antônio Gonsalves de Mello, *Tempo dos Flamengos. Influência da Ocupação holandesa na vida e na cultura do norte do Brasil*. 4ª ed. Rio de Janeiro: Topbooks, 2001, p. 124-127.

neerlandesa, todavia, não contava com um Estado forte e centralizado como intermediário desse processo, que arcasse, então, com o ônus da colonização – como contava a expansão portuguesa, na qual o Estado atuou decisivamente na colonização e na administração das terras conquistadas. Violet Barbour aponta para essa questão ao afirmar que o reinado de Amsterdam foi o último no qual um verdadeiro império de comércio e de crédito pôde se concretizar sem o sustentáculo de um Estado moderno unificado.[69]

Essas considerações dão o enquadramento político e econômico mais amplo que acabou por se refletir na situação econômica particular do Brasil Holandês, o qual se explicita no endividamento, para com a Companhia, dos senhores de engenhos das capitanias por ela conquistadas. Essa lógica comercial neerlandesa de dominação, sem a intermediação do Estado e sem a preocupação em colonizar os territórios conquistados, o que significava também povoar, exerceu forte influência nas questões administrativas e na organização dos poderes locais. Nesses termos, o estudo da administração local no Brasil Holandês pode revelar, ainda que em pequena escala, como o sistema de dominação colonial português e o neerlandês se diferenciavam, e como o segundo pode ter se mostrado menos eficiente nas terras brasileiras. Isto nos ajuda a entender alguns fatores da fragilidade do domínio neerlandês na América Portuguesa.

Parece claro que os colonos luso-brasileiros possuíam costumes e leis próprias instituídas – e reformuladas – na colônia, tempos antes da chegada dos flamengos a esse território. Eles estavam, assim, inseridos em uma lógica própria do sistema administrativo do Império Português. Mas mais do que isso, a forma como as Câmaras de Escabinos foram criadas e moldadas no Brasil não permitiu que os neerlandeses conseguissem controlar efetivamente o poder local, que permaneceu com os luso-brasileiros plantadores de cana e produtores de açúcar, cuja produção sustentava a colônia. Esses luso-brasileiros continuaram a fazer parte da administração local tanto como membros da Casa de Misericórdia quanto como juízes de órfãos e, principalmente, como

---

69 Violet Barbour, *Capitalism in Amsterdam in the 17th Century*. Ann Arbor: University of Michigan Press, 1963, p. 13.

escabinos nas Câmaras coloniais dos conquistadores. Os flamengos não tiveram êxito, portanto, em dominar a produção e tampouco os poderes locais nas quatro capitanias que formavam o Brasil Holandês.

Não foi exclusiva do Brasil Holandês tal situação ou forma de dominação. Enquanto Braudel observou que, em relação ao limite do sucesso dos Países Baixos, o erro dos neerlandeses "foi terem querido construir uma superestrutura mercantil sem dominarem a produção, sem colonizar, no sentido moderno do termo", e, assim, buscaram zonas apenas para explorar e não para povoar e desenvolver,[70] Charles Boxer, pensando a expansão portuguesa, destacou que os "portugueses, com todos seus defeitos, estabeleceram profundas raízes como colonizadores; e assim eles não podiam, de modo geral, ser removidos de cena simplesmente por uma derrota naval ou militar, ou mesmo por seguidas derrotas desse tipo." Boxer ainda relata que os viajantes europeus que circulavam pelas regiões orientais, desde a época do naturalista William Wallace até o século XIX, comentaram sobre o fato de que os portugueses deixaram uma marca cultural mais profunda sobre os habitantes do que o fizeram os neerlandeses.[71]

---

70 Fernand Braudel, *Civilização Material, Economia e Capitalismo. Séculos XV-XVIII* (tradução). São Paulo: Martins Fontes, 1996, vol. 3, p. 213-214.

71 Charles Boxer, *Four Centuries of Portuguese Expansion*. Berkeley: University of Califórnia Press, 1969, p. 53-54 e 40-41, respectivamente.

Considerações finais

As câmaras municipais portuguesas na América, assim como outros agentes coloniais, foram decisivas para a manutenção do poder da Coroa no ultramar. Não eram, assim, apenas expressões do poder das elites locais. As Câmaras de Escabinos, ao ocuparem o lugar das antigas instituições portuguesas nas conquistas flamengas no norte do Estado do Brasil, foram criadas com o mesmo objetivo, vale dizer, consolidar o poder metropolitano no âmbito local. E, para que esse poder pudesse ser colocado em prática e ser exercido, carecia de meios humanos, institucionais e financeiros. Mas como consegui-lo, se a maior parte dos oficiais camarários era constituída por luso-brasileiros, falava língua portuguesa e seguia costumes e leis das antigas instituições?

A colonização foi um processo, e um processo de aprendizagem. Os neerlandeses, ao iniciarem sua expansão marítima e conquistarem seus primeiros territórios no ultramar, já tinham como exemplo a expansão ibérica e, em determinados lugares, depararam-se com um "modelo" administrativo que vinha sendo posto em prática pelos portugueses, ainda que recriado nas diferentes colônias. E isso não apenas no que toca à administração municipal no Brasil Holandês. Em suas outras conquistas orientais e atlânticas, os flamengos se utilizaram tanto da estrutura administrativa já em funcionamento, fosse portuguesa ou dos habitantes locais, quanto das práticas de colonização anteriores, como a adoção da força de trabalho escravo na produção colonial.

Criadas em 1637 nas Capitanias do Rio Grande, Paraíba, Itamaracá e Pernambuco conforme o modelo administrativo das cidades das Províncias Unidas, as Câmaras de Escabinos não apenas foram sendo moldadas e adaptadas ao longo dos anos às realidades coloniais, como também sofreram grande influência da prática institucional portuguesa anterior, perpetuada por meio de seus oficiais luso-brasileiros. No Brasil, diferente do que encontraram na região do Hudson na América do Norte, os neerlandeses se defrontaram com uma sociedade já em formação e com raízes culturais profundas. Assim, a atração de neerlandeses ou até mesmo germânicos ou escandinavos, como advertia constantemente o Conde de Nassau ao Conselho dos Dezenove, fazia-se necessária para a consolidação do seu poder; de outra forma, os moradores permaneceriam sempre portugueses "no coração" e se revoltariam na primeira oportunidade.

Se a substituição das Câmaras portuguesas pelas Câmaras de Escabinos ocasionou certo "abalo" no poder de parte da elite açucareira que defendia seus interesses por meio daquela instituição, em uma colônia escravocrata e basicamente produtora de açúcar, os senhores de engenho e lavradores permaneceram com enorme influência social, política e econômica, pois detinham os meios de produção que sustentavam o Brasil Holandês. A instituição local flamenga foi sendo moldada por seus oficiais à semelhança da antiga câmara de vereadores. Os neerlandeses não lograram conquistar efetivamente o poder local, que permaneceu com a elite luso-brasileira ligada, sobretudo, à produção açucareira, a qual vai apoiar o levante de 1645 e restituir logo nos primeiros anos as Câmaras de vereadores.

Durante o período de guerra de Restauração, como vimos, as câmaras de vereadores desempenharam um papel de fundamental importância na articulação da defesa e das rendas coloniais para a manutenção das tropas. A transferência dos custos com as guerras para os moradores da colônia só foi possível devido à produção de açúcar. Dessa maneira, as guerras luso-neerlandesas, como "guerras do açúcar", foram sustentadas e articuladas, em grande parte, pela colônia e pelo sistema social das capitanias produtoras de cana. As Câmaras Municipais passaram a exercer, mais uma vez, um papel de destaque – atuação bastante diferente da observada durante o período de guerra de resistência.

Ao lado de fatores evocados isolada ou conjuntamente como *causas* do movimento restaurador – reação espontânea à imposição de uma cultura estrangeira, resistência aos abusos das novas autoridades instituídas, bem como insatisfação com questões econômicas –, cumpre assinalar as *condições* administrativas em que as disputas de poder tiveram lugar. A mudança na administração local com a instalação das câmaras flamengas implicou o fechamento de uma instituição fundamental para a vida da colônia e certo abalo do domínio e, sobretudo, dos privilégios da elite açucareira. Mais importante ainda, a Câmara de Escabinos não cifrou o poder neerlandês no âmbito local, em especial nas regiões mais afastadas do centro administrativo, poder que de alguma forma se manteve nas mãos da açucarocracia luso-brasileira. Esse foi o pano de fundo administrativo que explica os sucessos da guerra de restauração e a maior facilidade de recuperação das terras do interior.

O estudo das instituições de poder local ao longo do período de domínio neerlandês no Brasil, portanto, torna possível considerar que a Companhia Privilegiada das Índias Ocidentais e os Estados Gerais não tiveram êxito em construir uma base consistente de poder no nível inferior. Seus próprios oficiais locais, os escabinos, eram na maior parte senhores de engenho e lavradores luso-brasileiros – lembrando que alguns deles já haviam exercido o cargo de vereador ou juiz ordinário das câmaras portuguesas antes da criação da nova instituição em 1637 e outros o exerceriam após o levante de 1645 –, que tomaram rapidamente o partido dos insurretos. Assim, não só a produção açucareira não se encontrava em mãos flamengas. A estrutura administrativa implantada pelas autoridades neerlandesas e transformada ao longo dos anos permitiu que também o poder local permanecesse com aquela elite luso-brasileira ligada à produção do açúcar.

Nesse sentido, a maneira como se desenvolveu no Brasil Holandês a administração local, cujos oficiais estavam ligados, na sua grande maioria, à produção do açúcar e, portanto, ao meio rural e à terra, contribui para entender a fragilidade e efemeridade do domínio neerlandês nas terras brasileiras; domínio que não resistiu a uma primeira tentativa de levante. Vimos como, já nos primeiros anos de guerra de restauração – 1645 e 1646 –, as Câmaras de vereadores foram restabelecidas e mantidas em atividade à medida que os insurretos reconquistaram os territórios. E, a partir daí, exerceram papel essencial no movimento restaurador.

Os resultados desta pesquisa indicam que a empresa neerlandesa no Brasil conviveu com dois modelos de dominação que, na prática, confluíram na instituição híbrida e original das Câmaras de Escabinos. Foi um fenômeno colonial por excelência. Ainda está por ser feito um estudo comparado dos Impérios português e holandês centrado na estrutura administrativa de suas diferentes conquistas, a fim de definir as instituições que distintas ordens legais metropolitanas criaram em situações adversas e imprevistas. Essa pesquisa mais profunda e detalhada da natureza política e da administração local no ultramar poderia fornecer uma percepção mais apurada da história partilhada por dois impérios que dariam origem a sistemas coloniais bastante distintos.

Fontes e Bibliografia

1. Fontes

1.1. Fontes Manuscritas

Arquivo do Instituto Arqueológico, Histórico e Geográfico Pernambucano/Recife

Coleção José Hygino (manuscritos)

Dagelijksche Notulen der Hooge Raden in Brazilië – 1635-1654 (Nótulas Diárias do Alto Conselho do Recife).

Brieven en Papieren uit van Brazilie – 1641, 1643, 1644 (Cartas e Papéis saídos do Brasil)

Register Brieven – 1629-1641

Laboratório Líber de Tecnologia da Informação da Universidade Federal de Pernambuco/Recife

Coleção *Monumenta Hyginia* (Projeto de Preservação e Acesso da Coleção José Hygino. Instituto Arqueológico, Histórico e Geográfico de Pernambuco/Projeto Ultramar da Universidade Federal de Pernambuco)

Dagelijksche Notulen der Hooge Raden in Brazilië (Nótulas Diárias do Alto Conselho no Brasil). Manuscritos de José Hygino (1635-1645) e traduções de Pablo Galindo, Judith de Jong e Anne Brockland (1635-1641 e 1644).

Centro de Estudos do Atlântico (CENDA)/ São Paulo

Papéis Avulsos e Códices do Conselho Ultramarino – Projeto Resgate Barão do Rio Branco

Instituto de Estudos Brasileiros (IEB)/ São Paulo

Coleção de documentos reunidos por José Antonio Gonsalves de Mello para o Centro de Documentação Histórica (CDH) da Universidade Federal de Pernambuco (microfilmes)

Arquivo Nacional da Torre do Tombo (IAN/TT)/ Lisboa

Fundos: Manuscritos do Brasil e *Papéis do Brasil*

Coleções: Administração Central e Corpo Cronológico

Arquivo Histórico Ultramarino (AHU)/Lisboa

Papéis avulsos referentes às Capitanias de Pernambuco e Paraíba

Grupo de Arquivos: *Administração Central*

Fundo: *Conselho Ultramarino*

Papéis Avulsos

Série 014: Brasil-Paraíba; caixa1.

Arquivos depositário: AHU_ACL_CU_015, CX.1, D.

Série 015: Brasil-Pernambuco; Caixas 4 e 5.

Arquivos depositário: AHU_ACL_CU_014, CX., D.

Códices

Série: Registro de Consultas Mistas do Conselho Ultramarino (1643 – 1833)

Arquivo depositário: AHU_ACL_CU_CONSULTAS MISTAS, Cod. 13, 14 e 15.

Série: Registro de Consultas de Mercês Gerais, do Conselho Ultramarino (1643 – 1824)

Arquivo depositário: AHU_ACL_CU_CONSULTAS DE MERCÊS GERAIS, Cod. 79, 80, 81, 82, 83, 84, 85 e 256.

Biblioteca do Palácio da Ajuda/Lisboa

Seção de Manuscritos/Sub-seção: Códices/Coleção: Geral

– Certidão dos Juízes, vereadores e procurador da Câmara da Vila de Olinda, Capitania de Pernambuco, em que fazem saber que Diogo Botelho, Governador e Capitão geral do dito Estado, tanto que tinham necessidade particular da sua presença e assistência [...]. Destes e outros feitos estava o povo agradecido que não o queria deixar embarcar para a Bahia, oferecendo-se-lhe muitas ocasiões de [peitas] mui grossas e de muitos milhares de cruzados, nunca as aceitou, antes manda prender na cadeia. Câmara, 15 de março de 1603.

– Auto que mandaram fazer os Oficiais da Câmara, sobre o auxílio que deram para a fortificação do Forte da Barra do Cabedelo, da Capitania do Paraíba. 26 de abril de 1603.

– Certidão dos oficiais da Câmara da Vila de Olinda, Capitania de Pernambuco, que tanto que chegou o Governador Diogo Botelho àquela Capitania, mandou logo tirar o tributo do cruzado que se pagava por cada caixão de açúcar [...]. Olinda, 28 de novembro de 1603.

- Carta do Bispo D. Pedro de Castilho a El-Rei, dizendo que acerca dos avisos recebidos do nosso embaixador [D. Pedro de Zuñiga] em Inglaterra de que os holandeses se armavam com intento de irem a Pernambuco e outras partes do Brasil, se escreveu logo a Diogo Botelho e a Alexandre de Moura. Lisboa, 10 de março de 1607.

- Carta do Bispo D. Pedro de Castiljo, em nome de El-Rei, ao governador do Brasil Diogo Botelho, avisando que o inimigo se apresta com toda a pressa com 36 navios com intento de virem à Barra de Lisboa impedir a saída das naus da Índia e da passagem depois àquelas partes acometer a Bahia e Pernambuco... Lisboa, 17 de março de 1607.

- Três cartas semelhantes, em nome de El-Rei, dirigidas ao governador do Brasil Diogo Botelho, avisando que o inimigo se aprestava com toda a pressa com intento de virem à Barra de Lisboa impedir a saída das naus da Índia e da passagem depois àquelas partes acometer a Bahia e Pernambuco.

- Carta de El-Rei a Francisco Soares de Abreu em que diz envia na Armada a cargo de D. Antonio Oquendo, fazendas, mantimentos, pólvora, munições e [murrão], com lista e provisão para ordem que se deve seguir na cobrança e arrecadação das ditas fazendas e como se hão de despender no presídio da Bahia e remeter a Pernambuco. Lisboa, 20 de abril de 1631.

- Carta de El-Rei sobre o empréstimo de quinhentos mil cruzados, para se reformar a Armada de 50 galeões de ambas as Coroas, para a Restauração de Pernambuco. 21 de maio de 1631.

- Papel acusando sobre o empréstimo dos 500 mil cruzados para o apresto da armada que há de recuperar a praça de Pernambuco. 02 de agosto de 1631.

- Carta de El-Rei ao ouvidor de Setúbal sobre a Armada para a restauração de Pernambuco, e empréstimo de 500 mil cruzados. Lisboa, 02 de setembro de 1631.

- Consulta do Conselho de Estado para S. Majestade sobre o que avisou o Governador Geral do Brasil, Diogo Luís de Oliveira, acerca das três caravelas que se lhe enviaram de socorro, e de o inimigo se ir alargando em Pernambuco e ter tomado o Porto de Itamaracá, donde lhe fica fácil passar à Paraíba, e estar ali muito fortificado, e pedido à Câmara da Cidade de Salvador que concorresse em alguma ajuda, aquela concedeu uma imposição de 4 vinténs em cada [canada] de vinho por tempo de 6 meses. Com o parecer do Conselho. Lisboa, 02 de outubro de 1631.

– Carta de El-Rei ao governo de Portugal, mandando suster o apresto da esquadra que havia de ir de socorro ao Brasil, por ter passado a monção, e fazer o apresto da Armada grande que se há de enviar à Restauração de Pernambuco, em maio do ano que vem. 17 de novembro de 1631.

– Carta de El-Rei recomendando se envie ao Brasil a maior quantidade possível de roupas, havendo cuidado na sua distribuição, pois Pernambuco necessita mais que a Bahia, por ter que prover as Capitanias da Paraíba e Itamaracá, e ordenando que se faça embarcar também nos navios que se estão aprestando os 40 mil cruzados de mercadorias que entregou Luis Vaz de Resende. 19 de dezembro de 1631.

– Carta do governo de Portugal a S. Majestade sobre as cartas que se hão de enviar ao Brasil, dizendo que será necessário maior quantidade em Pernambuco que na Bahia, por aquela Capitania prover a Paraíba e Itamaracá. Lisboa, 27 de dezembro de 1631.

– Carta de El-Rei lembrando pelo grande cuidado que lhe dão as coisas de Pernambuco e as muitas fortificações que os inimigos têm feito e vão fazendo, que não descansa enquanto não souber do apresto da Armada, que não passe do dia marcado. 08 de janeiro de 1632.

– Carta de El-Rei tocante ao que tem ordenado para que se vão continuando os socorros em caravelas a Pernambuco, e sobre se não ter avisado a Junta da Fazenda, e demora de D. Fradique de Toledo a ir àquela Capitania. 14 de janeiro de 1632.

– Carta de El-Rei ordenando se embarque a maior quantidade possível de roupas para o socorro do Brasil e que sejam duas partes para Pernambuco e uma para a Bahia. 14 de janeiro de 1632.

- Carta de El-Rei ordenando que à Armada do socorro do Brasil se acrescente e se apreste com brevidade os navios que vierem de Biscaia e os da Armada de D. Antonio de Oquendo, e que logo se aprestem até 15 caravelas e se embarquem pelo menos 1300 até 1400 homens para enviar ao Brasil, deixando em Pernambuco 600 até 700, na Paraíba 200, no Rio de Janeiro, outros 200, e nas Capitanias de São Vicente e Espírito Santo, cem cada uma, e que nestas caravelas vão 80 mil cruzados de roupas, e que vá nas primeiras João Pereira Corte Real. 27 de janeiro de 1632.

- Carta do governo de Portugal a S. Majestade respondendo a que manda avisar da resolução de se reforçar a armada que há de ir desalojar o inimigo de Pernambuco e se enviarem quinze caravelas com socorro de gente, armas, roupas àquela Capitania, à de Paraíba, Rio de Janeiro, S. Vicente, E. Santo, e que as caravelas tornem carregadas de açúcar com o parecer do Conselho de Estado. Lisboa, 6 de fevereiro de 1632.

- Carta do Governo de Portugal para S. Majestade sobre a partida das caravelas que se enviam a Pernambuco, e Relação do que levam. Lisboa, 14 de fevereiro de 1632.

- Carta de El-Rei sobre um papel de Pedro Cadena acerca do socorro que é necessário mandar à Paraíba e intentos que o inimigo tem de empreender aquela Praça, ordenando se envie com toda a brevidade gente, munições, pólvora e mais socorro para que se possa resistir. 18 de fevereiro de 1632.

- Carta de El-Rei sobre o socorro que se há de mandar à Paraíba, e [recontro] que ali teve o inimigo e se envie também 80 homens de socorro ao Rio Grande, com pólvora e munições na maior quantidade que se puder. 26 de fevereiro de 1632.

- Carta do Governo de Portugal a S. Majestade sobre as coisas que se devem enviar para provimento da gente a Pernambuco. Lisboa, 28 de fevereiro de 1632.

- Carta de El-Rei ordenando que partam logo as caravelas que estiverem aprestadas para o socorro da Paraíba. 10 de maio de 1632.

- Carta do Governo de Portugal a El-Rei sobre o aviso que se fez a João Pereira Corte Real de haver ir com o socorro da Paraíba e sondar os portos daquela Costa. Lisboa, 10 de março de 1632.

- Carta do Governo de Portugal a S. Majestade tocante às duas relações das roupas que se enviam a Pernambuco nas duas caravelas que estão para partir. Lisboa, 13 de março de 1632.

- Carta de El-Rei ordenando se mande, na melhor forma possível, os socorros à Paraíba e se despachem as Caravelas, embarcando nelas tudo que está assente, e juntamente o necessário para a sustentação da gente do Presídio da Paraíba, como o pede Antonio de Albuquerque. 29 de março de 1632.

- Carta do Governo de Portugal a S. Majestade sobre ter ordenado que se enviem nas caravelas que hão de ir de socorro a Pernambuco, algumas pessoas práticas e que hajam servido em Flandres. Lisboa, 01 de maio de 1632.

- Carta do Governo de Portugal a S. Majestade em que diz remeter onze relações dos armazéns em que se declara o socorro que envia a Pernambuco em três caravelas e dois navios que estão para partir à Bahia de todos os Santos e Capitania do Rio de Janeiro. Lisboa, 15 de maio de 1632.

- Carta dirigida ao conde duque de Olivares sobre recomeçar a tratar da Armada de recuperação de Pernambuco. 23 de junho de 1632.

- Carta do Governo de Portugal a S. Majestade falando da gente do Terço que está alojada em Cascais, para a Armada do Socorro a Pernambuco. Lisboa, 13 de novembro de 1632.

- Carta de El-Rei determinando que se vá tratando da prevenção da artilharia para a Armada que há de ir à Restauração de Pernambuco, e que por agora se lhe apliquem os 100 mil cruzados que couberem à nobreza desse Reino, na repartição do empréstimo, para que com elas se vão fazendo assentos de cobre para a fundição, e se dê toda a pressa na cobrança deles. 10 de fevereiro de 1633.

– Representação da Câmara de Pernambuco e mais Capitanias do Norte pedindo diversas providências para não serem de novo invadidos pelos holandeses e para outros objetos relativos à agricultura e comércio, etc. Em 10 de março de 1651.

– Carta de El-Rei ao Visconde de Vila Nova da Cerveira, governador das armas da Província de Entre Douro e Minho, comunicando ter chegado aviso que trouxe o mestre-de-campo André Vidal, de que os portugueses que faziam guerra em Pernambuco, ganharam por força de arma as fortificações do Recife daquela Capitania e a todas as mais praças que os holandeses ocupavam no Brasil [...], ordena que se façam as demonstrações de festa para que cheguem ao conhecimento dos castelhanos. Lisboa, 20 de março de 1654.

– Aviso que fez o povo de Pernambuco a S. Majestade sobre várias irregularidades administrativas. (s/d)

Biblioteca Nacional/Lisboa

Coleção de Manuscritos e Códices

– *Brasil.* Administração do Estado. Papéis vários. D.7627.

– *Brasil.* Capitanias de Pernambuco e Itamaracá. Descrição e notícias. Cód. 302.

– *Brasil.* Documentos Relativos à libertação de Pernambuco, etc., do domínio holandês. Séc. XVII, e à embaixada holandesa por esse e outros motivos (1658). H-5-43, n. 76 e 77; Mss. 27, n. 203 e 204.

– *Brasil.* Guerra de Pernambuco com holandeses (1636). Cód. 1555.

– *Brasil.* Holandeses na Bahia. 1638. Cód. 1555, fls. 329-355.

– *Brasil*. Restauração das terras conquistadas pelos holandeses. Documentos para a história deste fato. Recusa da Ordem de Cristo. Y-2-49, Cód. 7636.

– *Brasil*. História. Domínio Holandês. 1624-1654: Carta de Francisco Andrade Leitão para o rei sobre os negócios da Holanda. Haia, 26 de janeiro de 1643. Mss. 201, n. 11H.

– *Brasil*. História. Domínio Holandês. 1624-1654: Manifesto aos Estados Gerais da Holanda sobre as propostas de paz. Haia, 3 de maio de 1660. Mss. 199, n. 61.

– *Brasil*. História. Domínio Holandês. 1624-1654: Francisco Cristóvão de Almeida. Informação de 15 de novembro de 1652 sobre o Estado do Brasil. Mss. 218, fl. 134.

– *Brasil*. História. Domínio Holandês. 1624-1654: Carta régia de 21 de junho de 1637. Carta para a Vice-rainha de Portugal sobre os socorros a mandar ao Brasil. Mss. 206, n. 166.

– *Brasil*. História. Domínio Holandês. 1624-1654: Carta régia de 30 de setembro de 1633. Carta para o Marquês de Gávea sobre as providências a tomar para defesa das conquistas. Mss. 206, n. 168.

– *Brasil*. História. Domínio Holandês. 1624-1654: Soluções propostas para a restauração do Brasil. S/d. (s. XVII). Mss. 208, n. 12.

– *Brasil*. História. Domínio Holandês. 1624-1654: Manifesto sobre as negociações com a Holanda por causa do Brasil. Mss. 206, n. 90.

– *Holanda*. Tratado de Paz com Portugal. Resoluções dos Estados em 15 de maio de 1660. Cód. 748, fl. 236. B 12-31.

– *Holanda*. Acordos de Paz com Portugal. Parecer Mesa de Consciência. 1648. Cód. 1570, fl. 147.

– *Holanda*. Liga com Portugal e França contra as Índias de Castela. Projeto de aliança. 1645. Cód. 1555, fl. 310.

236   Fernanda Trindade Luciani

- *Holandeses em Pernambuco.* (1636-1637). Cód. 1555, fls. 132, 136, 144 a 156, e 162.

- *Holandeses em Pernambuco.* (1646). Cartas dos mestres-de-campo gerais aos holandeses, depois de chegado o príncipe Segismundo. Cód. 1561, fls. 5-24.

- *Holandeses em Pernambuco.* 1648. Parecer sobre se entregar a campanha. Cód. 2679, fl. 287.

- *Holandeses em Pernambuco.* Séc. XVII. Cód. 467, fl.70.

- *Holandeses no Brasil.* Armada para combatê-los. 1635. Cód. 7636.

- *Holandeses no Brasil.* Guerra de Pernambuco. 1636. Cód. 1555.

- *Pernambuco.* Carta dos mestres-de-campo gerais aos holandeses, respondendo o que lhe enviaram. 1646. Cód. 1551.

- *Pernambuco.* Entrega aos holandeses. Parecer contrário. Cód. 1699.

- *Pernambuco contra holandeses.* 1646. Cód. 8797.

Biblioteca Nacional/Rio de Janeiro

Seção de Manuscritos
Coleções: Brasil Holandês e Guerra Holandesa

- Representação ao rei de Portugal dos moradores portugueses da capitania de Pernambuco, tratando do estado miserável em que se encontrava devido à guerra. Lisboa, 14 de abril de 1646.

- Representação dos moradores de Pernambuco solicitando ajuda para a capitania que estava em péssima situação devido ao conflito contra os holandeses.

– Requerimento [dos oficiais da câmara de Pernambuco] ao rei de Portugal solicitando ajuda e informando que não tinham chegado as caravelas que haviam sido enviadas. Pernambuco, 28 de maio de 1647.

– Petição dos moradores [e da Câmara de Pernambuco] ao rei de Portugal solicitando amparo e proteção para a capitania de Pernambuco e demais capitanias do Norte. Arraial do Bom Jesus, 20 de fevereiro de 1647.

– Abaixo-assinado dos moradores de Maurícia [aos escabinos dessa jurisdição], lamentando a saída do governador e informando que formavam uma comissão que iria à Holanda. Recife, 26 de janeiro de 1644.

– Ofício da Câmara de Olinda ao rei solicitando poder fazer as audiências na própria vila quando ocorresse nomeação para o cargo de ouvidor. Olinda, 8 de junho de 1660.

– Carta dos holandeses, oferecendo o perdão a todos os rebeldes que se renderam a seu domínio e respostas dos luso-brasileiros João Fernandes Vieira, André Vidal de Negreiros, Antonio Felipe Camarão e Henrique Dias, em nome de todos os defensores do Brasil na luta contra os holandeses. Recife, [Arraial do Bom Jesus], 1648.

– Breve relação dos últimos sucessos da guerra do Brasil, restituição da cidade Maurícia, fortalezas do Recife de Pernambuco e mais praças que os holandeses ocupavam naquele estado. Lisboa, oficina Craesbeeckiana, 1654.

– Sucesso da guerra dos portugueses, levantados em Pernambuco contra os holandeses. 1646.

– Tradução de José Hygino de alguns artigos do estatuto da Companhia das Índias Ocidentais.

– Informação do Conselho Ultramarino a respeito da carta ao mestre de campo Francisco Barreto que trata das dívidas dos portugueses com os holandeses. Lisboa, 16 de dezembro de 1654.

238 Fernanda Trindade Luciani

– Ofício do Conselho Ultramarino declarando que o lugar do capitão do Ceará estava vago, e o nome de alguns nomes de destaque na guerra holandesa contra os holandeses no Brasil. Lisboa, 21 de junho de 1687.

– Relação de serviço que os povos deste reino fazem a S. M. para a restauração de Pernambuco. (1630-32)

– Documentos para a história do Brasil, coligidos pelo encarregado dos negócios Joaquim Caetano da Silva. Pernambuco, 1635-46.

– Documentos para a história do Brasil, coligidos pelo encarregado dos negócios Joaquim Caetano da Silva. Pernambuco, 1637-44.

– Documentos para a história do Brasil, coligidos pelo encarregado dos negócios Joaquim Caetano da Silva. Pernambuco, 1647-49.

1.2. Fontes Impressas

"A religião reformada no Brasil do século XVII (Atas dos sínodos e classes do Brasil, no século XVII, durante o domínio holandês)". Edição e tradução para português Pedro Souto Maior. *RIHGB*, tomo especial n. 1, do 1º Congresso Nacional de História, 1912, p. 707-780.

"Açúcares que fizeram os engenhos de Pernambuco, Ilha de Itamaracá e Paraíba – ano 1623". *FHBH*, vol. I, p. 28-32.

"Alguns documentos novos para a história da Restauração Pernambucana". Prefácio de J. Lúcio de Azevedo. *RIHGB*, 78, 1915, p. 286-329.

Código Filipino; ou Ordenações e Leis do Reino de Portugal, (1603), Cândido Mendes de Almeida. 14ª ed. Rio e Janeiro: Typ. do Instituto Philomático, 1870, vol. I.

"Atas, Resoluções e Pessoal da Assembleia Geral de 1640". *RIAP*, 31, 1886, p. 173-238 (Publicado em *FHBH*, vol. II, p. 307-384).

BAERS, Padre João. *Olinda Conquistada* (tradução). Recife, Secretaria de Educação e Cultura do Estado de Pernambuco, 1977.

BARLEUS, Gaspar. *História dos feitos recentes praticados durante oito anos no Brasil e noutras partes sob o governo do ilustríssimo João Maurício conde de Nassau* (1647) (tradução). São Paulo: Edusp, 1974.

"Breve discurso sobre o estado das quatro capitanias conquistadas de Pernambuco, Itamaracá, Paraíba e Rio Grande, situadas na parte setentrional do Brasil, escrito por J. M. de Nassau, Adriaen van der Dussen e M. van Ceullen (1638)" (tradução). *FHBH*, vol. I, p. 77-129.

"Breve relação do Estado de Pernambuco. Dedicada à Assembleia do XIX. Por Auguste de Queren. Em Amsterdam, 1640" (trad. port.). *FHBH*, vol. II, p. 417-459.

BRITO FREIRE, Francisco. *Nova Lusitânia: História da Guerra Brasílica.* São Paulo: Beca, 2001.

CALADO, Manuel. *O Valeroso Lucideno e Triunfo da Liberdade* (1648). 2ª ed. São Paulo: Edições Cultura, 2 vols., 1945.

"Carta de alguns moradores ao bispo e aos padres da Bahia, 8 de setembro de 1645." *RIAP*, 35 (1888), vol. 6, p. 32-34.

"Carta ao Conselho dos XIX dos súditos da Paraíba. Frederica da Paraíba, 23 de junho de 1644". *RIAP*, 35 (1888), vol. 6, p. 66-69.

"Carta dos moradores de Pernambuco ao governador do Estado do Brasil, Antônio Teles da Silva. 15 de maio de 1645". *RIAP*, 35 (1888), vol. 6, p. 120-122.

"Carta que escreveram os moradores de Pernambuco aos holandeses do Conselho. 22 de junho de 1645". *RIAP*, 35 (1888), vol. 6, p. 122-128.

"Cartas Nassovianas. Correspondência do Conde João Maurício de Nassau, governador do Brasil Holandês, com os Estados Gerais (1637-1646)". In: *RIAP*, vol. 10, n. 56, p. 23-52; e *RIAP*, vol. 12, n. 69, p. 533-555.

"Cartas, traslados e cópias de documentos portugueses relativos aos acontecimentos de 1645". *RIHGB*, LXIX, 1966.

COELHO, Duarte de Albuquerque. *Memórias Diárias da Guerra do Brasil. 1630-1638.* (1654). Recife: Fundarpe, 1944.

"Correspondência Diplomática de Francisco de Sousa Coutinho durante a sua Embaixada em Holanda, publicada por Edgar Prestage". Lisboa: Centro Tipográfico Colonial, 1955, 3 vols.

"Declaração e parecer sobre a impossibilidade de execução de engenhos" (Tradução). *RIAP*, 34, p. 57-9, 1887.

"Descrição da Conquista de Pernambuco por H. C. Lonck, publicada por Hessel Gerritsz em 1630", traduzida e anotada por B. N. Teensma e Lodewijk Hulsman. In: GALINDO, Marcos (org.). *Viver e Morrer no Brasil Holandês.* Recife: Massangana, 2005, p. 226-241.

"Descrição da Costa do Brasil na Região de Pernambuco, ou roteiro para os comandantes neerlandeses da expedição da conquista de Pernambuco em 1630 segundo os manuscritos 'haienses.'" Editado e anotado por B. N. Teeensma. In: GALINDO, Marcos (org.). *Viver e Morrer no Brasil Holandês.* Recife: Massangana, 2005, p. 177-223.

"Descrição das Capitanias de Pernambuco, Itamaracá, Paraíba, e Rio Grande do Norte. Memória apresentada ao Conselho Político do Brasil por Adrian Verdonk, em 20 de maio de 1630". Tradução para português de Alfredo de Carvalho, *RIAP*, 55, 1901, p. 215-227.

"Descrição Geral da Capitania da Paraíba, escrita por Elias Herckmans em 1639" (tradução). *RIAP*, 31, 1886, p. 239-288 (Publicado em *FHBH*, vol. II, p. 59-112).

Diálogos das Grandezas do Brasil. [2ª ed. integral segundo o apógrafo de Leiden, aumentada por José Antonio Gonsalves de Mello.] Recife: Imprensa Universitária, 1966.

"Diário de Henrique Haecx (1645-1654)" (tradução). ABN, vol. 69, p. 36-159.

"Diário ou breve discurso acerca da rebelião e dos pérfidos desígnios dos portugueses do Brasil, descobertos em julho de 1645, e do mais que se passou até 28 de abril de 1647". (Anônimo). *RIAP*, 32, 1887.

"Diário ou narração histórica de Matheus van der Broeck (1651)" (tradução). *RIHGB*, 40, 1877, parte l.

"Dois panfletos relativos ao Brasil Holandês, por Zacarias van der Hoeven" (1640 e 1646) (tradução). *RIHGB*, 92, 1922, p. 161-210.

"Documentos pela maior parte em português sobre vários assuntos". *RIAP*, n. 33, 1887, p. 179-192; n. 34, 1887, p. 33-138; n. 35, 1888, p. 5-51.

Documentos Holandeses. Rio de Janeiro: Ministério da Educação e da Saúde Pública, 1945.

Documentos para a História do Açúcar, 3 vols. Rio de Janeiro: Instituto do Açúcar e do Álcool, 1956.

Documentos para a História Pernambucana. Recife: Secretaria do Interior, 1944, vol. I (Época Holandesa).

Documents Relative to the Colonial History of New York. E. B. O'Callaghan e Berthold Fernow (orgs.). Albany, NY: Weed, Parsons and Co, 1856-87, vols. 1, 2 e 8.

FREYRE, Francisco de Brito. *Nova Lusitânia: História da Guerra Brasílica* (1675). São Paulo: Beca, 2001.

"Inventário, na medida do possível, de todos os engenhos situados ao sul do rio da Jangada até o rio Una, feito pelo Conselheiro Schott" (tradução). *FHBH*, vol. I, p. 51-71.

JABOATÃO, Frei Antônio de Santa Maria. "Catálogo genealógico das principais famílias que procederam de Albuquerques e Cavalcantes em Pernambuco e Caramurus na Bahia ..." (1768). In: *Revista do Instituto Histórico e Geográfico Brasileiro*. Rio de Janeiro: Instituto Histórico e Geográfico Brasileiro, tomo 52.

_____. *Novo Orbe Serafico Brasilico*, 3 vols. (1761). Rio de Janeiro: Instituto Histórico e Geográfico Brasileiro, 1858 (1ª ed. integral).

JESUS, Frei Raphael de. *Castrioto Lusitano, história da guerra entre o Brasil e a Holandês durante os anos de 1624 e 1654* (1679). Recife: Assembleia Legislativa, 1979 (Fac-símile da edição de 1844, imprensa na França).

LAET, Johannes de. *História ou Anais dos feitos da Companhia Privilegiada das Índias Ocidentais até 1636* (1644) (tradução). ABN, Rio de Janeiro, Biblioteca Nacional, vols. 41-42, 1919-1920.

"Livro das saídas dos navios e urcas. 1595-1605". *RIAP*, vol. 58, 1993, p. 87-143.

"Livro das confissões e reconciliações que se fizeram na visitação do Santo Ofício... Salvador da Bahia de Todos os Santos (1618)". In: *Anais do Museu Paulista*. São Paulo: Museu Paulista, 1963, vol. 17.

"Livro das denunciações que se fizeram na visitação do Santo Ofício (1618)". In: ABN. Rio de Janeiro: Biblioteca Nacional, vol. 49.

MOERBEECK, Jan Andries. *Motivos porque a companhia das Índias Ocidentais deve tirar ao Rei de Espanha as terras de Portugal* (1624) (tradução). Rio de Janeiro: Instituto do Açúcar e do Álcool, 1942.

"Machadão do Brasil ou Diálogo sobre a decadência do Brasil entre Kees Jansx Schott, recém-chegado d' aquelle país, e Jan Maet, caixeiro de negociante, que também alli estece com aquelle. Ano de Nosso Senhor de 1647." *RIAP*, vol. 8, n. 72 (1908), p. 125-170.

"Memória e Instrução do João Maurício, Conde de Nassau, acerca do seu governo do Brasil (1644)". *FHBH*, vol. II, p. 395-412.

"Memória oferecida ao Senhor presidente e mais senhores do Conselho desta cidade de Pernambuco, sobre a situação, lugares, aldeias e comércio da mesma cidade, bem como de Itamaracá, Paraíba e Rio Grande segundo o que eu, Adriaen Verdonck, posso me recordar. Escrita em 20 de maio de 1630" (tradução). *FHBH*, vol. I, p. 35-46.

"Memórias históricas e militares relativas à guerra holandesa", reimpressão do opúsculo intitulado *Notícias Históricas e militares da América*, coligidas por Diogo Barbosa Machado. Rio de Janeiro, ABN, vol. XX, 1899, p. 119-212.

MOREAU, Pierre. *História das últimas lutas no Brasil entre holandeses e portugueses (1651)* (tradução). Belo Horizonte/ São Paulo: Itatiaia/ Edusp, 1979.

MORENO, Diogo de Campos. "A relação das praças fortes do Brasil (1609)". *RIAP*, vol. 57, p. 177-246.

NIEUHOF, Johan. *Memorável Viagem Marítima e Terrestre ao Brasil* (1682) (tradução). São Paulo: Itatiaia/ Edusp, 1981.

"Notas do que se passou na minha viagem, desde 15 de dezembro de 1641 até 24 de janeiro do ano seguinte de 1642, por A. van Bullestrate" (trad. port.). *FHBH*, vol. II, p. 147-197.

Primeira Visitação do Santo Ofício às partes do Brasil – Denunciações e Confissões de Pernambuco, 1593-1595. Recife: Fundarpe, 1984.

Primeira Visitação do Santo Ofício às Partes do Brasil – Confissões da Bahia, 1591-1592. Rio de Janeiro: Edição da Sociedade Capistrano de Abreu, 1935.

Records of New Amsterdam, 1653-1674. Berthold Fernow (org.) (tradução para inglês do original em holandês). Nova York: The Knickerbocker Press, 1897, 7 vols.

"Regimento das Praças Conquistadas ou que forem conquistadas nas Índias Ocidentais de 1629" (tradução). *RIAP*, 31, p. 289-310.

"Relação das Praças Fortes do Brasil de Diogo de Campos Moreno" (1609). *RIAP*, vol. 57, 1984.

"Relatório do Conselho Político no Brasil de Jean de Walbeeck, apresentado aos Diretores da Companhia das Índias Ocidentais a 2 de julho de 1633, lido pelos Estados Gerais a 11 de julho de 1633." *Documentos*

Holandeses. Rio de Janeiro: Ministério da Educação e da Saúde Pública, 1945, p. 117-130.

"Relação dos engenhos confiscados que foram vendidos em 1637." [Recife de Pernambuco, 21 de julho de 1637]. *RIAP*, 34, 1887, p. 179 (anexos).

"Relatório Oficial sobre o estado das quatro capitanias conquistadas" (tradução). *RIAP*, 34, 1887, p. 139-196.

"Relatório sobre a Capitania da Paraíba em 1635, pelo Sr. Servaes Carpentier; Conselheiro Político e Diretor da mesma Capitania" (trad. port.). *FHBH*, vol. II, p. 41-52.

"Relatório sobre a conquista do Brasil por H. Hamel, Adriaen van Bullestrate e P. Jansen Bas (1646)" (trad. port.). *FHBH*, vol. II, p. 205-300.

"Relatório sobre o estado das Alagoas em outubro de 1643; apresentado pelo assessor Johanes van Walbeek e H. de Moucheron" (trad. port.). *RIAP*, 33, 1887, p. 153-162.

"Relatório sobre o estado das quatro capitanias conquistadas no Brasil; apresentado pelo Senhor Adriaen van der Dussen ao Conselho dos XIX na Câmara de Amsterdã, em 4 de abril de 1640" (tradução). *FHBH*, vol. I, p. 137-232.

"Representação dos Escabinos da Cidade de Maurícia". *RIAP*, 34, p. 43-44.

RICHSHOFFER, Ambrósio. *Diário de um soldado* (tradução). Recife: Secretaria de Educação e Cultura do Estado de Pernambuco, 1977.

SOUSA, Gabriel Soares de. *Tratado Descritivo do Brasil em 1587*. 5ª ed. São Paulo: Ed. Nacional, 1987.

"Traslado do Rendimento das Pensões, Redízimas e Vintena e outras coisas mais que esta Capitania de Pernambuco pagava ao Donatário Dom Miguel Portugal". *FHBH*, vol. I, p. 234-243.

TEMPLE, William. *Observations upon the United Provinces of the Netherlands (1673)*. Oxford: Clarendon Press, 1972.

VICENTE do Salvador, Frei. *História do Brasil: 1500-1627.* 5ª ed. São Paulo: Melhoramentos, 1965.

VIEIRA, Antônio. "Parecer sobre as coisas do Brasil, principalmente sobre a Restauração da capitania de Pernambuco" (14/03/1647). *RIHGB, 56,* 1893, p. 85-102.

_____. "Pernambuco no domínio holandês e sua restauração" [Papel Forte e outros documentos relacionados]. *RIHGB,* LVI, p. 5-69, 1893.

_____. Sermão da Visitação de Nossa Senhora (1640). In: CIDADE, Hernani. *Padre Antonio Vieira.* Lisboa, 1940, vol. II, p. 189-218.

2. BIBLIOGRAFIA

2.1. Obras de Referência

Alguns documentos de arquivos portugueses de interesse para a história de Pernambuco: Arquivo Nacional da Torre do Tombo e Arquivo Histórico Ultramarino. Recife, Arquivo Público Estadual, 1969.

BARRETO, Carlos Xavier Paes. *Os Primitivos Colonizadores Nordestinos e seus Descendentes.* Rio de Janeiro: Melso, 1960.

BOBBIO, Norberto *et alli. Dicionário de Política.* 7ª ed. Brasília: Editora da UnB, 1995.

BOSCHI, Caio. *Roteiro sumário dos arquivos portugueses de interesse para o pesquisador da História do Brasil.* 2ª ed. Lisboa: Edições Universitárias Lusófonas, 1995.

CALMON, Pedro. *Introdução e notas ao catálogo genealógico das principais famílias, de frei Antônio de Santa Maria Jaboatão,* 2 vols. Salvador: EmpresamGráfica da Bahia, 1985.

CÂMARA, João de Sousa da. *Índice Onomástico relativo ao Brasil – 2ª metade do século XVI – segundo os livros das Chancelarias Reais existentes no Arquivo Nacional da Torre do Tombo.* Coimbra: Tip. Atlântica, 1964.

Catálogo de Manuscritos relativos à Pernambuco da Biblioteca Nacional. In: ABN, Rio de Janeiro, Biblioteca Nacional, vol. 71.

Catálogo de Manuscritos relativos ao Brasil da Biblioteca Nacional. In: ABN, Rio de Janeiro: Biblioteca Nacional, vol. 4.

Catálogo de Manuscritos relativos ao Maranhão da Biblioteca Nacional. In: ABN. Rio de Janeiro, Biblioteca Nacional, vol. 70.

Catálogo dos Códices do Fundo do Conselho Ultramarino relativos ao Brasil existentes no Arquivo Histórico Ultramarino. Projeto Resgate Barão do Rio Branco. Ministério da Ciência e da Tecnologia, Instituto de Investigação Científica Tropical, Arquivo Histórico Ultramarino, 2000.

COSTA, F. A. Pereira da. *Anais Pernambucanos.* Recife, Arquivo Público Estadual, 10 vols., 1951-1958.

FERREIRA, Carlos Alberto Ferreira. *Inventário dos Manuscritos da Biblioteca da Ajuda referentes à América do Sul.* Coimbra: Sá Pinto/ Universidade de Coimbra, 1946.

_____. *Índice do Inventário da América do Sul.* Lisboa: Biblioteca da Ajuda, 1976.

FONSECA, Antonio José Vitorino Borges da. *Nobiliarquia Pernambucana.* ABN, vol. 47 e 48, 1935.

FRANCO, Francisco de Assis Carvalho. *Nobiliário Colonial.* 2ª ed. São Paulo: Instituto Genealógico Brasileiro, s/d.

GALINDO, Marcos e LODEWIJK, Hulsman (org.). *Guia de fontes para a história do Brasil Holandês: acervos de manuscritos em arquivos holandeses.* Brasília/ Recife: MinC/ Massangana, 2001.

GUEDES, João Alfredo Libânio. *História administrativa do Brasil.* Brasília: Editora da UnB, 1983. vols. 1 ao 6, especialmente vol. 3.

Guia de Fontes Portuguesas para a História da América Latina, 2 vols. Comissão Nacional para as Comemorações dos Descobrimentos Portugueses. Fundação Oriente. Imprensa Nacional-Casa da Moeda. 1997.

Holandeses no Brasil: verbetes do Novo Dicionário Holandês de Biografias. Trad. port. Francisco José Mooren. Recife: Universidade Federal de Pernambuco, 1968.

MOYA, Salvador de. *Índices Genealógicos Brasileiros.* Publicações do Instituto Genealógico Brasileiro, 1ª série, n. 2, 1943.

NEVES, Fernanda I. *Fontes para o Estudo da História do Nordeste.* Recife: Fundarpe, 1986.

PEREIRA, Carlota Gil. "Inventário dos documentos relativos ao Brasil, existentes na Biblioteca Nacional de Lisboa". In: ANB. Rio de Janeiro, vol. 75, 1957.

PEREIRA, José Higino. "Relatório sobre as pesquisas realizadas em Holanda". *RIAP*, 30, 1886, p. 7-110.

RODRIGUES, José Honório. *Historiografia e bibliografia do domínio holandês no Brasil.* Rio de Janeiro: Imprensa Nacional, 1949.

_____. *Índice Anotado da Revista do Instituto Arqueológico, Histórico e Geográfico Pernambucano.* Recife: Imprensa Oficial, 1961.

SERRÃO, Joel (org.). *Dicionário de História de Portugal.* Porto: Figueirinhas, 1985.

SILVEIRA, Luís. "Fontes arquivísticas para o estudo da História do Brasil", in: *Bibliotecas e Arquivos Portugueses*, n. 20, Lisboa, 1970.

SOUSA, Teresa Andrade e. "Guia das Coleções de Manuscritos da Divisão de Reservados". In: *Revista da Biblioteca Nacional*, Lisboa, s. 2, 3, (1), 1988, p. 95-129.

Vocabulário da Língua Portuguesa Onomástico e de Nomes Comuns. Lisboa: Confluência, s/d. (Separata do volume XII do *Grande Dicionário da Língua Portuguesa* de António Moraes Silva).

2.2. Livros, teses e artigos

ABREU, Capistrano de. *Caminhos antigos e povoamento do Brasil.* 2ª ed. Rio de Janeiro: Sociedade Capistrano de Abreu, 1960.

_____. *Capítulos de história colonial.* 7ª ed. São Paulo: Publifolha, 2000.

ALENCASTRO, Luiz Felipe de. *O Trato dos Viventes: Formação do Brasil no Atlântico Sul. Séculos XVI e XVII.* São Paulo: Companhia das Letras, 2000.

ALBUQUERQUE, Cleonir Xavier. *A Remuneração de Serviços da Guerra Holandesa.* Recife, Universidade Federal de Pernambuco, 1968.

ARASARATNAM, Sinnappah. "The Dutch Administrative Structure in Siri Lanka", in: *An Expending World: The European Impact on World History, 1450-1800.* Hampshire: Ashgate, 1999, vol. 23 [A. J. Russell-Wood (org), Local Government in European Overseas Empires, 1450-1800, parte II], p. 529-540.

BARBOUR, Violet. *Capitalism in Amsterdam in the 17th Century.* Ann Arbor: University of Michigan Press, 1963.

BICALHO, Maria Fernanda Baptista. "Centro e periferia: pacto e negociação política na administração do Brasil Colonial". *Leituras*, Biblioteca Nacional de Lisboa, 6; 17-39, primavera 2000.

BICALHO, Maria Fernanda e FERLINI, Vera do Amaral. *Modos de Governar. Ideias e práticas políticas no Império português, séculos XVI a XIX.* São Paulo: Alameda, 2005.

BLAJ, Ilana. *A Trama das Tensões. O Processo de Mercantilização de São Paulo Colonial (1681-1721).* São Paulo: Humanitas, 2002.

BOOGAART, Ernst van den; EMMER, Pieter C.; KLEIN, Peter; ZANDVLIET, Kees. *La Expansión Holandesa en el Atlántico* (trad. castelhana). Madri: Editorial Mapfre, 1992.

BOXER, Charles Ralph. *Os Holandeses no Brasil, 1624-1654* (tradução). Recife: Companhia Editora de Pernambuco, 2004.

_____. *Four Centuries of Portuguese Expansion*. Berkeley: University of Califórnia Press, 1969.

_____. *O Império Marítimo Português*: *1415-1825* (tradução). São Paulo: Companhia das Letras, 2002.

_____. *Portuguese Society in the tropics: the municipal councils of Goa, Macao, Bahia, and Luanda, 1510-1800*. Madison: The University of Wisconsin Press, 1965.

_____. *Salvador de Sá e a luta pelo Brasil e Angola 1602-1686* (tradução). São Paulo: Companhia Editora Nacional/ Edusp, 1973.

_____. *The Dutch Seaborne Empire*. Londres: Penguin Books, 1990.

_____. *The Golden Age of Brazil. Growing pains of a Colonial Society. 1695-1750*. Berkley e Los Angeles: University of California Press, 1969.

BRAUDEL, Fernand. *O Mediterrâneo e o mundo Mediterrâneo na Época de Filipe II* (tradução). 2ª ed. Lisboa: Publicações Dom Quixote, 1995, 2 vols.

_____. *Civilização Material, Economia e Capitalismo. Séculos XV-XVIII* (tradução). São Paulo: Martins Fontes, 1996, 3 vols.

BUESCU, Ana Isabel. *Imagens do Príncipe. Discurso Normativo e representação (1525-1549)*. Lisboa: Cosmos, 1996.

CARDOSO, Ciro Flamarion. "As concepções acerca do Sistema Econômico Mundial e do Antigo Sistema Colonial; a preocupação obsessiva com a extração de excedente". In: LAPA, J. R. do Amaral. *Modos de Produção e Realidade Brasileira*. Petrópolis: Vozes, 1980, p. 109-132.

CARDIM, Pedro. *Cortes e Cultura Política no Portugal do Antigo Regime.* Lisboa: Cosmos, 1998.

CARVALHO, Alfredo. "Os Brasões d'Armas do Brasil Holandês". *RIAP,* 61-64, p. 574-589.

CASCUDO, Luís da Câmara. *Geografia do Brasil Holandês.* Rio de Janeiro: José Olímpio, 1956.

CHAUNU, Pierre. *Conquista e Exploração dos Novos Mundos: séc XVI* (tradução). São Paulo: Pioneira/ Edusp, 1984.

COELHO, Maria Helena C. e MAGALHÃES, Joaquim Romero. *O poder concelhio: das origens às cortes constituintes. Notas da história social.* Coimbra: Edição do Centro de Estudos e Formação Autárquica, 1986.

COSTA, F. A. Pereira da. "Estudo histórico-retrospectivo sobre as artes em Pernambuco. Inéditos do Dicionário Histórico e Geográfico Pernambucano". *RIAP,* 54, 1901, p. 3-45.

_____. "Governo holandês". *RIAP,* 51, 1898, p. 3-26.

COSTA, Leonor Freire. *Império e Grupos Mercantis entre o Oriente e o Atlântico (século XVII).* Lisboa: Livros Horizonte, 2002.

_____. *O transporte no Atlântico e a Companhia Geral do Comércio do Brasil (1580-1663).* Lisboa: Comissão Nacional para as Comemorações dos Descobrimentos Portugueses, 2002.

CUNHA, Mafalda Soares e FONSECA, Teresa (orgs.). *Os Municípios no Portugal Moderno. Dos Forais Manuelinos às Reformas Liberais.* Lisboa: Edições Colibri, 2005.

CURTO, Diogo Ramada. *O Discurso Político em Portugal, 1600-1650.* Lisboa: Centro de Estudos de História e Cultura Portuguesa – Projeto Universidade Aberta, 1988.

DE VRIES, Jan. *A Economia da Europa numa Época de Crise (1600-1750).* Lisboa: Dom Quixote, 1991.

DIAS, Carlos Malheiros. *História da Colonização Portuguesa do Brasil*. Lisboa: Litog. Nacional, 1923.

FAORO, Raymundo. *Os Donos do Poder: formação do patronato político brasileiro*. São Paulo: Ed. Globo/ Publifolha, 2000 (1958), vol. 1.

FERLINI, Vera Lúcia Amaral. *Terra, trabalho e poder*. São Paulo, Brasiliense, 1988.

FERNANDES, Florestan. *Circuito Fechado*. 2ª ed. São Paulo: Hucitec, 1977.

FOUCAULT, Michel, *Microfísica do Poder* (tradução). 17ª ed. Rio de Janeiro: Edições Graal, 2002.

FRAGOSO, João e FLORENTINO, Manolo. *O Arcaísmo como Projeto: mercado atlântico, sociedade agrária e elite mercantil no Rio de Janeiro, 1780-1840*. Rio de Janeiro: Diadorim, 1993.

FRAGOSO, João; GOUVÊA, Maria de Fátima; BICALHO, Maria Fernanda. (orgs.). *Antigo Regime Nos Trópicos: a dinâmica imperial portuguesa (séculos XVI-XVIII)*. Rio de Janeiro: Civilização Brasileira, 2001.

_____. "Uma Leitura do Brasil Colonial. Bases da materialidade e da governabilidade no Império". In: *Penélope. Revista de Ciências e História Social*, n. 23, 2000.

FRANÇA, Eduardo D'Oliveira. *Portugal na Época da Restauração*. São Paulo: Hucitec, 1997.

FRANKEN, M. A. M. "The General Tendencies and Structural Aspects of the Foreign Policy and Diplomacy of the Dutch Republic in the Latter Half of the 17th Century". In: *Acta Historiae Neerlandica*, Leiden, vol. III (1968), p. 1-42.

FREIRE, Francisco de Brito. *Nova Lusitânia, História da Guerra Brasílica*. São Paulo: Beca, 2002.

GALINDO, Marcos (org.). *Viver e Morrer no Brasil Holandês*. Recife: Massangana, 2005.

GARCIA, Rodolfo. *História Política e Administrativa do Brasil (1500-1810)*. Rio de Janeiro: José Olímpio, 1956.

GODINHO, Vitorino Magalhães. *Os descobrimentos e a economia mundial*. Lisboa: Presença, 1981, 4 vols.

GONÇALVES, Regina Célia. *Guerras e Açúcares, política e economia na capitania da Paraíba (1585-1630)*. Tese de Doutorado, Universidade de São Paulo, 2003.

GOUVÊA, Maria de Fátima Silva. "Poder, justiça e soberania no império colonial português". *Leituras*, Biblioteca Nacional de Lisboa, 6; 97-121, primavera 2000.

GREENE, Jack P. e BUSHNELL, Amy Turner. "Peripheries, Centers, and the Construction of Early Modern American Empires". In: DANIELS, Christine e KENNEDY, Michael V. (orgs.). *Negotiated Empires. Centers and Peripheries in the Americas, 1500-1820*. Nova York: Routledge, 2002.

HALEY, Kenneth Harold Dobson. *The Dutch in the Seventeenth Century*. Londres: Themes and Hudson, 1972.

HESPANHA, António Manuel (org.). *Poder e instituições na Europa do Antigo Regime*. Lisboa: Fund. Calouste Gulbenkian, 1984.

_____. *As Vésperas do Leviathan. Instituições e poder político. Portugal – séc. XVII*. Coimbra: Almedina, 1994.

_____. *História das Instituições*. Coimbra: Almedina, 1982.

_____. "La economia de la gracia". In: HESPANHA, António Manuel. *La gracia del derecho: economia de la cultura en la Edad Moderna*. Madrid: Centro de Estudios Constitucionales, 1993.

HOBSBAWM, Eric. *As Origens da Revolução Industrial* (tradução). São Paulo: Global Editora, 1979.

HOLANDA, Sérgio Buarque de (org.). *História Geral da Civilização Brasileira*. 2ª ed. São Paulo: Difel, 1968, vols. 1 e 2.

_____. *Raízes do Brasil*. 26ª ed. São Paulo: Companhia das Letras, 1995.

ISRAEL, Jonathan Irvine. *The Dutch Republic, Its rise, greatness, and fall, 1477-1806*. Oxford: Clarendon Press, 1995.

_____. *Conflicts of Empires: Spain, the Low Countries and the Struggle for World Supremacy, 1585-1713*. Ohio: The Hambledon Press, 1997

_____. *Dutch Primacy in the World Trade, 1585-1740*. Nova York: Oxford University Press, 2002.

_____. *The Dutch Republic and the Hispanic World, 1606-1661*. Oxford: Clarendon Press, 1986.

KATZEN, M. F. "VOC Government at the Cape". In: *An Expending World: The European Impact on World History, 1450-1800*. Hampshire: Ashgate, 1999, vol. 23 [A. J. Russell-Wood (org). *Local Government in European Overseas Empires, 1450-1800*, Parte II], p. 455-470.

KLEIN, Hebert. *The Atlantic Slave Trade*. Cambridge: Cambridge University Press, 1999.

KLOOSTER, Win. "Other Netherlands beyond the sea Dutch America between Metropolitan control and divergence, 1600-1795". In: DANIELS, Christine e KENNEDY, Michael V. *Negotiated Empires. Centers and Peripheries in the Americas, 1500-1820*. Nova York: Routledge, 2002, p. 171-191.

LEAL, Victor Nunes. *Coronelismo, Enxada e Voto: o município e o regime representativo no Brasil*. 6ª ed. São Paulo: Alfa-Ômega, 1975 (1949).

MAGALHÃES, Joaquim Romero de. "Os Concelhos". In: MATTOSO, José (org). *História de Portugal*. Lisboa: Estampa, 1993, vol. 3.

_____. "Reflexões sobre a estrutura municipal portuguesa e a sociedade colonial portuguesa". *Revista de História Econômica e Social*, 16, 1986.

MAURO, Frédéric. *Nova História e Novo Mundo*. São Paulo: Perspectiva, 1973.

_____. *O Império Luso Brasileiro 1620-1750*. Lisboa: Estampa, 1992.

_____. *Portugal, o Brasil e o Atlântico. 1570-1670* (tradução). Lisboa: Estampa, 1988, 2 vols.

MELLO, Evaldo Cabral de. *A Fronda dos Mazombos: nobres contra mascates, Pernambuco, 1666-1715*. São Paulo: Editora 34, 2003.

_____. *Nassau: Governador do Brasil Holandês*. São Paulo: Companhia das Letras, 2006.

_____. *O Negócio do Brasil: Portugal, os Países-Baixos e o Nordeste, 1641-1669*. 3ª ed. Rio de Janeiro: Topbooks, 2003.

_____. *Olinda Restaurada: guerra e açúcar no nordeste, 1630-1654*. 2ª ed. Rio de Janeiro: Topbooks, 1998.

_____. *O Nome e o Sangue: Uma parábola familiar no Pernambuco colonial*. 2ª ed. Rio de Janeiro: Topbooks, 2000.

_____. *Rubro Veio: o imaginário da restauração pernambucana*. 2ª ed. Rio de Janeiro: Topbooks, 1997.

_____. *Um Imenso Portugal. História e Historiografia*. São Paulo: Editora 34, 2002.

MELLO, J. A. Gonsalves de. *A Cartografia Holandesa do Recife. Estudos dos Principais Mapas da Cidade, do Período 1631-1648*. Recife: IPHAN/ MEC/ PHNG, 1976.

_____. *A Rendição dos Holandeses no Recife (1654)*. Recife: IPHAN/ MEC/ PHNG, 1979.

_____. *Estudos Pernambucanos. Crítica e problemas de algumas fontes da história de Pernambuco*. Recife: Imprensa Universitária, 1960.

_____. *Gente da Nação*. Recife: Fundação Joaquim Nabuco/ Massangana, 1996.

_____. *João Fernandes Vieira: mestre de campo do terço de infantaria de Pernambuco*. Recife: Editora da Universidade do Recife, 1956, 2 vols.

_____. *Tempo dos Flamengos. Influência da Ocupação holandesa na vida e na cultura do norte do Brasil*. 4ª ed. Rio de Janeiro: Topbooks, 2001.

_____. "A feitoria de Pernambuco, 1515-1535, e o reduto dos Marcos, 1646-1654". *RIHGB*, 287, abril-março de 1970, p. 468-478.

MEUWESE, Marcus P. *For the Peace and Well-Being of The Country': Intercultural Mediators and Dutch-Indian Relations in New Netherland and Dutch Brazil, 1600-1664*. Tese de doutorado, University of Notre Dame, Indiana, 2003.

MONTEIRO, Nuno Gonçalo. "Os concelhos e as comunidades". In: MATTOSO, José (org.). *História de Portugal*. Lisboa: Estampa, 1993, vol. 4.

_____. *Elites e Poder. Entre o Antigo Regime e o Liberalismo*. Lisboa: Imprensa de Ciências Sociais, 2003.

MONTEIRO, Nuno Gonçalo; CARDIM, Pedro; CUNHA, Mafalda Soares (orgs.). *Optima Pars. Elites Ibero-Americanas no Antigo Regime*. Lisboa: Imprensa de Ciências Sociais, 2005.

MONTEIRO, Nuno Gonçalo e OLIVEIRA, César. *História dos municípios e do poder local (dos finais da Idade Média à União Europeia)*. Lisboa: Círculo dos Leitores, 1996.

NEME, Mário. "A Holanda e Companhia das Índias Ocidentais no tempo do domínio holandês no Brasil". Anais do Museu Paulista, São Paulo, Tomo XXII (1968), p. 7-214.

_____. *Fórmulas Políticas do Brasil Holandês*. São Paulo: Difusão Europeia do Livro/ Edusp, 1971.

NETSCHER, Pieter Marinus. *Os Holandeses no Brasil* (tradução). São Paulo: Companhia Editora Nacional, 1938.

NOVAIS, Fernando A. *Aproximações. Estudos de História e Historiografia*. São Paulo: Cosac Naify, 2005.

_____. "Colonização e sistema colonial, discussão de conceitos e perspectiva histórica". In: PAULA, Eurípedes Simões de. *Colonização e Migração, Anais do IV simpósio nacional dos professores universitários de história*. São Paulo, Coleção da Revista de História, 1969, p. 181.

_____. "O Brasil nos quadros do Antigo Sistema Colonial". In: MOTA, Carlos Guilherme. *O Brasil em Perspectiva*, 12ª ed. São Paulo: Difel, 1981.

_____. *Portugal e o Brasil na Crise do Antigo Sistema Colonial (1777-1808)*. 2ª ed. São Paulo: Hucitec, 1981.

OLIVAL, Fernanda. *As Ordens Militares e o Estado Moderno. Honra, Mercê e Venalidade em Portugal (1641-1789)*. Lisboa: Estar, 2000.

PARKER, Geoffrey. *The Dutch Revolt*. Londres: Penguin Books, 1988.

PRADO JÚNIOR, Caio. *Formação do Brasil Contemporâneo*. São Paulo: Ed. Globo/ Publifolha, 2000 (1942).

_____. *Evolução Política do Brasil*. 21ª ed. São Paulo: Brasiliense, 2006.

PRICE, J. L. *Holland and the Dutch republic in the Seventeenth Century: The politics of Particularism*. Oxford: Clarendon Press, 1994.

_____. *The Dutch Republic in the Seventeenth Century*. Nova York: St. Martins Press, 1998.

PUNTONI, Pedro. *A Mísera Sorte: a escravidão africana no Brasil Holandês e as guerras do tráfico no Atlântico Sul, 1621-1648*. São Paulo: Hucitec, 1999.

_____. "O Estado do Brasil: Poderes Médios e Administração na Periferia do Império Português". In: ARRUDA, Jobson; FONSECA, Luis Adão da (orgs.). *Brasil-Portugal: História, agenda para o Milênio*. Bauru/ São Paulo: Edusc/ Fapesp, 2001.

_____. "Os holandeses no comércio colonial e a conquista do Brasil, 1540-1653". In: SZMRECSÁNYI, Tamás (org.). *História Econômica do período colonial*. São Paulo: Hucitec, 1996, p. 239-267.

RATELBAND, Klass. *Os Holandeses no Brasil e na Costa Africana. Angola Kongo e São Tomé (1600-1650)* (tradução). Lisboa: Vega, 2003.

RICUPERO, Rodrigo. *Honras e Mercês. Poder e patrimônio nos primórdios do Brasil.* Tese de doutoramento apresentada na Faculdade de Filosofia, Letras e Ciências Humanas/ USP, 2006.

ROMANO, Ruggiero. *Conyunturas Opuestas. La crisis del siglo XVII en Europa e Hispanoamérica.* Mexico: Fondo de Cultura, 1993.

RUSSELL-WOOD, A. J. "Centers and Peripheries in the Luso-Brazilian World, 1500-1808". In: DANIELS, Christine e KENNEDY, Michael V. *Negotiated Empires. Centers and Peripheries in the Americas, 1500-1820.* Nova York: Routledge, 2002.

_____. "O Governo Local na América Portuguesa: um estudo de divergência Cultural". In: *Revista de História*, vol. 55 (109), 1977 (janeiro-março), p. 25-79.

SALGADO, Graça (org.). *Fiscais e Meirinhos. A administração no Brasil Colonial.* 2ª ed. Rio de Janeiro: Nova Fronteira/ Arquivo Nacional, 1985.

SARAIVA, José Hermano. *Evolução histórica dos municípios portugueses.* Lisboa: Ed. do Centro de Estudos Políticos Sociais, 1957.

SCHALKWIJK, Frans Leonard. *Igreja e Estado no Brasil Holandês (1630-1654)* (tradução). São Paulo: Mackenzie, 2006.

SCHAMA, Simon. *O Desconforto da Riqueza: a cultura holandesa na época de ouro, uma interpretação* (tradução). São Paulo: Companhia das Letras, 1992.

SCHÖFFER, I. "Did Holland's Golden Age co-incide with a Period of crisis?". In: *Acta Historiae Neerlandica*, Leiden, vol. I (1966), p. 82-107.

SCHWARTZ, Stuart. *Burocracia e Sociedade no Brasil Colonial. A Suprema Corte da Bahia e seus juízes (1609-1751)* (tradução). São Paulo: Perspectiva, 1979.

_____. *Escravos, roceiros e rebeldes* (tradução). Bauru: Edusc, 2001.

_____. *Segredos Internos: engenhos e escravos na sociedade colonial 1550-1835* (tradução). São Paulo: Companhia das Letras, 1999.

SILVA, Maria Beatriz Nizza da. *Ser nobre na colônia.* São Paulo: Editora Unesp, 2005.

SLUITER, Engel. "Os Holandeses no Brasil antes de 1621". *Revista do Museu do Açúcar*, Rio de Janeiro, 1, 1968, p. 65-82.

SOLOW, Bárbara (org.). *Slavery and the rise of the Atlantic System.* Cambrigde: Cambrigde University Press, 1991.

SOUTO MAIOR, Pedro. "Fastos Pernambucanos". *RIAP*, 84, 1912, p. 126-147 e 275-326.

SOUZA, Laura de Mello e. *O Sol e a Sombra. Política e Administração na América Portuguesa do Século XVIII.* São Paulo: Companhia das Letras, 2006.

STOLS, Eddy. "Os Mercadores flamengos em Portugal e no Brasil antes das conquistas holandesas". *Anais de História*, Assis, 5, p. 9-54, 1941.

SULLIVAN, James. "The Bench and Bar: Dutch Period, 1609-1664" In: *History of New York State: 1523-1927.* Nova York: Lewis Historical Publishing Company, 1927, vol. V.

TENGARINHA, José (Org.). *História de Portugal.* São Paulo/ Bauru: Editora Unesp/ Edusc, 2000.

VAN DER WEE, H. "The Economy as a Factor in the Start of the Revolt in the southern Netherlands". In: *Acta Historiae Neerlandica*, Leiden, vol. V (1971), p. 52-67.

VARNHAGEN, Francisco Adolfo de. *História das Lutas com os Holandeses no Brasil.* Salvador: Progresso Editora, 1955.

_____. *História Geral do Brasil: antes da sua separação e Independência de Portugal.* 8ª ed. integral (org. Rodolfo Garcia). São Paulo: Melhoramentos-MEC, 1975 (1857-60), vols. 1 e 2.

VIEIRA, A. (org). *O Município no Mundo Português (atas do Seminário Internacional, Funchal, 26 a 30 de outubro de 1998).* Funchal, Centro de Estudos de História do Atlântico, 1998.

WAGMAN, Morton. "Civil Law and Colonial Liberty in New Netherland". In: *An Expending World: The European Impact on World History, 1450-1800.* Hampshire, 1999, vol. 23 [A. J. Russell-Wood (org.). *Local Government in European Overseas Empires*, 1450-1800, parte II], p. 495-500.

WALLERSTEIN, Immanuel. *O Sistema Mundial Moderno* (tradução). Porto: Afrontamento, 3 vols. s/d.

WÄTJEN, Hermann. *O Domínio Colonial Holandês no Brasil* (tradução). 3ª ed. São Paulo: Companhia Editora de Pernambuco, 2004 (1921).

WEBER, Max. *Economia e Sociedade* (tradução). 4ª ed. São Paulo/ Brasília: Imprensa Oficial/ Editora UnB, 2004, 2 vols.

WILSON, Charles. *Los Países Bajos y la Cultura Europea en el siglo XVII* (tradução castelhana). Madri: Ediciones Guadarrama, 1968.

WOLFGANG, Lenk. *A Idade de Ferro da Bahia. Guerra, açúcar e comércio no tempo dos flamengos, 1624-1654.* Dissertação de Mestrado, Unicamp, Campinas, 2003.

WRIGHT, Langdon G. "Local Government and Central Authority in New Netherland". In: *An Expending World: The European Impact on World History, 1450-1800.* Hampshire: Ashgate, 1999, vol. 23 [A. J. Russell-Wood (org.). *Local Government in European Overseas Empires, 1450-1800*, Parte II], p. 471-493.

XAVIER, Ângela Barreto e HESPANHA, António Manuel. "As Redes Clientelares". In: MATTOSO, José (org). *História de Portugal.* Lisboa: Estampa, 1993, vol. 4.

ZENHA, Edmundo. *O Município no Brasil, 1532-1700*. São Paulo: Ed. Ipê, 1948.

ZUMTHOR, Paul. *A Holanda no Tempo de Rembrandt* (tradução). São Paulo: Companhia das Letras/ Círculo do Livro, 1989.

ANEXO

Oficiais camarários no Brasil Holandês

	NOME	Participantes da "Assembleia de 1640"	Assinaturas nas Cartas a D. João IV	Assinaturas: "Termo de Aclamação" e "cartas e abaixo assinado ao governador Teles da Silva"	Ofício	Atividade	Observações
1	Abel Pacheco Pereira		Vereador da Câmara Pernambuco (1647)		Vereador da Câmara Pernambuco (1647)	Senhor de engenho	
2	Agostinho Nunes				Vereador da Câmara de Goiana (1636)		
3	Álvaro Fragoso de Albuquerque		"pessoas principais" (1647)	Carta a Teles da Silva (15/05/1645)		Senhor de engenho	Capitão das tropas portuguesas
4	Amador de Araújo	Representante do povo/ Ipojuca		Capitão-mor/"Termo de Aclamação"	Escabino Santo Antônio do Cabo (1642-43)	Senhor de engenho/engenho Santa Luzia ou Tabatinga	Comprador de engenho confiscado, em 1637.
5	André da Rocha Dantas				Escabino Porto Calvo (1640-41 e 1641-42)	Senhor de engenho	
6	André Dias de Figueiredo				Escabino Paraíba (1637-38 e 1643-44)	Senhor de engenho/Paraíba	Senhor de engenho/ Pernambuco (1609)
7	André do Couto		"pessoas principais" (1647)			Senhor de engenho/engenho São João – Cabo de Santo Agostinho	Senhor de engenho / Pernambuco (1609) Teve seu engenho confisca-do e vendido a Pero Lopes de Vera, em 1637.
8	Antônio Fernandes Caminha		"pessoas principais" (1647)			Senhor de engenho/Engenho do Meio – Pernambuco	
9	Antônio Cavalcante	Representante do povo/ Várzea			Escabino Maurícia (1642-43 e 1643-44)	Lavrador/Várzea	
10	Antônio Correia de Valadares	Representante do povo/ Paraíba				Senhor de engenho/engenho Santo Antonio – Paraíba	Seu engenho foi incendiado em 1640 Senhor de engenho/Paraíba (1609)
11	Antônio da Rocha Bezerra	Representante do povo/ Paratibe e Jaguaribe	"pessoas principais" (1647)	"pessoas principais" /"Termos de aclamação" carta a Teles da Silva, 15/05/45 abaixo assinado pela liberdade	Escabino Câmara Maurícia (1644-45)	Senhor de engenho/Paratibe (arrendado) – Olinda	Arrendou terras e engenho durante o domínio neerlandês.

	NOME	Participantes da "Assembleia de 1640"	Assinaturas nas Cartas a D. João IV	Assinaturas: "Termo de Aclamação" e "Cartas e abaixo assinado ao governador Teles da Silva"	Ofício	Atividade	Observações
12	**António da Serra**				**Escabino São Francisco** (1643-44)		
13	**António de Abreu [Dias]**			**Escrivão da Câmara**	**Escabino Câmara Maurícia** (1643-44)	**Senhor de engenho**/Porto Calvo	
14	António de Bulhões	Representante do povo/ Sto Amaro	"pessoas principais" (1647)	**"Pessoas Principais"/**"Termo de aclamação"	**Escabino Câmara Olinda** (1639-40) Juiz de órfãos (weesmees-ter) de Olinda (1637-38 e 1641-42) **Eleitor de Olinda**	**Senhor de engenho**/Santo Amaro	
15	**António de Oliveira**	Representante do povo/ Várzea				**Lavrador**/Várzea	
16	**António Fernandes Pessoa**		"pessoas principais" (1647)	**"Pessoas Principais"/**"Termo de aclamação"		**Senhor de engenho**/Várzea	
17	**António Pinto de Mendonça**	Representante do povo/ Paraíba				**Senhor de engenho**/Engenho São Gonçalo – Paraíba	
18	António Matos Cardoso				**Escabino Paraíba,** (1643-44)	Lavrador	
19	António Vieira		"pessoas principais" (1647)	**Vereador da Câmara de Olinda/**"Termo de Aclamação"	**Escabino Maurícia** (1641/42) **Vereador da Câmara de Olinda** (1648) Juiz de órfãos de Olinda (1639-40)	**Senhor de engenho**/ Antonio do Cabo	Comprador de engenho confiscado, em 1638. Serviu na "guerra holandesa".
20	**Arnau de Olanda Barreto**	Representante do povo/ S. Lourenço	**Vereador da Câmara Pernambuco** (1647)	**"Pessoas Principais"/**"Termo de aclamação" **Carta a Teles da Silva** (15/05/45)	**Escabino Maurícia** (1643-44) **Eleitor Olinda/Maurícia Vereador da Câmara Pernambuco** (1647)	**Senhor de engenho**/engenho São João – São Lourenço	
21	**Baltasar da Rocha [Rangel?]**		"pessoas principais" (1647)			**Lavrador**/ Muribeca	

Munícipes e Escabinos

	NOME	Participantes da "Assembleia de 1640"	Assinaturas nas Cartas a D. João IV	Assinaturas: "Termo de Aclamação" e "Cartas e abaixo assinado ao governador Teles da Silva"	Ofício	Atividade	Observações
22	Baltazar Gonçalves (Gonçalo) de Orta				Escrivão da Câmara de Pernambuco (1636)	Lavrador/Muribeca	
23	Baltazar Leitão de Olanda				Escabino Porto Calvo (1643-44)	Lavrador/Porto Calvo	
24	Bartolomeu Lins de Almeida	Escabino/Porto Calvo			Escabino Porto Calvo (1640-41 e 1641-42)	Senhor de engenho/Porto Calvo	
25	Belchior Velho	Representante do povo/Santo Amaro				Lavrador/Santo Amaro	
26	Bento do Rego Bezerra	Representante do povo/Paraíba			Eleitor Paraíba	Lavrador/Paraíba	
27	Bernardim de Carvalho	Representante do povo/Várzea	Vereador da Câmara de Pernambuco (1650) Juiz ordinário da Câmara de Pernambuco (1647)	"Pessoas Principais"/"Termo de aclamação" Carta a Teles da Silva (15/05/1645) Abaixo assinado pela liberdade	Vereador da Câmara de Pernambuco (1650) Juiz ordinário da Câmara de Pernambuco (1647) Eleitor de Olinda	Lavrador/Várzea	
28	Brás Barbalho		Vereador da Câmara de Pernambuco (1650)	Juiz ordinário da Câmara de Olinda/"Termo de Aclamação"	Vereador da Câmara de Pernambuco (1650) Juiz ordinário da Câmara de Olinda (1653 e 1661).	Senhor de engenho/ Pernambuco	Filho de Álvaro Barbalho de Lira, que se retirou para Bahia em 1635.
29	Cosme da Silveira				Vereador da Câmara de Goiana (1636)	Senhor de engenho/engenho Santos Cosme e Damião – Goiana	Teve seu engenho confiscado e vendido, em 1637.
30	Cosme de Castro Passos	Escabino/Maurícia		"Pessoas Principais"/"Termo de aclamação" Carta a Teles da Silva (15/05/1645) Abaixo assinado pela liberdade	Vereador da câmara de Pernambuco (1636) Escabino Câmara de Maurícia (1640-41; 1641-42 e 1644-45)		Provedor da Fazenda Real da Capitania de Pernambuco.
31	Cosmo do Prado Leão		"pessoas principais" (1647)			Lavrador/Igarassu	

NOME	Participantes da "Assembleia de 1640"	Assinaturas nas Cartas a D. João IV	Assinaturas: "Termo de Aclamação" e "Cartas e abaixo assinado ao governador Teles da Silva"	Ofício	Atividade	Observações
32	Cristóvão de Holanda Albuquerque				Vereador da Câmara de Olinda (1651 ou 1652)	Senhor de Engenho/engenho São Lourenço – Pernambuco	
33	Diogo de Araújo de Azevedo	Representante do povo/ Muribeca	Vereador da Câmara de Pernambuco (1647)	Carta a Teles da Silva (15/05/1645)	Eleitor/Olinda Vereador da Câmara de Pernambuco (1647)	Senhor de engenho/engenho Megoapa – Muribeca	
34	Diogo de Castro (da Costa)		"pessoas principais" (1647)	"Pessoas Principais"/"Termo de aclamação"	Escabino São Francisco (1643-44)	Senhor de engenho/Várzea e São Lourenço	
35	Diogo Fernandes Cardoso				Escabino São Francisco (1641-42)		
36	Diogo Gonçalves da Costa				Escabino Porto Calvo (1638-39)		
37	Diogo Nunes Fontes				Escabino Serinhaém (1643-44)		
38	Domingos Carvalho de Azevedo				Escabino Rio Grande (1638-39 e 1339-40)	Lavrador/Rio Grande	
39	Domingos Gonçalves Masagão	Representante do povo/ Porto Calvo		"Pessoas Principais"/"Termo de aclamação"	Escabino Porto Calvo (1641-42)	Senhor de engenho/ Engenho Buenos Aires – Porto Calvo.	
40	Domingos Martins				Escabino São Francisco (1641-42)	Lavrador/Várzea	
41	Domingos Pinto da Fonseca	Representante do povo/ Itamaracá e Goiana				Senhor de engenho/engenho Massaranduba – Goiana	
42	Duarte Gomes da Silveira	Representante do povo/ Paraíba				Senhor de engenho/engenho Salvador no Inhobi – Paraíba	Seu engenho foi incendiado em 1640.
43	Estevão Carneiro de Siqueira	Escabino/Itamaracá e Goiana			Escabino Itamaracá (1637-38; 1638-39; 1640-41 e 1641-42)	Senhor de engenho	

NOME	Participantes da "Assembleia de 1640"	Assinaturas nas Cartas a D. João IV	Assinaturas: "Termo de Aclamação" e "cartas e abaixo assinado ao governador Teles da Silva"	Ofício	Atividade	Observações
44 Estevão Machado				Escabino Rio Grande (1639-40)		
45 Feliciano de Araújo de Azevedo		"pessoas principais" (1647)	Juiz de órfãos de Olinda/"Termo de aclamação" Carta a Teles da Silva (15/05/45)	Juiz de órfãos de Olinda (1645)	Lavrador/Pernambuco	Provedor Real da Fazenda. Sobrinho de *Paulo de Araújo de Azevedo.*
46 Felipe Ferreira				Escabino Alagoas (1640-41 e 1641-42)		
47 Felipe Paes Barreto		Vereador da Câmara de Pernambuco (1647)	"Pessoas Principais"/ "Termo de aclamação"	Escabino Santo Antônio do Cabo (1642-43 e 1643-44) Vereador da Câmara de Pernambuco (1647)	Senhor do engenho Garapu/ Freguesia do Cabo de Santo Agostinho	Filho de João Paes Barreto, cujo engenho foi confisca-do em 1637. Comprador de engenho confiscado, em 1637.
48 Fernando Velho de Araújo		"pessoas principais" (1647)		Vereador da câmara de Olinda (1654 e 1659).	Lavrador/Santo Amaro	Provedor da Fazenda Real de Pernambuco.
49 Fernão de Souza Bacelar	Representante do povo/ Muribeca			Escabino Santo Antônio do Cabo (1642-43)		
50 Fernão do Vale	Representante do povo/ Muribeca			Eleitor Olinda	Senhor de engenho/ engenho São Bartolomeu – Muribeca	Capitão-mór de Muribeca e Santo Amaro.
51 Francisco Ataíde de Albuquerque		Vereador mais velho da Câmara de Serinhaém (1647)		Vereador mais velho da Câmara de Serinhaém (1647)	Senhor de engenho	Filho de *Jerônimo de Ataíde de Albuquerque*
52 Francisco Berenguer de Andrade			Carta a Teles da Silva (15/05/1645) Abaixo assinado pela liberdade Juiz ordinário da Câmara de Olinda/ "Termo de aclamação"	Escabino Maurícia (1642-43 e 1643/44) Juiz ordinário da Câmara de Olinda (1645) Juiz de órfãos (1647).	Senhor de engenho	Sogro de *João Fernandes Vieira.*

	NOME	Participantes da "Assembleia de 1640"	Assinaturas nas Cartas a D. João IV	Assinaturas: "Termo de Aclamação" e "cartas e abaixo assinado ao governador Teles da Silva"	Ofício	Atividade	Observações
53	Francisco Camelo Valcacer		Juiz ordinário da Câmara da Paraíba (1647)		Escabino Paraíba (1639-40) Juiz ordinário da Câmara da Paraíba (1647) Eleitor da Paraíba	Senhor de engenho/engenho Três Reis – Paraíba	
54	Francisco de Andrade Caminha			"Pessoas Principais"/"Termo de Aclamação"	Escabino Maurícia (1644-45)	Senhor de engenho	
55	Francisco de Brito Pereira				Escabino Maurícia (1637/38) Eleitor Olinda/Maurícia	Senhor de engenho/Várzea	senhor de engenho ("Açúcares que ...", FHBH, vol. 1, doc.2).
56	Francisco de Caldas		Procurador da Câmara de Igarassu (1647)		Procurador da Câmara de Igarassu (1647)	Proprietário de terras (gado e plantação). Capitão da infantaria (1645-68)	
57	Francisco de Lira Jacome		Vereador mais velho da Câmara de Pernambuco (1647)				Aparece na lista de nomeados para escabinos de Maurícia.
59	Francisco de Lugo Brito	Representante do povo/ Itamaracá e Goiana			Escabino Itamaracá (1638-39; 1639-40 e 1641-42) Juiz de órfãos (weesmeester) da Capitania de Itamaracá (1640-41)	Senhor de engenho/ engenho Obu – Araripe-Itamaracá	
60	Francisco de Souza Falcão	escabino/ Porto Calvo		"Pessoas principais"/"Termo de Aclamação"	Escabino Porto Calvo (1639-40 e 1640-41) Juiz ordinário da Câmara (1661)	Lavrador/Porto Calvo	Filho de Vasco Marinho Falcão
61	Francisco Dias de Oliveira				Escabino Igarassu (1637-38 e 1638-39)	Lavrador/Igarassu	

	NOME	Participantes da "Assembleia de 1640"	Assinaturas nas Cartas a D. João IV	Assinaturas: "Termo de Aclamação" e "cartas e abaixo assinado ao governador Teles da Silva"	Ofício	Atividade	Observações
62	**Francisco Dias Delgado**	Representante do povo/ Ipojuca		"**Pessoas principais**"/"Termo de Aclamação"	**Juiz ordinário da Câmara** (1649)	**Senhor de engenho**/engenho do Trapiche – Ipojuca.	
63	**Francisco Fernandes Anjo**	Representante do povo/ Serinhaém			**Escabino Serinhaém** 1643-44. (deixa o cargo em janeiro de 1644)	**Senhor de engenho**/engenho Todos os Santos – Serinhaém	Comprador de engenho confiscado, em 1637.
64	**Francisco Gomes de Abreu**		**Vereador da Câmara de Olinda** (1650)	**Procurador** da Câmara/"Termo de aclamação" **Carta a Teles da Silva** (15/05/1645)	**Procurador da Câmara e Povo de Pernambuco** (1646) **Vereador da Câmara de Olinda** (1650)		
65	Francisco Gomes Mariz	**Escabino**/Paraíba		**Carta a Teles da Silva** (15/05/1645)	**Escabino Paraíba**, (1640-41 e 1641-42)	**Senhor de engenho**/Paraíba	**Provedor** da Fazenda Real da Capitania de Pernambuco. Ouvidor e auditor da gente da guerra em 1649. Provedor da Fazenda Real da Paraíba em 1634.
66	**Francisco Soares**				**Escabino Itamaracá** (1642-43 e 1643-44)		
67	**Francisco Vaz**				**Escabino Alagoas**, (1638-39)	**Lavrador**/Paraíba	Prisioneiro acusado de conspiração, em 1639.
68	**Gabriel Soares**				**Escabino Alagoas**, (1641-42)	**Senhor de engenho**/Alagoas do Sul.	Comprador de engenho confiscado, em 1637.
69	**Gaspar Correia do Rego**				**Escabino Serinhaém** (1638-39 e 1639-40)	**Lavrador**	

NOME	Participantes da "Assembleia de 1640"	Assinaturas nas Cartas a D. João IV	Assinaturas: "Termo de Aclamação" e "Cartas e abaixo assinado ao governador Teles da Silva"	Ofício	Atividade	Observações
70	Gaspar Dias Ferreira	Escabino/Maurícia			Escabino Olinda/Maurícia (1637-38; 1638-39 e 1639-40) Eleitor Olinda/Maurícia	Senhor de engenho/Muribeca	Comprador do engenho confiscado de Antonio de Sá, em 1637.
71	Gaspar do Vale				Escabino Paraíba (1643-44) Eleitor Paraíba		
72	Gaspar Fagundes				Escabino São Francisco (1641-42)		
73	Gaspar Fernandes Dourado				Escabino Paraíba, (1637-38) Eleitor Paraíba Juiz de órfãos e escrivão da Câmara municipal da Paraíba.		
74	Gaspar Gonçalves				Escabino São Francisco (1639-40)		
75	Gaspar Gonçalves Figueira				Escabino Porto Calvo (1641-42)	Senhor de engenho	
76	Geraldo Mendes		Juiz ordinário da Câmara da Paraíba. (1647)		Escabino Paraíba (1638-39 e 1939-40) Juiz ordinário da Câmara da Paraíba. (1647)	Lavrador/Paraíba	
77	Gil Lopes Figueira	Representante do povo/Serinhaém	Vereador mais velho da Câmara de Serinhaém (1647).		Escabino Serinhaém (em jan/1644, entra no lugar de Francisco Fernandes Anjo) Vereador mais velho da Câmara de Serinhaém (1647).	Lavrador/Serinhaém	Sargento-mór de Serinhaém.

NOME		Participantes da "Assembleia de 1640"	Assinaturas nas Cartas a D. João IV	Assinaturas: "Termo de Aclamação" e "cartas e abaixo assinado ao governador Teles da Silva"	Ofício	Atividade	Observações
78	Gonçalo de Oliveira				Juiz ordinário da Câmara de Olinda (1648)		
79	Gonçalo Fernandes				Escabino Alagoas (1638-39)		
80	Gonçalo Novo de Lira	Escabino/Igarassu			Escabino Maurícia (1640-41)	Senhor de engenho/engenho do Espírito Santo e Santa Luzia do Araripe.	Senhor de engenho Pernambuco/ Igarassu (1609)
81	Gonçalves Cabral de Caldas			Carta a Teles da Silva (15/05/1645) Abaixo assinado pela liberdade	Escabino Itamaracá (1637-38 e 1639-40) Vereador da Câmara de Goiana (1636)	Lavrador/Itamaracá	
82	Gonsalves Pereira (Ferreira)				Escabino Alagoas, (1639-40)	Lavrador /Alagoas	
83	Gregório de Barros Pereira	Escabino/Maurícia		Carta a Teles da Silva (15/05/45) Vereador da Câmara de Olinda/"Termo de aclamação"	Escabino Maurícia, (1640/41- 1641/42) Vereador da Câmara de Olinda (1645)	Senhor de engenho	
84	Jaques Pires				Escabino Serinhaém (1637-38)	Senhor de engenho/engenho Trapiche – Serinhaém	Senhor de engenho/ Pernambuco e Serinhaém (1609)
85	Jerônimo Fernandes do Vale		Vereador mais velho da Câmara de Goiana (1647)			Lavrador/Itamaracá	
86	João [Leitão] Navarro				Escabino Rio Grande (1638-39; 1640-41 e 1641-42)		

Munícipes e Escabinos

271

NOME	Participantes da "Assembleia de 1640"	Assinaturas nas Cartas a D. João IV	Assinaturas: "Termo de Aclamação" e "cartas e abaixo assinado ao governador Teles da Silva"	Ofício	Atividade	Observações
87 João Carneiro de Mariz				Escabino Olinda (1637/38) Eleitor de Olinda/ Maurícia	Senhor de engenho/engenho Nossa Senhora do Rosário – Ipojuca	**Comprador de engenho confiscado em 1637. Era arrendatário de engenho** antes da invasão. Depois comprou outro engenho que havia sido confiscado pela Companhia.
88 João da Siqueira		"pessoas principais" (1647)			Lavrador/Goiana	
89 João de Matos da Costa	Representante do povo/ Igarassu	"pessoas principais" (1647)		Juiz de órfãos (*weesmeester*) Igarassu (1639-40)	Lavrador/Igarassu	
90 João Fernandes de Paiva				Escabino São Francisco (1640-41 e 1641-42)	Lavrador/ Muribeca.	
91 João Fernandes Vieira	Representante do povo/ Várzea			Escabino Maurícia (1641-42 e 1642-43)	Senhor de engenho/ Pernambuco	
92 João Freire	Representante do povo/ Igarassu	**Vereador mais velho da Câmara de Igarassu** (1647)		**Vereador mais velho da Câmara de Igarassu** (1647)		
93 João Graces	Escabino/ Itamaracá e Goiana			Escabino Itamaracá (1639-40 e 1640-41)	Senhor de engenho/engenho Mariuna e Bujari – Itamaracá	
94 João Lourenço Francês				Escabino Igarassu (1638-39)	Senhor de engenho/engenho Mussurupa – Igarassu	
95 João Malheiro da Rocha	Escabino/Igarassu			Escabino Igarassu (1637-38 e 1640/41)		

Munícipes e Escabinos

NOME	Participantes da "Assembleia de 1640"	Assinaturas nas Cartas a D. João IV	Assinaturas: "Termo de Aclamação" e "Cartas e abaixo assinado ao governador Teles da Silva"	Ofício	Atividade	Observações
96	João Pessoa [Caracho?]		**Juiz da** Câmara de Igarassu (1647)	**Carta a Teles da Silva** (15/05/1645)	**Juiz da Câmara de Igarassu** (1647)	**Senhor de Engenho**	
97	João Pires Correia		"pessoas principais" (1647)			Lavrador/Várzea	
98	João Velho Rego		"pessoas principais" (1647)			**Senhor de engenho/Igarassu** (1609)	
99	João Velho Tinoco				**Escabino São Francisco** (1640-41 e 1641-42)	Lavrador/ Muribeca	
100	Jorge de Castro Teixeira				**Escabino Itamaracá** (1642-43 e 1643-44)	Lavrador	
101	Jorge Homem Pinto				**Escabino/Paraíba.** (1637-38) **Eleitor Paraíba**	**Senhor de engenho/engenho** Santo André, Tiberi-Santiago e Tiberi-Santa Catarina – Paraíba	
102	Jorge Rodrigues Pinto		"pessoas principais" (1647)			Lavrador/Paraíba	
103	Julião de Lima		**Vereador da Câmara de** Serinhaém (1647)	**"Pessoas principais"/"Termo de** Aclamação"	**Escabino Porto Calvo** (1639-40) **Vereador da Câmara de** Serinhaém (1647)	Lavrador/Porto Calvo	
104	Leonardo Dias				**Escabino Igarassu** (1638-39)	Lavrador/Igarassu	
105	Lourenço Ferreira Betancor	Escabino Serinhaém			**Escabino Serinhaém** (1640-41)	**Senhor de engenho/** Serinhaém	Comprador de engenho confiscado, em 1638

	NOME	Participantes da "Assembleia de 1640"	Assinaturas nas Cartas a D. João IV	Assinaturas: "Termo de Aclamação" e "cartas e abaixo assinado ao governador Teles da Silva"	Ofício	Atividade	Observações
106	Luis Brás Bezerra			"Pessoas principais"/"Termo de Aclamação"	Escabino Câmara Olinda/ Maurícia (1638-39 e 1639-40) Eleitor Olinda	Senhor de engenho/engenho São Jerônimo – Várzea	
107	Luis de Paiva Barbosa	Representante do povo/ Cabo				Lavrador/Santo Antônio do Cabo.	
108	Manuel Gonçalves Cerqueira (Siqueira)		Juiz ordinário da Câmara de Goiana (1647)		Juiz ordinário da Câmara de Goiana (1647)	Lavrador/Itamaracá	
109	Manuel Camelo Queiroga				Escabino Porto Calvo (1638-39 e 1639-40)	Senhor de engenho/Porto Calvo	
110	Manuel Carneiro Mariz		"pessoas principais" (1647)		Juiz ordinário da Câmara de Olinda (1654)	Senhor de engenho	
111	Manuel da Costa				Escabino Paraíba (1639-40)	Lavrador/Paraíba	Judeu, escabino. (Gonsalves de Mello, "Gente da Nação", Recife, 1979, p. 142-163.)
112	Manuel da Cunha de Andrade				Escabino Serinhaém (1642)	Lavrador/Serinhaém	
113	Manuel de Almeida	Representante do povo/ Paraíba			Escabino Paraíba, (1637-38 e 1638-39) Eleitor Paraíba	Lavrador/Paraíba	
114	Manuel de Almeida Botelho	Representante do povo/ Porto Calvo				Senhor de engenho	
115	Manuel de Azevedo	Escabino/ Paraíba			Escabino Paraíba, (1639-40 e 1640-41) Eleitor Paraíba		

Munícipes e Escabinos

	NOME	Participantes da "Assembleia de 1640"	Assinaturas nas Cartas a D. João IV	Assinaturas: "Termo de Aclamação" e "cartas e abaixo assinado ao governador Teles da Silva"	Ofício	Atividade	Observações
116	Manuel de Queiróz Siqueira	Representante do povo/ Paraíba	Vereador da Câmara da Paraíba (1647)	Carta a Teles da Silva (15/05/45)	Escabino Paraíba (1641-42 e 1643-44)	Lavrador/Paraíba	Capitão (1647)
117	Manuel Gomes Rabelo				Escabino São Francisco (1643-44)	Lavrador/Muribeca	
118	Manuel Gonçalves Masagão				Escabino Porto Calvo (1638-39 e 1639-40)	Lavrador/Porto Calvo	
119	Manuel Pinheiro				Escabino Rio Grande (1638-39)		
120	Manuel Vaz Viseu		"pessoas principais" (1647)			Senhor de engenho/Ipouca	
121	Manuel Velho Pereira				Escabino Serinhaém (1639-40)	Lavrador/Serinhaém	
122	Marcos de Barros				Escabino São Francisco (1639-40 e 1640-41)		
123	Miguel Ferreira		"pessoas principais" (1647)			Senhor de engenho	
124	Miguel Fernandes de Sá	Representante do povo/ Serinhaém	"pessoas principais" (1647)		Juiz ordinário da Câmara de Serinhaém (1637) Escabino Serinhaém (1637-38 e 1638-39)	Senhor de engenho/ Serinhaém	
125	Miguel Paes [Barreto]	Representante do povo/Cabo				Senhor de engenho/engenho Algodoais – Cabo Santo Agostinho	Capitão de infantaria; Irmão de Felipe Paes Barreto.
126	Nuno Dias de Souza		"pessoas principais" (1647)			Lavrador/Santo António do Cabo	

NOME	Participantes da "Assembleia de 1640"	Assinaturas nas Cartas a D. João IV	Assinaturas: "Termo de Aclamação" e "cartas e abaixo assinado ao governador Teles da Silva"	Ofício	Atividade	Observações
127	Paulo de Araújo Azevedo	Representante do povo/ Muribeca	"pessoas principais" (1647)	Vereador mais velho da Câmara de Olinda/"Termo de aclamação" Carta a Teles da Silva, (15/05/1645)	Escabino Olinda/ Maurícia (1639-1640 e 1644-45) Juiz de órfãos (wees-meesteer) de Maurícia (1641-42) Vereador mais velho da Câmara de Olinda (1645)	Lavrador/Muribeca	Provedor da Fazenda da Capitania de Pernambuco.
128	Paulo Leitão de Albuquerque	Representante do povo/ Paratibe e Jaguaribe		"Pessoas principais"/"Termo de Aclamação"		Senhor de engenho/Muribeca.	
129	Paulo Pereira Morim	Representante do povo/ Ipojuca	"pessoas principais" (1647)			Lavrador/Ipojuca	
130	Pedro (Ferreira, Pereira?) Vilarinho	Representante do povo/ Igarassu	"pessoas principais" (1647)				
131	Pedro de Freitas				Escabino Itamaracá. (1643-44)	Lavrador/Itamaracá	
132	Pedro Marinho Falcão	Representante do povo/ Cabo		Corone l/"Termo de Aclamação" Carta a Teles da Silva (15/05/1645)	Juiz ordinário da Câmara de Olinda (1656).	Senhor de engenho	"rebelde" – (Memorável Viagem Marítima, Nieuhof)
133	Pedro Xara Ravasco				Escabino Rio Grande (1638-39 e 1639-40)	Lavrador/Rio Grande	
134	Rodrigo de Barros Pimentel				Escabino Porto Calvo (1638-39)	Senhor de engenho/ engenho do Morro – Porto Calvo	
135	Rodrigo Pereira				Escabino Alagoas (1638-39)	Lavrador/Alagoas do Sul	

	NOME	Participantes da "Assembleia de 1640"	Assinaturas nas Cartas a D. João IV	Assinaturas: "Termo de Aclamação" e "cartas e abaixo assinado ao governador Teles da Silva"	Ofício	Atividade	Observações
136	Roque Leitão				Escabino São Francisco (1643-44)		
137	Rui Vaz Pinto	Representante do povo/ Itamaracá e Goiana			Vereador da Câmara de Goiana (1636) Escabino Goiânia, (1641-42)	Senhor de engenho/engenho Tracunhaém - Goiana	
138	Santos Ferreira				Escabino Alagoas, (1639-40)	Lavrador/Alagoas do Sul	
139	Sebastião da Cunha Luis				Escabino Paraíba (1641-42)		
140	Sebastião Ferreira	Representante do povo/ Igarassu		Capitão-mor; "Pessoas principais"/"Termo de Aclamação"		Lavrador	
141	Sebastião Lopes da Fonseca		Juiz ordinário da Câmara de Igarassu (1647)		Juiz de órfãos (weesmeesteer) de Igarassu (1637-38 e 1639-40)		
142	Sebastião Vieira	Representante do povo/ Igarassu	"pessoas principais" (1647)	"Pessoas principais"/"Termo de Aclamação"	Juiz de órfãos (weesmeesteer) de Igarassu (1637-38)		
143	Simão André				Escabino Alagoas, (1639-40)	Lavrador/Alagoas do Sul	
144	Valentim da Rocha				Escabino São Francisco (1639-40)		
145	Vasco Marinho Falcão	Representante do povo/ Porto Calvo		"Pessoas principais"/"Termo de Aclamação"		Lavrador/Porto Calvo	
146	Vicente de Siqueira				Escabino Igarassu, (1639-40)	Lavrador/Igarassu	
147	Zacarias de Bulhões		"pessoas principais" (1647)	"Pessoas principais"/"Termo de Aclamação"		Senhor de engenho /engenho São João Francisco - Santo Amaro de Jaboatão.	Filho de Antônio de Bulhões

FONTES: Antonio José Vitorino Borges da Fonseca, "Nobiliarquia Pernambucana". *Anais da Biblioteca Nacional*, vol. 47 e 48, 1935; Gaspar Barleus, *História dos feitos recentes praticados durante oito anos no Brasil e noutras partes sob o governo do ilustríssimo João Maurício conde de Nassau* (1647) (tradução). São Paulo: Edusp, 1974; Pierre Moreau, *História das últimas lutas no Brasil entre holandeses e portugueses (1651)* (tradução). Belo Horizonte/ São Paulo: Itatiaia/ Edusp, 1979; Duarte de Albuquerque Coelho, *Memórias Diárias da Guerra do Brasil (1630-1638)*. Recife: Fundarpe, 1944; "Inventário, na medida do possível, de todos os engenhos situados ao sul do rio da Jangada até o rio Una, feito pelo Conselheiro Schott". *FHBH*, vol. I, p. 51-57; Manuel Calado, *O Valeroso Lucideno e Triunfo da Liberdade* (1648). 2ª ed. São Paulo: Edições Cultura, 2 vols, 1945; Johan Nieuhof, *Memorável Viagem Marítima e Terrestre ao Brasil (1682)* (tradução). São Paulo: Edusp, 1981; "Atas, Resoluções e Pessoal da Assembleia Geral de 1640". *RIAP*, 31, 1886, p. 173-238; "Listas de escabinos de Olinda e, depois, Maurícia". *FHBH*, vol. II, p. 503-506; *Nótulas Diárias (1630-1645)*, Coleção José Hygino – Instituto Arqueológico Histórico e Geográfico Pernambucano; "Breve discurso sobre o estado das quatro capitanias conquistadas de Pernambuco, Itamaracá, Paraíba e Rio Grande, situadas na parte setentrional do Brasil, escrito por J. M. de Nassau, Adriaen van der Dussen e M. van Ceullen (1638)". *FHBH*, vol. I, p. 77-129; "Notas do que se passou na minha viagem, desde 15 de dezembro de 1641 até 24 de janeiro do ano seguinte de 1642, por A. van Bullestrate". *FHBH*, vol. II, p. 147-197; "Relatório sobre o estado das quatro capitanias conquistadas no Brasil; apresentado pelo Senhor Adriaen van der Dussen ao Conselho dos XIX na Câmara de Amsterdã, em 4 de abril de 1640". *FHBH*, vol. I, p. 137-232; "Açúcares que fizeram os engenhos de Pernambuco, Ilha de Itamaracá e Paraíba – ano 1623". *FHBH*, vol. I, p. 28-32; "Relação dos engenhos confiscados que foram vendidos em 1637" e "Relação (incompleta) dos engenhos vendidos em 1638". *RIAP*, 34 (1887), vol. 6, p. 179 (Anexos); "Relação das Praças Fortes do Brasil de Diogo de Campos Moreno" (1609). *RIAP*, vol. 57, 1984; "Carta dos moradores de Pernambuco ao governador do Estado do Brasil, Antônio Teles da Silva, em 15 de maio de 1645", "Carta que escreveram os moradores de Pernambuco aos holandeses do Conselho em 22 de junho de 1645" e "Traslado do abaixo assinado em serviço da liberdade [...] em restauração de nossa pátria", de 23 de maio de 1645". *RIAP*, vol. 6, n. 35, (1888), p. 120-126; Cartas e representações das Câmaras a D. João IV, AHU, Documentos Avulsos, Pernambuco, caixas 4, 5 e 6; e Registro de Consultas de Mercês Gerais, do Conselho Ultramarino, AHU, Códices 13, 14, 15, 78, 79, 80, 81, 82, 83, 84, 85 e 86; e "Representação da Câmara de Pernambuco ao rei", Biblioteca da Ajuda, códice 51-IX-6.

Agradecimentos

O presente trabalho, resultado de uma pesquisa iniciada ainda na graduação, não teria se concretizado sem a ajuda de tantas pessoas. É claro que não será possível, neste curto espaço, agradecer em particular a cada crítica e sugestão para o seu desenvolvimento, mas tentarei apontar algumas contribuições.

Uma pesquisa não nasce e se desenvolve sem a ajuda e direção dos mestres. Como agradecer, em apenas um parágrafo, ao meu orientador, Pedro Puntoni, por quem tenho enorme admiração, que me deu a primeira oportunidade na área de pesquisa e que tem me ajudado nos quase oito anos em que trabalhamos juntos, lendo meus relatórios desde a Iniciação Científica, auxiliando com bibliografia, tirando minhas dúvidas. Agradeço imensamente sua ajuda, paciência e críticas, pois sem elas este trabalho não teria tomado forma.

Outros professores tiveram grande importância para minha formação acadêmica e para o desenvolvimento desta pesquisa. Destaco, aqui, a Professora Vera Ferlini que esteve sempre disposta a me ajudar no que fosse necessário e cujas orientações no exame de qualificação foram bastante válidas; e o Professor Fernando Novais, cujas discussões em aulas e observações ao meu trabalho foram de grande relevância para melhorar a construção da pesquisa.

Não poderia deixar de agradecer aos professores que me receberam extremamente bem em suas instituições de pesquisa e disponibilizaram seu tempo para me ajudar. Em especial, Nuno Monteiro, meu co-orientador no estágio de pesquisa realizado em Portugal, no Instituto de Ciências

Sociais da Universidade de Lisboa; e Marcos Galindo, que colocou à disposição toda documentação em formato eletrônico do Laboratório Líber de Tecnologia da Informação da Universidade Federal de Pernambuco.

Meus agradecimentos vão também para meus amigos e companheiros da gradução e da pós, que de alguma forma me auxiliaram nesse percurso, Fernando Seliprandy, Guilherme de Paula Santos, Renato Prelorentzou, Tárcio Vancin, Daniel Monteiro, Ágatha Gatti, Igor Lima e Luís Otávio Tasso, em especial, Tatiana Bina, Flávia Cáceres e Patrícia Valim. Agradecimentos especiais vão a Rodrigo Ricupero que muito me ajudou com bibliografia e documentação. Não poderia deixar de lembrar João Paulo Marão, a quem serei sempre grata pelo apoio, pela imensa ajuda durante a pesquisa e pelas críticas ao trabalho.

Devo agradecer às instituições nas quais pesquisei. Em Portugal, à Torre do Tombo, à Biblioteca Nacional, ao Arquivo da Biblioteca da Ajuda e ao Arquivo Histórico Ultramarino; neste último devo agradecer em especial à ajuda de Jorge Nascimento. No Recife, ao Instituto Arqueológico, Histórico e Geográfico Pernambucano, no qual sou grata particularmente aos sócios Reinaldo Carneiro Leão e Tácito Galvão; e ao Instituto Ricardo Brennand, em especial aos funcionários da biblioteca, Marta, Eglantine e Juliana.

Agradeço ainda à Fundação de Amparo à Pesquisa do Estado de São Paulo (FAPESP) o apoio financeiro na Iniciação Científica, no Mestrado e na presente publicação; e à Cátedra Jaime Cortesão pelo apoio institucional ao longo dos anos de pesquisa e o apoio financeiro para minha pesquisa em Portugal.

Este trabalho também não se realizaria sem o apoio de minha família, a quem sou imensamente grata. Em especial, devo lembrar meus pais, André e Sônia, que sempre apoiaram meus projetos e proporcionaram toda minha formação, e meus irmãos queridos, Ricardo e Sérgio.

Por fim, quero agradecer a Tâmis Parron, pelas críticas e sugestões a este trabalho, pelo convívio e, principalmente, por nossos filhos queridos, André e Paulo.

Esta obra foi impressa em Santa Catarina no verão de 2012 pela Nova Letra Gráfica & Editora. No texto foi utilizada a fonte Minion Pro, em corpo 10, com entrelinha de 15 pontos.